Ganztag aus der Perspektive von Kindern im Grundschulalter

Bastian Walther, Iris Nentwig-Gesemann, Florian Fried

Ganztag aus der Perspektive von Kindern im Grundschulalter

Eine Rekonstruktion von Qualitätsbereichen und -dimensionen

| Verlag BertelsmannStiftung

Bibliografische Information der Deutschen Nationalbibliothek

Die Deutsche Nationalbibliothek verzeichnet diese Publikation in der Deutschen Nationalbibliografie; detaillierte bibliografische Daten sind im Internet unter http://dnb.dnb.de abrufbar.

MIX
Papier aus verantwortungsvollen Quellen
FSC® C113405
FSC www.fsc.org

2. Auflage 2022

Verantwortlich: Vera Steinmann, Dirk Zorn
Lektorat: Heike Herrberg
Herstellung: Sabine Reimann
Umschlaggestaltung: Elisabeth Menke
Umschlagabbildung: © Tom Wang – stock.adobe.com; DESI (Institut für Demokratische Entwicklung und Soziale Integration), Berlin
Fotos und Abbildungen im Inhalt: Aufnahmen der Autoren, die Rechte für die Veröffentlichung sind nur für diese Buchpublikation freigegeben
Layout und Satz: Büro für Grafische Gestaltung, Kerstin Schröder, Bielefeld
Druck: Lensing Druck GmbH & Co. KG, Dortmund
ISBN 978-3-86793-930-0 (Print)
ISBN 978-3-86793-931-7 (E-Book PDF)
ISBN 978-3-86793-932-4 (E-Book EPUB)

www.bertelsmann-stiftung.de/verlag

Inhalt

Auf die Kinder hören!

Die Große Koalition hat in ihrem Koalitionsvertrag vom 12. März 2018 die Einführung eines Rechtsanspruchs auf ganztägige Bildung und Betreuung für Kinder im Grundschulalter ab dem Jahr 2025 angekündigt. Dieser Rechtsanspruch soll im Sozialgesetzbuch VIII verankert werden. Das in der laufenden Legislaturperiode aufgelegte Investitionspaket des Bundes in Höhe von zwei Milliarden Euro zur Förderung des Ausbaus von Betreuungsplätzen für Grundschulkinder wurde durch das Ganztagsfinanzierungsgesetz bis 2028 gesichert. Im Rahmen des Corona-Konjunkturpakets ist der Umfang der Investitionsmittel um weitere 1,5 Milliarden Euro erhöht worden.

Flankierend zu diesem Gesetzesvorhaben haben Arbeiterwohlfahrt Bundesverband, Bertelsmann Stiftung, Robert Bosch Stiftung und Stiftung Mercator eine Workshopreihe initiiert. Expert:innen aus Politik, Verwaltung und Verbänden arbeiten seit Herbst 2018 in einem vertraulichen Rahmen zusammen, um maßgebliche offene Fragen, die für eine qualitätsvolle Umsetzung des Rechtsanspruchs auf einen Ganztagsplatz beantwortet werden müssen, zu identifizieren und teilweise in zu diesem Zweck beauftragten Expertisen auch zu beantworten. Mit der Einrichtung dieses Expert:innenkreises wollen die vier Organisationen einen Beitrag dazu leisten, das guten Ganztagsangeboten innewohnende Potenzial für mehr Chancengerechtigkeit und bessere Entwicklungs- und Teilhabechancen von Kindern auszuschöpfen.

Die Runde der Expert:innen hat dazu in der Workshopreihe eine systematische Darstellung unterschiedlicher Perspektiven auf ganztägige Bildungs- und Betreuungsangebote für Grundschulkinder verfolgt. Die Diskussionen machten deutlich, dass für die Erarbeitung von Leitlinien für einen guten Ganztag insbesondere auch die Sichtweisen der Kinder in den Blick genommen werden müssen. Angesichts der relativ schmalen empirischen Forschungslage entschlossen sich die vier Ausrichterorganisationen, auch zu diesem Thema eine Studie in Auftrag zu geben.

Als wissenschaftliche Partner:innen konnten Professorin Iris Nentwig-Gesemann und ihre Kollegen Bastian Walther und Florian Fried vom Institut für Demokratische Entwicklung und soziale Integration (DESI) in Berlin gewonnen werden.

Sie verfügen u. a. über intensive methodische Kompetenz in der qualitativ-rekonstruktiven Erforschung der Perspektive von Kindern. Die in einem vielfältigen Methodenmix im Rahmen der Studie erarbeiteten Qualitätsbereiche und -dimensionen demonstrieren deutlich, wie anders ganztätige Settings gestaltet werden müssen, wenn sie die Stimmen von Mädchen und Jungen in sie betreffenden Angelegenheiten einbeziehen und ernst nehmen.

Wir sind überzeugt: Nur, wenn Kinder gehört und an der Ganztagsgestaltung beteiligt werden, entstehen Lern- und Lebensorte, die Chancen auf gutes Aufwachsen und eine gute Entwicklung bieten. Als Organisationen, die den Teilhabechancen der kommenden Generationen verpflichtet sind, werden wir uns daher weiter dafür engagieren, dass die Perspektiven von Grundschulkindern auf guten Ganztag beim weiteren Ausbau eine zentrale Rolle spielen.

Berlin, Essen, Gütersloh und Stuttgart, im März 2021
Dieter Eckert, Arbeiterwohlfahrt Bundesverband
Dirk Zorn, Bertelsmann Stiftung
Carolin Genkinger, Robert Bosch Stiftung
Viktoria Latz, Stiftung Mercator

Einleitung

Der Ausbau der Ganztagsschulen in Deutschland hat sich in den vergangenen Jahren schnell und dynamisch entwickelt: »Lag der Anteil an Ganztagsschulen an allen schulischen Verwaltungseinheiten im Jahr 2005 noch bei 28 Prozent, liegt er inzwischen laut aktueller Statistik der Kultusministerkonferenz (KMK 2018) im Schuljahr 2016/2017 bei knapp 68 Prozent« (DIPF et al. 2019: 8). Wenn im Jahr 2025 der Rechtsanspruch auf Ganztagsbetreuung eingeführt wird, ist anzunehmen, dass – analog zur Einführung des Rechtsanspruchs auf einen Kitaplatz – die Besuchsquoten des Ganztags stark steigen werden (Autorengruppe Bildungsberichterstattung 2020: 121 f.). Um eine ganztägige Betreuung von Grundschulkindern gewährleisten zu können, müssen in den nächsten sechs Jahren etwa 820.000 neue Plätze geschaffen werden (DJI 2019). Mit dieser Entwicklung ist auch der klassische Hort (der vor allem in den ostdeutschen Bundesländern eine ausgeprägte Tradition hat, vgl. Autorenkollektiv 1987) als sozialpädagogisches Angebot der Kinder- und Jugendhilfe mit einem Erziehungs-, Bildungs- und Betreuungsauftrag wieder in den Blick gerückt und die Debatte um eine Professionalisierung der Hortpädagogik ist angestoßen worden. Nordt und Strätz (2017) konstatieren diesbezüglich einen Mangel an Verknüpfungen zwischen unterrichtlichen und außerunterrichtlichen Angeboten sowie an Konzepten zur Kooperation von schul- und sozialpädagogischen Fachkräften.

Verbunden mit dem Rechtsanspruch auf eine ganztägige Betreuung schreitet die Entwicklung zur »Kindheit in Institutionen« (Baader 2014: 442 ff.) weiter voran und es stellt sich dringlicher denn je die Frage nach den Erfahrungen, Orientierungen, Einschätzungen und Wünschen der Kinder. In Schule, Ganztag und Hort geht es ganz zweifelsfrei um das Kind direkt »berührende Angelegenheiten« und darum, sein »Wohl« vorrangig zu berücksichtigen (UN-Kinderrechtskonvention 1989; Wapler 2020). Dieses Wohl (»best interests of the child«) kann – werden Kinder als gleichwürdige und mit Rechten ausgestattete Subjekte anerkannt – nicht nur von außen bestimmt werden, sondern muss die Perspektiven der Kinder und ihr subjektives Wohlbefinden maßgeblich berücksichtigen. Die Rechte der Kinder – ihr Recht auf Achtung ihrer Würde, ihr Recht auf Bildung sowie auf Spiel, Freizeit und Erholung, ihr Recht auf

Beteiligung, also darauf, gehört zu werden, mitwirken und mitbestimmen zu können – bilden auch in Schule, Ganztag und Hort das Fundament, auf dem Beziehungs- und Bildungsarbeit ruhen.

Im Zentrum der explorativen Studie, deren Ergebnisse hier zusammenfassend vorgestellt werden, stand die Rekonstruktion der Erfahrungen und Praktiken, der Orientierungen und Relevanzen von Grundschulkindern in Bezug auf den Ganztag[1]. In einem kontinuierlichen Prozess des Vergleichens konnten 14 Qualitätsdimensionen in vier Qualitätsbereichen herausgearbeitet werden. Dabei handelt es sich um – zwischen positiven Horizonten und negativen Gegenhorizonten[2] aufgespannte – typische Orientierungen von Kindern hinsichtlich der Frage, was aus ihrer Perspektive einen guten Ganztag ausmacht. Eingegangen sind auch explizite Einschätzungen und Bewertungen der Kinder, doch der Formulierung der Qualitätsdimensionen liegen vor allem ihre impliziten Wissensbestände zugrunde, die aus Fokussierungssequenzen[3] rekonstruiert wurden.

Die Studie verortet sich methodologisch-methodisch in einer spezifisch wissenssoziologisch fundierten, praxeologisch ausgerichteten Kindheitsforschung, in deren Zentrum die Dokumentarische Methode (Bohnsack 2014, 2017; Bohnsack, Nentwig-Gesemann und Nohl 2013) steht. Im Folgenden werden wir kurz von »Dokumentarischer Kindheitsforschung« sprechen (Nentwig-Gesemann et al. 2021; Wagner-Willi, Bischoff-Pabst und Nentwig-Gesemann 2019).

1 Mit Ganztag sind im Folgenden alle Formen der ganztägigen Betreuung von Schulkindern in Grundschulen und Horten gemeint.

2 Mit (Gegen-)Horizonten werden in der Dokumentarischen Methode explizite und vor allem implizite (z.B. narrativ entfaltete) Vergleichshorizonte bezeichnet, zwischen denen ein Orientierungsrahmen gleichsam aufgespannt ist: Wohin streben Orientierungen, was ist ihr positives Ideal und wovon grenzen sie sich ab? (Przyborski und Wohlrab-Sahr 2014: 296).

3 Mit Fokussierungssequenzen werden in der Dokumentarischen Methode Fokussierungsmetaphern und Fokussierungsakte bezeichnet, besonders selbstläufige, interaktiv dichte, metaphorisch-szenisch aufgeladene Passagen, in denen sich Erlebniszentren dokumentieren (vgl. genauer: Nentwig-Gesemann 2010).

Theoretische Verortungen

Ganztag als Ort der Gestaltung (inter- und intra-) generationaler und organisationaler Ordnungen

Die Dokumentarische Kindheitsforschung ist dadurch gekennzeichnet, dass die kollektiven Erfahrungen und Erlebnisse von Kindern, ihre handlungsleitenden Orientierungen und Praktiken sowie die sozialen (u. a. auch pädagogischen) Praktiken rekonstruiert werden, in denen Kindheit, Kinder und Kindsein immer wieder neu hervorgebracht und ausgestaltet werden. Dabei wird auch die Mit-Wirkung von räumlichen, materialen und zeitlichen Arrangements an der Hervorbringung bzw. Genese von Praxis in den empirischen Blick genommen. Die generationale Ordnung betrachten wir nicht als binäres Gegeneinander, sondern als ein komplexes (pädagogisches) Feld, das im Sinne Karl Mannheims von Gleichzeitigkeit und Ungleichzeitigkeit geprägt ist: »Er [Mannheim] geht davon aus, dass auf der einen Seite jedes Individuum ›mit Gleichaltrigen und Verschiedenaltrigen in einer Fülle gleichzeitiger Möglichkeiten‹ lebt, also in gemeinsamer Zeitgenossenschaft, dass auf der anderen Seite für jeden die gleiche Zeit eine andere Zeit, nämlich *ein anderes Zeitalter selbst* ist, das er nur mit Gleichaltrigen teilt« (Hengst 2009: 59).

Der rekonstruktive Blick auf das Binnenleben in den Einrichtungen, und dabei noch einmal fokussiert auf die Perspektiven und Interaktionsgeflechte der Kinder, sucht also immer auch nach empirischen Spuren für den praktischen Umgang mit der generational-pädagogischen Rahmungshoheit der Erwachsenen zum einen und der organisationalen Rahmungshoheit zum anderen (Nentwig-Gesemann und Gerstenberg 2018). Im Ganztag werden nicht nur (inter- und intra-)generationale Ordnungen aus- und umgestaltet, sondern die (teils noch unklaren) Normen, Programmatiken und Rollenerwartungen des Ganztags als eines multiprofessionellen Handlungsfeldes, in dem eine Kooperation von Schul- und Sozialpädagogik erwartet wird, treffen auf habituelle Muster der Akteur:innen im Feld. In den konkreten Ganztagen, die in diese Studie einbezogen wurden, konnten dementsprechend sehr unterschiedliche normative Vorstellungen zum Wesen des Ganztags, wie auch ganz verschiedene habituelle

Praktiken der Ausgestaltung dieses pädagogischen Feldes durch die in ihm handelnden und interagierenden Akteur:innen vorgefunden werden.

Immer wieder stoßen Kinder mit ihrem kindspezifischen Orientierungsrahmen auf andere (organisationale, pädagogische und generationale) Rahmungen, die sich als nicht kongruent erweisen: Das, was die raum-zeitlichen Strukturen, die materialen und sozialen Arrangements, die organisationalen Regeln, Normen und Rollenerwartungen vorgeben, ist der Raum, in dem die Kinder im Ganztag sich bewegen und den sie mitgestalten. Immer dann, wenn Spannungen deutlich wurden, konnte in der Studie ein besonders klarer Blick auf die Spezifität der Perspektiven der Kinder geworfen werden. Dabei fragen die empirischen Rekonstruktionen in einer soziogenetischen Einstellung auch nach dahinterliegenden gesellschaftlichen, organisationalen und interaktionalen Milieus bzw. konjunktiven Erfahrungsräumen, in die die Perspektiven der Kinder eingebettet sind.

Institutionalisierung und Pädagogisierung von Kindheit

Die Geschichte der Kindheit und ihrer zunehmenden Institutionalisierung(en) (Zeiher 2009; Betz et al. 2018) ist durchzogen von gesellschaftlichen Diskussionen darüber, was eine gute Kindheit ist und wie Institutionen ausgestaltet sein müssen, damit sie Kindern bestmögliche Entwicklungs- und Bildungschancen eröffnen. Institutionen sind aber nicht nur Orte der Pädagogik und der pädagogischen Beziehungsarbeit, sondern gesellschaftliche Orte, in denen Kindheit und Kindsein formiert und normiert wird. Kindheit im Kontext von Institutionalisierung zu analysieren bedeutet sie als »Konfiguration sozialer Prozesse, Diskurse und rechtlicher, zeitlicher und räumlicher Strukturen« aufzufassen, »die zu einer bestimmten Zeit in einer bestimmten Gesellschaft das Leben der Kinder formen« (Zeiher 2009: 105). Kinder besuchen nicht nur ab einem jüngeren Alter eine öffentliche Einrichtung der Betreuung, Bildung und Erziehung, sondern verbringen dort auch durchschnittlich mehr Zeit als früher. Dem Rechtsanspruch auf einen Betreuungsplatz in einer Kindertageseinrichtung in den ersten drei Lebensjahren, der ab 2013 besteht, folgte der Beschluss, ab 2025 die Ganztagsbetreuung in Schulen zu gewährleisten.

Für die Kinder bedeutet dies auch, dass sie immer früher und länger mit (überwiegend weiblichen) Erwachsenen konfrontiert sind, die für die (sozial-)pädagogische Arbeit mit Kindern ausgebildet wurden. Kinder erleben und gestalten also immer mehr Beziehungen mit, bei denen es sich in einer primären Rahmung um rollenförmige Beziehungen handelt – in der Grundschule begegnen Schüler:innen Lehrkräften und anderen pädagogischen Professionellen, die zum einen für ihre Bildungs- und Erziehungsarbeit mit Kindern bezahlt werden und zum anderen einen gesellschaftlichen Auftrag zu erfüllen haben. Auch die Kinder sind hier mit bestimmten Rollenbildern und -erwartungen an ihr Schulkindsein konfrontiert und unterliegen damit normativ-kontrollierenden Erziehungs- und Bildungsvorstellungen.

Ist auch die verbleibende Freizeit von Kindern stark an institutionalisierte Freizeitangebote gebunden – Fölling-Albers (2000: 124) spricht diesbezüglich von einer »Scholarisierung« der Freizeit –, ist von einer Dominanz pädagogischer bzw. pädagogisierter Räume auszugehen: Kindheit vollzieht sich in speziell für Kinder vorbereiteten Räumen und wird von speziell ausgebildeten Fachkräften begleitet. Hitzler sprach schon 1995 von einer »Zerstückelung und Entsinnlichung der Raumerfahrung aufgrund der Spezialisierung und Differenzierung von Räumen« (Hitzler 1995: 131). Je spezialisierter Außen- und Innenräume zudem sind und je mehr sie auf Kinder zugeschnitten werden, umso weniger Gestaltungsmöglichkeiten bleiben den Kindern, die Räume mit ihren Spielideen zu beleben und sie im Sinne von Muchow zu »überlagern«, zu »durchwachsen« und »umzuleben« (Muchow und Muchow 2012: 160).

Nicht nur die weitgehend unbeaufsichtigte »Straßenkindheit« bzw. Draußen-Kindheit ist passé (Zinnecker 1990), sondern auch die Zeiten und Räume, in denen Kinder sich selbst in Peergroups organisieren und Kinderkulturen (Klaas et al. 2011) entfalten können, werden kürzer bzw. weniger. Und mehr noch stellt sich die Frage, ob das Spielen als ko-konstruktive und freie Aktivität (Youniss 1994), die Kindern über die UN-Kinderrechtskonvention als Recht verbrieft ist, sich in einer institutionalisierten und pädagogisierten sowie »verhäuslichten« Kindheit (Zinnecker 1990) noch hinreichend gut und lange entfalten kann.

Den Überlegungen von Zinnecker (2001) folgend, der die Bedeutung der Straße als »gesellschaftlichen Handlungsort für Kinder« herausgearbeitet hat, stellt sich auch in Bezug auf den Ganztag (als einem ganztägigen Lebensort für Kinder) die Frage, ob und wie er zum einen Lernraum und zum anderen Lebensraum sein kann. Zinnecker (ebd.: 83) formuliert: »Zunächst ist der Lebensraum Straße auf Bewegung und Beweglichkeit ausgerichtet und stellt somit ein Gegenmilieu zur eingrenzenden, abschließenden Welt der Familie und anderer pädagogischer Einrichtungen dar. Hier können Kinder ohne Kontrolle ihre Umwelt erkunden, auf Entdeckungsreise gehen. Andererseits nutzen sie diesen öffentlichen Raum auch, um ihre Kompetenzen zu präsentieren.« Aus heutiger Perspektive ist der »Handlungsort Straße« als Metapher zu lesen: Die institutionalisierte Kindheit gewährleistet *allen* Kindern auch ein Mehr an Schutz und Förderung und trägt zur Bildungs- und Chancengerechtigkeit bei. In Überlegungen zur Qualität des Ganztags muss aber zweifelsfrei die Bedeutung von Explorations- und Bewegungsräumen für Kinder einbezogen werden.

Folgen wir hier weiter den Ergebnissen zweier Studien von Blinkert (Blinkert 1993; Blinkert et al. 2015), ist Kindheit heute vor allem geprägt von einem Verlust an Aktionsräumen bzw. einer zu geringen »Aktionsraumqualität« im Wohnumfeld von Kindern. Unter Aktionsräumen werden Räume verstanden, »welche für Kinder frei zugänglich sind und ein gefahrloses, gestaltbares Territorium mit Interaktionschancen darstellen« (Blinkert 1993: 7 f.). Dort können Kinder sich wild und ein bisschen riskant bewegen (*Bewegung*), Neues, Unerwartetes, Herausforderndes und Unbekanntes entdecken und tun (*Kontingenz und Vielfalt*), sich von unablässig sichernden und kontrollierenden Erwachsenen entfernen (*Selbstständigkeit und Selbstbestimmheit*) und lernen, (Mit-)Verantwortung für die Gemeinschaft und Regeln des Miteinanders zu übernehmen (*Peer-Gemeinschaft*). Eine Studie von Weidel (2015) zeigt, dass Kinder in besonderer Weise sozialraumorientiert sind: Sie sind daran orientiert, »in der sie umgebenden Umwelt selbstständig Orte auf(zu)suchen, die ihnen interessant und erlebenswert erscheinen und die somit zur Basis von Lernerfahrungen werden. [...] In den meisten Fällen stellten diese keine gesondert für Kinder konzipierten Bereiche dar« (ebd.: 60 f.).

Damit wird die Orientierung der Kinder daran, Räume zu erkunden, sie sich anzueignen, umzugestalten, zu umleben und an ihrer Qualität mitzuwirken, unterstrichen. Und damit werden Potenziale des Ganztags deutlich: Das Erkunden, Erschließen und Erspielen von Aktionsräumen kann Kindern sowohl innerhalb als auch außerhalb der physischen Räume, in denen ganztägige Erziehung, Bildung und Betreuung gewährleistet wird, ermöglicht werden.

Qualitätsentwicklung und Professionalisierung im Feld des Ganztags

Qualität kann nur in Bezug auf bestimmte, die Qualitätsentwicklung orientierende, Ziele bestimmt, untersucht und weiterentwickelt werden. Zudem haben verschiedene Akteur:innen bzw. Akteursgruppen unterschiedliche Perspektiven auf die – vom eigenen Standort und aus dem eigenen Erleben heraus wahrgenommene – Qualität von etwas.

In Bezug auf das aktuelle Bildungs- und Qualitätsverständnis von Ganztagsschulen spiegelt auf der Ebene der Ideal- bzw. Zielvorstellungen die folgende Definition den fachwissenschaftlichen Diskurs wider: »Unter der Prämisse, dass Ganztagsschule einem gegenüber reinem Fachlernen aber auch ›bloßer Aufbewahrung‹ der Schüler/-innen erweiterten Bildungsverständnis folgt, ist die umfassende Entwicklung der Persönlichkeit der Schüler/-innen Ziel von Bildung und Erziehung in der Ganztagsschule. (...) Zu betrachten sind demnach nicht nur die Lernfortschritte der Schüler/-innen im kognitiven Bereich, sondern auch fächerübergreifende Wirkungen auf z. B. Motivation, Wohlbefinden und soziales Lernen in Abhängigkeit schulischer Qualitätsmerkmale« (Fischer et al. 2012: 24). Erkennt man die Gültigkeit dieser sehr allgemein gehaltenen Kriterien für den aktuellen Diskurs zum Thema Ganztag und seiner Qualitätsentwicklung an, stellt sich dennoch die Frage, aus wessen Perspektive Qualität beschrieben und bewertet wird, wer dabei mitreden kann und wer nicht. Werden über wissenschaftlich fundierte Kriterien hinaus auch die Qualitätsvorstellungen von Trägern, Fachkräften und Eltern einbezogen? Wird vor allem den Kindern in dieser sie unmittelbar betreffenden Angelegenheit das Gehör geschenkt, das ihnen rechtlich verbrieft ist?

Eine konsequent *interperspektivisch* konzipierte Qualitätsentwicklung (vgl. Nentwig-Gesemann et al. 2021) impliziert, dass es weder für den empirischen Zugang zu Qualität noch für die praktische Herstellung von Qualität und die Qualitätsentwicklung ausreicht, wenn die verschiedenen Perspektiven nebeneinander gedacht und behandelt werden. Vielmehr muss es darum gehen, das Zusammenspiel der diversen

Ebenen und Akteursgruppen, die wechselseitigen Wirkmechanismen und Spannungsfelder zwischen Norm und Habitus, die bei ihrem Aufeinandertreffen entstehen, in den Blick zu nehmen und zu bearbeiten. Die Kernprinzipien einer solchen Qualitätsentwicklung sind Transparenz, Diskurs und Kompromissfreundlichkeit.

Ohne Zweifel zählen die pädagogischen Fachkräfte zu den qualitätsrelevanten Akteursgruppen im Ganztag: Sie müssen – in den gegebenen Rahmenbedingungen – tagtäglich und in der direkten Interaktion mit den Kindern (und Eltern) professionell agieren und die Qualität des Ganztags als Lern- und Lebensort hervorbringen. Darüber hinaus sind sie als Mitglieder eines pädagogischen Teams mit der Erwartung konfrontiert, den Ganztag als Organisation so weiterzuentwickeln, dass er den an ihn gerichteten Erwartungen gerecht wird. Die Rede vom Ganztag als »Schule der Zukunft« und die damit verbundenen Hoffnungen auf »eine Neuordnung des Lernens durch die Verbindung von fachlichen und überfachlichen Gegenstandsbereichen« (Jürgens 2018: 5 f.) schrauben die Erwartungen in die Höhe und bleiben zugleich – zwangsläufig – diffus. Im Sinne eines »Doing Ganztag« kann die Qualität (hier im Sinne von Beschaffenheit) der ganztägigen Erziehung, Bildung und Betreuung nur in komplexen Wechselwirkungsbeziehungen hergestellt werden, zu denen neben den Menschen auch Programmatiken, Strukturen, zeitliche und räumlich-materiale Settings gehören.

Die Praxis der pädagogischen Fachkräfte im Ganztag kann dann als professionell bzw. professionalisiert betrachtet werden, wenn es ihnen gelingt, eine »konstituierende Rahmung« (Bohnsack 2020: 30 ff.) zu entwickeln, eine habitualisierte, verlässliche Praxis, welche nicht in erster Linie an vorgegebenen Programmatiken und deren Umsetzung orientiert ist, sondern auf das eigene Erfahrungswissen ebenso rekurriert wie auf die Orientierungsrahmen bzw. den Habitus der Eltern und vor allem der Kinder. Ein auf den Ganztag bezogenes Beispiel wäre, dass Fachkräfte eine konstituierende Rahmung in Bezug auf die Frage entwickeln müssen, wie sie mit dem Spannungsverhältnis zwischen der organisationalen Norm der Hausaufgabenbetreuung und dem Wunsch der Kinder nach Spielen und Erholung umgehen wollen. Als professionell zu bezeichnen wäre, wenn es den Fachkräften gelingt, auf eine monoperspektivische Fremdrahmung zu verzichten (in deren Folge dann das Hausaufgabenmachen zur Pflichtaufgabe bzw. sogar zum Zwang wird) und stattdessen mit den Beteiligten (hier den Eltern und vor allem den Kindern) in einen kompromissorientierten Diskurs zu gehen und eine verlässliche Regelung zu finden, wo die Stimmen der Kinder angemessen Gehör gefunden haben.

Forschungsstand

Die Perspektiven von Grundschulkindern auf die Ganztagsbetreuung wurden bereits in Studien mit unterschiedlichen Schwerpunkten untersucht; allerdings lassen sich noch größere Forschungsdesiderate ausmachen, wenn es um Erkenntnisse geht, die sich auf ganz Deutschland beziehen und die verschiedenen Formate des Ganztags umfassen.

Ausnahmen sind hier das LBS-Kinderbarometer (ProKids 2018) mit der Befragung von 10.025 Kindern im Alter von neun bis 14 Jahren und die World-Vision-Studie mit der Befragung von über 2.500 Kindern zwischen sechs und elf Jahren (Pupeter und Hurrelmann 2013). Durchaus interessante Ergebnisse – etwa dass derzeitige Ganztagsangebote bei Kindern aus sozial benachteiligten Milieus weniger beliebt sind (ebd.: 122 f.) oder dass 59 Prozent der Befragten ihre Hausaufgaben lieber zu Hause machen, Kinder mit Migrationshintergrund aber mehrheitlich die Schule als Ort der Hausaufgabenerledigung vorziehen (ProKids 2018: 130 ff.) – müssten jedoch qualitativ vertieft werden, um daraus Schlussfolgerungen für eine Qualitätsentwicklung ableiten zu können, die die Kinderperspektiven einbezieht.

Auf eine quantitative Studie, die zwar regional begrenzt ist, aber sehr interessante Ergebnisse zu verschiedenen Themenfeldern liefert, soll hier ebenfalls verwiesen werden: Andreas Wildgruber (2017) befragte 71 Kinder aus sieben offenen Ganztagsschulen des Modells »OGTS-Kombi« in Bayern mit einem Fragebogen. Dieser umfasste zehn Bereiche, unter anderem das Mittagessen, Räumlichkeiten und Materialien, freizeitpädagogische Aktivitäten, Hausaufgabenzeit, Partizipation, soziale Beziehungen und Kooperationspraxis zwischen Fach- und Lehrkräften sowie Fragen danach, was die Kinder nach vier Wochen vermissen würden, wenn der Ganztag geschlossen wäre. 96 Prozent der Kinder nannten in Bezug auf den letzten Aspekt das Zusammensein mit anderen Kindern. Aber auch das Außengelände (90 %), die Lehrkräfte (84 %) und die Betreuer:innen im Offenen Ganztag (82 %) sowie Ausflüge (80 %) und Nachmittagsangebote (78 %) würden vermisst (ebd.: 22). Sehr positiv wurden auch die Beziehungen zu anderen Kindern bewertet: So stimmen die Befragten auf einer Skala von 0 (gar nicht) bis 5 (ganz) im Schnitt mit 4,7 der Aussage zu, im Ganztag gute Freunde zu haben. Bei der Aussage »wenn ich von jemandem geärgert werde, dann helfen mir andere Kinder« liegt die Zustimmung etwas niedriger bei 4,1 (ebd.: 19). Wildgruber findet zudem Hinweise auf grundlegend positive Beziehungen der Kinder zu den Fachkräften und macht dies beispielsweise an ihrer Zustimmung zu den Items fest, dass sie von den Fachkräften herzlich begrüßt und verabschiedet werden, sich bei Streit an ihre:n Betreuer:in wenden können und diesen vertrauen. Die Zustimmung liegt auf einer Skala von 0 (gar nicht) bis 5 (ganz) bei diesen drei Aspekten bei 4,5, 4,3 und 4,1 (ebd.).

Insgesamt besteht in der Forschung zum Thema Ganztag Einigkeit darüber, dass sich die Frage nach den Wirkungen eines ganztägigen Aufenthalts von Kindern in einer Ganztagsschule bzw. in Schule und Hort nicht auf die Verbesserung formaler Schulleistungen beschränken kann. Zunehmend setzt sich auch die Einsicht durch, dass die Perspektiven von Kindern, als den eigentlichen Adressat:innen einer Schulreform, viel stärker als bislang in die Überlegungen zur Qualität einbezogen werden müssten (Staudner 2018: 64; Plehn 2019: 68; Neuss 2017: 22 ff.) und dass für einen vertiefenden Einblick in die Kinderperspektiven qualitative Studien notwendig und zielführend sind.

Nicht zuletzt aufgrund der heterogenen Landschaft der Angebote fokussieren vorliegende qualitative Studien (zum Teil ergänzt durch einen standardisierten methodischen Zugang) typischerweise eine bestimmte Form des Ganztags in einer bestimmten Region (vgl. Tabelle 1).

Die Forschungsarbeiten zum Thema Ganztag aus Kindersicht sind mit dem Setting der offenen (Beher et al. 2007; Deinet et al. 2018) oder gebundenen (Staudner 2018) Ganztagsschule verbunden. So begleiteten Karin Beher und Kolleg:innen (2007) die Einführung der offenen Ganztagsschule (OGS) in Nordrhein-Westfalen (NRW) unter anderem mit der Befragung von Kindern mittels standardisierter Fragebögen und verschiedener qualitativer Interviewformen zu ihren Perspektiven auf die OGS und verfolgten damit ein methodentriangulierendes Forschungsdesign.

Ein sehr elaboriertes Erhebungsdesign verwendete die ebenfalls in NRW angesiedelte Studie »Offene Ganztagsschule – Schule als Lebensort aus Sicht der Kinder« der Forschungsgruppe um Ulrich Deinet (Deinet et al. 2018). Die Forscher:innen befragten Kinder in offenen Ganztagsschulen zu ihrem »Erleben«, der »Nutzung der Räumlichkeiten und ihrem subjektiv wahrgenommenen Grad an Partizipation bei der Gestaltung der OGS« (ebd.: 18). Dazu wurde ein Mixed-Methods-Ansatz gewählt, der die Instrumente Kinderfragebogen, Nadelmethode, subjektive Schulkarte und Landkarte, Gruppeninterviews sowie Autofotografie (ebd.: 19 f.) beinhaltete und damit den Kindern eine Vielfalt an Möglichkeiten gab, etwas über ihre Erfahrungen, Orientierungen und Einschätzungen zum Ausdruck zu bringen. Auch die methodische Herangehensweise von Stephanie Staudner (2018) erscheint interessant: Sie verglich Tagebuchprotokolle von Drittklässler:innen aus Regelklassen zu den für sie bedeutsamen Aktivitäten über einen Tag hinweg mit denen aus Halbtagsklassen in einer oberbayerischen Grundschule und führte dazu anschließend vertiefende Interviews mit den Kindern.

In der qualitativen Studie des StEG-Konsortiums (2016) steht das Lernen an Ganztagsschulen aus Sicht der Schüler:innen im Fokus. Zur Frage, was ein »schüleraktivierendes außerunterrichtliches Angebot« ausmacht, wurden Kinder aus vier Ganztagsschulen der Primarstufe und fünf der Sekundarstufe in Interviews und Gruppendiskussionen befragt und die pädagogische Praxis teilnehmend beobachtet.

Studien zur Qualität außerschulischer Betreuung aus Kindersicht sind auch in Österreich und Island zu finden: So interessierte sich eine Gruppe um Waltraud Gspurning (Gspurning et al. 2010) für die pädagogische Qualität der Nachmittagsbetreuung in Österreich und befragte dazu Kinder mittels Gruppendiskussionen. Kolbrún Þorbjörg Pálsdóttir (2019) ließ isländische Kinder Bilder zeichnen zum Übergang von der Schule ins »Freizeitzentrum« (vergleichbar mit dem Hort) und führte dazu Interviews.

Sofern in diesen Studien eine Auswertungsmethode angegeben wird, handelt es sich um die qualitative Inhaltsanalyse, mittels derer Kategorien entwickelt wurden, die die Perspektiven und Vorstellungen der Kinder zu einem guten Ganztag inhaltlich-thematisch bündeln. In den Forschungsberichten werden allerdings, mit Ausnahme der Dissertation von Staudner (2018), weder der systematische und regelgeleitete Entwicklungsprozess der Kategorien aus dem gesammelten empirischen Material heraus noch differenzierte Kategoriensysteme mit Ober- und Unterkategorien dargestellt; dies erschwert die Nachvollziehbarkeit der Ergebnisse erheblich. Waren auch quantitative Erhebungen eingeschlossen, so wurden diese Daten mittels deskriptiver Statistik ausgewertet und zu einzelnen entwickelten Kategorien in Beziehung gesetzt.

Vergleicht man die Ergebnisse der Studien, erweisen sich einige Themen – unabhängig vom Setting (Nachmittagsbetreuung/Hort vs. Ganztagsgrundschule) und von regionalen Schwerpunkten – als besonders relevant und damit in ihrer Verallgemeinerbarkeit empirisch gut abgesichert: In der Perspektive von Kindern gehören die Themen Freundschaft, Spiel und Bewegung, Partizipation, soziales Klima bzw. Fachkräfte sowie Lernen und Hausaufgaben zu ihren fokussierten Erfahrungsbereichen im Ganztag. Darauf soll hier genauer eingegangen werden.

Tabelle 1: Qualitative bzw. methodentriangulierende Forschungsarbeiten zum Thema »Ganztag aus Kindersicht«

Autor:innen/ Jahr	Titel	Einrichtungen	Region
Beher et al. (2007)	Die offene Ganztagsschule in der Entwicklung. Empirische Befunde zum Primarbereich in Nordrhein-Westfalen	8 bzw. 24 (qualitative bzw. quantitative Erhebung) offene Ganztagsschulen	NRW
Deinet et al. (2018)	Offene Ganztagsschule – Schule als Lebensort aus Sicht der Kinder	6 offene Ganztagsschulen	Düsseldorf
Gspurning et al. (2010)	Soziale Qualität von Nachmittagsbetreuungen und Horten	16 Nachmittagsbetreuungen und 11 Horte	Österreich
Pálsdóttir (2019)	Connecting school and leisure-time centre	2 »Freizeitzentren«	Island
Staudner (2018)	Bildungsprozesse im Ganztag. Wahrnehmung und Wertung erweiterter Bildungsgelegenheiten durch Kinder	1 gebundene Ganztagsschule	Bayern
StEG-Konsortium (2016)	Ganztagsangebote als neue Lernarrangements	4 Ganztagsschulen der Primarstufe und 5 der Sekundarstufe	Keine Angabe

Anzahl Kinder	Alter / Klasse	Erhebungsmethoden	Auswertungs-methoden
139 bzw. 660	1. bis 4. Klasse	· Schriftliche Fragebögen · Situationsnahe Sequenz- oder symbolische Interviews	Deskriptive Statistik und qualitative Inhaltsanalyse
38 bis 362 (je nach Methode)	8 bis 11 Jahre	· Kinderfragebogen · Nadelmethode · Subjektive Schulkarte · Subjektive Landkarte · Gruppeninterviews · Autofotografie · Sozialraumbegehung · Zeitbudgets	Deskriptive Statistik und qualitative Inhaltsanalyse
keine Angabe	6 bis 14 Jahre	· Gruppendiskussion · Teilnehmende Beobachtung	Qualitative Inhalts-analyse
43	6 bis 7 Jahre	· Interviews · Kinderzeichnungen	Keine Angabe
16	3. Klasse	· Tagebucheinträge · Interviews zu ausgewählten Einträgen	Qualitative Inhalts-analyse
222	Keine Angabe	· Einzelinterviews · Gruppendiskussion · Teilnehmende Beobachtung	Fallstudien

Freundschaft

Kinder legen großen Wert auf »selbstbestimmte Aktivitäten« (Beher et al. 2007: 234) und unverplante Freizeit (Staudner 2018: 215), die sie mit ihren Freund:innen verbringen können. Auf die Frage, was sie am meisten vermissen würden, antwortet mit 88,75 Prozent die überwältigende Mehrheit der Kinder: »das Spielen mit Freunden« (Deinet et al. 2018: 23).

Die meisten Kinder geben an, als Erstes zu Freund:innen zu gehen, wenn sie Ärger haben oder traurig sind – noch vor den Lehrer:innen, Fachkräften oder Eltern (Deinet et al. 2018: 28). Die Autor:innen leiten davon ab, dass die Freund:innen die wichtigsten Bezugspersonen der Kinder im Ganztag seien. Auch in der Studie von Pálsdóttir (2019: 106 f.) zeichneten Kinder in vielen Bildern ihre Freund:innen und machten deutlich, dass ihnen in den Einrichtungen wichtig sei, sich auf diese verlassen zu können. Die Arbeitsgruppe um Gspurning (2010) differenziert dies noch etwas aus, wenn sie konstatiert, dass besonders die gegenseitige Unterstützung und das Helfen unter Freund:innen von den Kindern geschätzt (ebd.: 125) werden, während das Ausgeschlossen-Werden eine negative Erfahrung darstellt (ebd.: 126).

Spiel und Bewegung

Was die favorisierten Aktivitäten der Kinder im Ganztag betrifft, sortieren die Studien die Antworten der Kinder vor allem in die beiden Kategorien »Spiel« und »Bewegung«, die zudem häufig gemeinsam genannt werden. So deklarieren Kinder sportliche Aktivitäten bzw. Bewegung sowie bestimmte Spiele als »positive Erlebnisse« (Gspurning et al. 2010: 177 f.) oder als »beliebte Komponenten« (Deinet et al. 2018: 38 f.) im Ganztag – und nennen diese ungefähr doppelt so häufig wie »Lernen« oder »Unterricht« (ebd.). Dabei weisen sie auch auf die nötigen Voraussetzungen hin: So betonen sie die Bedeutung von »ungebundene[r] Freizeit« für Aktivitäten wie Fußballspielen oder Draußenspielen (Staudner 2018: 215) und mahnen ein ausreichendes Platzangebot für das Spielen (drinnen wie draußen), für Bewegungs-, aber auch Rückzugsmöglichkeiten (Beher et al. 2007: 204) und darüber hinaus für naturnahe Erfahrungen an. So kommentiert Ahmet Derecik (2018) die Befunde aus der Studie der Gruppe um Deinet (2018) und empfiehlt die Gestaltung von »Schulfreiräumen im Schulgebäude« (Derecik 2018: 119 ff.) sowie »naturnahe Nischen als entwicklungsgerechte Bewegungs-, Spiel- und Rückzugsräume« für Kinder (ebd.: 125 ff.).

Partizipation

Die vorliegenden Studien arbeiten überwiegend ein Partizipationsdefizit heraus: So können Kinder im Ganztag ihrer Meinung nach bei vielen Aspekten, wie einer flexiblen Bearbeitung der Hausaufgaben (Beher et al. 2007: 221), dem Mittagessen, Ausflügen oder der Gestaltung des Schulhofes (Deinet et al. 2018: 42), nur wenig mitentscheiden und sie wünschen sich stärkere Partizipationsmöglichkeiten (ebd.). Entsprechend wird die Fremdbestimmung durch die Erwachsenen beklagt (Gspurning et al. 2010: 109; Pálsdóttir 2019: 109), weil diese oft mit negativen Erfahrungen verbunden sei. So zeigt Pálsdóttir, wie häufig Kinder auf irgendetwas warten müssen, weil die Fachkräfte dies bestimmen (ebd.: 109). Die Autorin unterstreicht zudem, wie wichtig die Partizipation von Kindern ist, um sich als Mitglied einer Einrichtung fühlen zu können und das Zugehörigkeitsgefühl und die Identifikation zu steigern (ebd.: 103).

Für einen kindorientierten Ganztag müssen die Kinder also mit ihren Interessen ernst genommen werden und ihre Autonomie und Mitbestimmung ist sicherzustellen (Staudner 2018: 226; StEG-Konsortium 2016: 32). In diesem Zusammenhang fordert Sturzenhecker (2018), der die Ergebnisse der Studie von Deinet und Kolleg:innen (2018) in einem Gastbeitrag kommentiert, eine stärker demokratische Partizipation an Ganztagsschulen, die über ein Verständnis von Partizipation als bloßer Teilhabe hinausgeht und Kinder als gleichwertige Akteur:innen im demokratischen Diskurs der offenen Ganztagsschule anerkennt.

Soziales Klima / Fachkräfte

Die Kinder thematisieren auch die Fachkräfte und deren Rolle für das soziale Klima. So werden als »belastende Situationen« in der Studie von Deinet et al. (2018: 26) neben dem Unterricht vor allem ärgernde Kinder und Streit genannt. Laut Beher und Kolleg:innen (2007: 250) sind in diesem Zusammenhang gerechte und helfende Pädagog:innen aus Kindersicht förderlich für ein positives soziales Klima. Auch bei der Gruppe um Gspurning (2010: 179) finden sich Hinweise darauf, dass »strenge« und »ungerechte« Fachkräfte von den Kindern abgelehnt werden, während »humorvolle«, spielende und helfende Erwachsene geschätzt werden. Das StEG-Konsortium (2016) hebt zudem die Bedeutung von transparenten, gemeinsam festgelegten Regeln sowie die Bedeutung der sozialen Eingebundenheit bzw. des Gemeinschaftsgefühls der Kinder hervor (ebd.: 32).

Lernen und Hausaufgaben

Die Hausaufgaben- bzw. Lernzeit wird von den Befragten offenbar sehr unterschiedlich wahrgenommen und eingeschätzt. So finden sich widersprüchliche Angaben, die von einer sehr positiven Einschätzung der Kinder (Staudner 2018: 214) bis hin zu einer Ablehnung der Hausaufgabenbetreuung (Deinet et al. 2017: 50) reichen. Staudner (2018) berichtet, dass die Kinder vor allem die Unterstützung der Fachkräfte positiv unterstrichen und die Lernzeit als förderlich für die Entwicklung ihrer eigenen Leistungen sahen. Auch Beher et al. (2008: 69) konstatieren, dass knapp die Hälfte der Kinder gern in die Hausaufgabenbetreuung gehe, während sich lediglich 20

Prozent explizit negativ äußerten. Dabei seien vor allem eine flexible Gestaltung und der Austausch mit anderen Kindern eine wichtige Voraussetzung für eine positive Bewertung der Lernzeiten durch die Kinder (Beher et al. 2007; Deinet et al. 2018: 49). Auch die StEG-Q-Studie (StEG 2016) arbeitet diesen Befund heraus und formuliert gleichzeitig eine Erklärung für die positive Bewertung: So wird die Hausaufgabenbetreuung dort von den Schüler:innen – in Abgrenzung zum Unterricht – positiv bewertet und dafür geschätzt, dass die Aufgaben dort flexibler und gemeinsam mit Freund:innen erledigt werden können (StEG-Konsortium 2016: 32 f.). Diese Erkenntnis steht also letztlich nicht im Kontrast zu den Daten von Beher et al. (2008: 70), Deinet et al. (2018: 50) und Gspurning et al. (2010: 179, 183), die konstatieren, dass die Kinder trotzdem lieber weniger bzw. gar keine Hausaufgaben aufhätten.

Darüber hinaus weisen die angeführten Studien darauf hin, dass Kinder am Ganztag soziokulturelle Angebote, vielfältige AGs und Ausflüge als reichhaltige Bildungsgelegenheiten schätzen (Deinet et al. 2018: 51; Gspurning et al. 2010: 176; Staudner 2018: 216).

Das Vorgehen und die Fragestellungen der vorliegenden Studie zu den Kinderperspektiven auf Ganztag weisen einige Parallelen zu der von Deinet et al. (2018) auf (vgl. dazu Kapitel 4). Im Unterschied dazu wird allerdings angestrebt, durch das Sampling und die typenbildende fallübergreifende Komparation Erkenntnisse zu generieren, die über verschiedene Einrichtungsarten und Regionen in Deutschland hinweg Gültigkeit beanspruchen können. Zudem wird im umfangreichen empirischen Teil des Berichts der Auswertungsprozess transparent und damit für die Leser:innen nachvollziehbar gemacht. Das Ergebnis der Rekonstruktionsarbeit ist somit ein komplexes Gefüge aus Qualitätsbereichen und -dimensionen aus Kindersicht.

Im Fokus stehen in dieser Studie über das Thema »Ganztag aus Kindersicht« die folgenden Forschungsfragen: Welche Themen sind für die Kinder wichtig? Welche (expliziten) Einschätzungen und Bewertungen äußern sie? Darüber hinaus ist vor allem relevant, welches Erfahrungswissen und welche (impliziten) handlungsleitenden Orientierungen und Relevanzen sich in den verbalen und nonverbalen Äußerungen der Kinder dokumentieren.

Forschungsdesign

Kinder in pädagogischen Kontexten (und damit auch in der Qualitätsentwicklung) sowie in der Forschung als mit Rechten ausgestattete Akteur:innen und Mit-Konstrukteur:innen zu betrachten, ist grundlegend für den Kinderperspektivenansatz (Nentwig-Gesemann et al. 2021) und war auch in der hier vorgelegten Studie zu den Perspektiven von Kindern auf das Setting Ganztag forschungsleitend. Die Frage der Agency von Kindern ist dabei vor allem in Bezug auf die Forschungsmethoden und die Gestaltung der Beziehungen zwischen Forscher:innen und Kindern relevant: Den Kindern wurde durch die Vielfalt und Offenheit der Erhebungsmethoden und das konsequente Sich-Einlassen auf ihre Themen und Relevanzen ein hohes Maß an Selbstverantwortung und Beteiligung am Forschungsprozess ermöglicht. In einer relationalen Perspektive betrachten wir Agency – die Akteurschaft von Kindern – generell als »Ergebnis sozialer Beziehungen und Geflechte« (Kelle und Hungerland 2014: 229). Auch in Forschungssituationen und -beziehungen gilt es demnach immer wieder, kritisch zu reflektieren, welche Beteiligungs- und Einflussmöglichkeiten Kindern eröffnet werden, damit sie ihre Möglichkeiten, »sich zu äußern, gehört zu werden, sich zu beteiligen und Dinge, die sie betreffen, konkret mitzugestalten«, ausschöpfen und ein sicheres und selbstverständliches Vertrauen in ihre Agency entwickeln können (Nentwig-Gesemann und Großmaß 2017: 215).

Die Studie verortet sich methodologisch-methodisch in einer spezifisch wissenssoziologisch fundierten, praxeologisch ausgerichteten Kindheitsforschung, in deren Zentrum die Dokumentarische Methode (Bohnsack 2014, 2017; Bohnsack, Nentwig-Gesemann und Nohl 2013) steht. Die Dokumentarische Kindheitsforschung (Nentwig-Gesemann et al. 2021; Wagner-Willi, Bischoff-Pabst und Nentwig-Gesemann 2019) wendet sich nicht nur dem Modus Operandi, den situativen und übersituativen Vollzugslogiken von Praxis zu, sondern auch dessen Genese: Dabei geht es um die Frage, in welchen Erfahrungsräumen Orientierungsmuster verwurzelt sind, ob und wie sie beispielsweise mit bestimmten organisationalen Besonderheiten zusammenhängen, ob sie etwas mit dem Alter und Geschlecht der Kinder zu tun haben, ob es milieu- und sozialraumspezifische Unterschiede gibt. Dabei wird auch die

Mit-Wirkung von räumlichen, materialen und zeitlichen Arrangements an der Hervorbringung bzw. Genese von Praxis in den empirischen Blick genommen. Die dokumentarische Forschung unterscheidet zudem grundlegend zwischen expliziten und impliziten Wissensbeständen, also zwischen atheoretischem und praktischem Erfahrungswissen zum einen sowie Argumentationen und bewertenden Einschätzungen zum anderen. Dies ist für die Frage nach Qualität entscheidend: Relevant ist nicht nur, was Kinder auf einer expliziten Ebene als positiv oder negativ an ihrem Ganztag wahrnehmen, sondern welche positiven und negativen Erfahrungshorizonte sich in ihren Narrationen und handlungspraktischen Vollzügen dokumentieren.

Sample

Die Samplingstrategie[4]– die Zusammenstellung der Stichprobe – zielte auf das Maximieren von Unterschieden der untersuchten Einheiten im Sinne eines Theoretical Sampling (Glaser und Strauss 1967). So verteilten sich die Einrichtungen räumlich auf die fünf Bundesländer Berlin, Brandenburg, Nordrhein-Westfalen, Baden-Württemberg und Bayern, wobei in Bayern in zwei und in Berlin in drei Ganztagen Erhebungen durchgeführt wurden. Es wurden Einrichtungen aus unterschiedlich großen Orten einbezogen und auch die Einrichtungsgröße variierte stark: Der kleinste einbezogene Ganztag verfügt lediglich über 25 Plätze, während der größte 440 Plätze anbietet.

Ausgewählt wurden zudem Einrichtungen mit unterschiedlichen pädagogischen und organisatorischen Profilen:

- Ganztag A: Ganztagsbereich einer katholischen Europagrundschule (AWO)
- Ganztag B: Freie Naturschule mit offenem Ganztagsangebot (freie Trägerin: Erzieherinnen-Eltern-Initiative)
- Ganztag C: Montessori-Hort in freier Trägerschaft (Elterninitiative)
- Ganztag D: Integrativer Hort an einer Halbtagsgrundschule (AWO)
- Ganztag E: Waldhort in freier Trägerschaft (Erzieherinnen-Initiative)
- Ganztag F: Quasi-gebundene Grundschule in städtischer Trägerschaft
- Ganztag G: Hort einer Halbtagsgrundschule im Brennpunktgebiet (zwei Träger: ein städtischer und ein freier)
- Ganztag H: Ganztagsbereich einer gebundenen Ganztagsgrundschule mit hohem Anteil an Familien mit Migrations- und Fluchthintergrund (freie Trägerin: Stiftung öffentlichen Rechts)

4 Aufgrund der Corona-Pandemie war es nicht möglich, wie geplant zwei weitere Einrichtungen in das Sample aufzunehmen. Die letzte Erhebung fand bis kurz vor den Schulschließungen im März 2020 statt. Eingeflossen sind zudem Daten aus zwei Berliner Grundschulen, die in einem Lehrforschungsprojekt zum Thema »Hortqualität aus Kindersicht« mit Studierenden der Alice Salomon Hochschule Berlin erhoben wurden (Ganztage G und H).

Die Konzepte der Einrichtungen unterscheiden sich sowohl auf der formalen Ebene (z.B. in Bezug auf die Art des Trägers) als auch in der praktischen Ausgestaltung. In das Sample aufgenommen wurden sowohl gebundene als auch offene Ganztagsschulen, Ganztagsschulen mit vollständig rhythmisiertem Konzept und reiner Nachmittagsbetreuung, in die Schule räumlich integrierte Ganztagsangebote und räumlich von der Schule vollständig getrennte Einrichtungen. Um die Kontraste zwischen den Einrichtungen und damit die Breite der Fälle zu verdeutlichen, werden fünf Einrichtungen kurz vorgestellt:

Der Ganztagsbereich A befindet sich auf dem Schulgelände einer offenen Ganztagsschule im Innenstadtbezirk einer Großstadt. Er wird von rund 150 Kindern und damit gut 70 Prozent der Schüler:innen der Schule besucht. Die Kinder teilen sich auf sechs Gruppenräume mit je einer verantwortlichen Fachkraft auf: Drei der Räume, in denen die Kinder an vier Tagen je nach Unterrichtsende ab 11:30 bis 16:30 Uhr und freitags bis 15 Uhr von Diplom-Sozialpädagog:innen und Erzieher:innen betreut werden, befinden sich im Erdgeschoss des Schulgebäudes und drei in einem Nebengebäude, in dem auch das gemeinsame Mittagessen stattfindet. Die Kinder erledigen in einer 45-minütigen Lernzeit ihre Hausaufgaben und können darüber hinaus zwei aus 26 möglichen AGs wählen, die montags bis donnerstags angeboten werden. Auch in den Ferien bietet der offene Ganztagsbereich Betreuung an, dann ganztägig von 8 bis 16 Uhr.

Ganztag B ist eine freie Schule mit natur- und inklusionspädagogischem Schwerpunkt, die von einer Erzieherinnen-Eltern-Initiative gegründet wurde. Die Schule bietet rund 140 Plätze an und befindet sich in einer Kleinstadt. In der Schule wird nicht strikt zwischen Unterricht, Freizeit oder Lernzeit unterschieden. Die Kinder besuchen die Schule in der Kernzeit von 7 bis 15 Uhr, wobei das Ganztagsangebot in einer Verlängerung bis 16 Uhr (an einem Tag auch 16:30 Uhr) besteht, welches sich inhaltlich nicht von dem Rest des Tages unterscheidet und in denselben Räumen stattfindet. Über den Tag hinweg bieten die Lehrer:innen und pädagogischen Fachkräfte verschiedene Angebote an, die auch den Lehrplan allgemeinbildender Schulen abdecken und die die Kinder zu einem gewissen Teil verpflichtend besuchen. Jedes Kind stellt sich allerdings in Absprache mit einem Mentor oder einer Mentorin einen eigenen, rhythmisierten Wochenplan zusammen, in dem sich individuelle, selbstbestimmte Arbeitszeiten mit dem Besuch von Angeboten und Freizeit abwechseln. Es gibt keine Hausaufgaben und Kinder können nach Rücksprache den Tag auch gänzlich selbstbestimmt gestalten. An einem Tag der Woche wird ein Waldausflug angeboten. Zu zwei Zeitpunkten ist das Mittagessen in der schuleigenen Mensa möglich.

Ganztag C ist ein Hort in einem Randbezirk einer Metropole, der von einer Elterninitiative getragen wird. Er bietet rund 40 Plätze vor allem für Kinder aus einer nahe gelegenen Grundschule an. Diese legen nach dem Unterricht einen Fußweg von etwa zehn Minuten zur Einrichtung zurück, wo sie je nach Schulschluss mittags ankommen und dann den Nachmittag bis maximal 18 Uhr verbringen. Der Hort verfügt über ein zweistöckiges Gebäude mit verschiedenen Räumen inkl. Turnhalle sowie über ein großes Außengelände. Dort befinden sich zudem mehrere kleinere Wohnhäuser, in denen ein sozialer Träger betreutes Wohnen für Jugendliche anbietet, die das Außengelände teilweise mitnutzen. Die Kinder werden von vier pädagogischen Fachkräften betreut und von einer Köchin mit Mittagessen versorgt, das sie einnehmen können, wenn sie von der Schule kommen. Die Fachkräfte räumen in Absprache mit den Eltern Zeit für die Hausaufgabenbetreuung ein und bieten darüber hinaus verschiedene AGs an.

Ganztag F ist eine Ganztagsschule in einer Mittelstadt in städtischer Trägerschaft. Die Schule wurde vor wenigen Jahren von einer gebundenen zu einer offenen Ganztagsschule, wobei sich nur wenig änderte: Die Kinder werden während der Kernzeit von 8 bis 15:15 Uhr (freitags bis 12:30 Uhr) fast ausschließlich von Lehrkräften betreut. Der Tag ist rhythmisiert, wobei die Unterrichtszeit überwiegt. So findet beispielsweise für die Dritt- und Viertklässler:innen von 8 bis 11:30 Uhr Unterricht statt, der lediglich von einer 25-minütigen und einer zehnminütigen Pause sowie für einen Teil der Kinder montags von 8 bis 9:30 Uhr durch ein Werkstattangebot unterbrochen wird. Vor der Mittagspause zwischen 11:45 um 12:30 Uhr sind zudem entweder Angebote oder eine Übungs- und Lernzeit vorgesehen, welche auch in den Klassenräumen unter Aufsicht stattfinden. Für das Mittagessen bestehen drei Optionen: Manche Kinder besuchen die Mensa, einige bringen etwas von zu Hause mit und essen meistens draußen und ein Teil der Kinder geht zum Essen nach Hause und kehrt dann für den Nachmittag zurück, der von 13:45 bis 15:15 Uhr noch einmal entweder aus Unterricht, Lernzeit oder Angeboten besteht. Prinzipiell können die Familien anschließend ein zusätzliches Betreuungsangebot bis 17 Uhr in Anspruch nehmen, für das ein eigener Raum in der Schule zur Verfügung steht. Dieses Angebot wird aber nur von wenigen Familien genutzt.

Eine Besonderheit stellt schließlich der Ganztag E – ein Waldhort – dar. Das dortige Konzept sieht vor, dass 25 Kinder jeden Tag nach einer Zeit aus flexiblem Mittagessen, fester Hausaufgabenzeit und Freispiel über mindestens zweieinhalb Stunden mit zwei hauptamtlichen Fachkräften im Wald verbringen.

Insgesamt haben 165 Kinder im Alter zwischen sechs und zehn Jahren, bzw. in Berlin und Brandenburg bis zwölf Jahren, an der Studie teilgenommen.

Erhebungsmethoden

Inspiriert durch den multimethodischen Ansatz des Mosaic Approach[5] (Clark 2017) und aufbauend auf dem differenzierten Methodenschatz, der in der Studie »Kinder als Akteure der Qualitätsentwicklung in KiTas« entwickelt und erprobt worden ist

5 Die Grundidee des Ansatzes ist, verschiedene Methoden zur Datenerhebung einzusetzen, die sich an den Themen, Relevanzen und (non)verbalen Ausdrucksweisen der Kinder orientieren, und das gesammelte Material dann wie ein Puzzle zu einem Gesamtbild zusammenzusetzen.

(Nentwig-Gesemann et al. 2021), wurden den Ganztagskindern maximal mögliche Freiräume eröffnet, ihre Erfahrungen, Orientierungen und Einschätzungen zum Ausdruck zu bringen.

Das Prinzip der Offenheit und der möglichst geringen (und dann in den Analysen immer mitinterpretierten und -reflektierten) Eingriffe der Forscher:innen in den Relevanzrahmen und die Ausdrucksweisen der Kinder gewährleistete ein hohes Maß an Gültigkeit, also an Angemessenheit und Adäquanz, mit der empirisch tatsächlich das Erfahrungswissen der Kinder rekonstruiert werden konnte.[6] Die eingesetzten Erhebungsmethoden werden im Folgenden kurz vorgestellt.

Die *Gruppendiskussion* ist ein für die Kindheitsforschung besonders geeignetes Verfahren, das sich variabel den jeweiligen verbalen Ausdrucksweisen von Kindern unterschiedlichen Alters anzupassen vermag (Nentwig-Gesemann 2010; Nentwig-Gesemann und Gerstenberg 2014). Die Kinder, die an der Studie teilgenommen haben, konnten die für sie wichtigen Themen im Ganztag aufgreifen und diese in ihrer alltäglichen Sprache und der gewohnten Form der Interaktionsorganisation bearbeiten (Nentwig-Gesemann 2010: 6).

Ein besonderer Fokus auf Freundschaften und soziale Beziehungen der Kinder untereinander wurde in *dialoggestützten, narrativen Interviews zum Thema »Freundschaft im Ganztag«* gelegt (Weltzien 2012). Dabei erzählten immer zwei, in Ausnahmefällen auch drei Kinder, die sich selbst als Freund:innen bezeichneten, von ihren gemeinsamen Erfahrungen und Erlebnissen im Ganztag.

Malbegleitende Gespräche (Bakels und Nentwig-Gesemann 2019) boten den Kindern die Möglichkeit, sich an einen ruhigen Ort zurückzuziehen und mit den Forscher:innen ins Gespräch zu kommen. Möglich war, sich sowohl in den Prozess des Malens zu vertiefen und damit in eine symbolische Sprache, in der auch implizites, präreflexives Wissen ausgedrückt werden kann, als auch intensive, dialogorientierte Gespräche mit den Forscher:innen zu führen.

Die Methode *Kinder fotografieren ihren Ganztag* wurde in Anlehnung an die »Autofotografie« von Deinet (2009: 78 f.) entwickelt: Je zwei Kinder erhielten eine Kamera, mit der sie abwechselnd ihre Lieblingsorte, »blöde Orte«, Rückzugsorte oder interessante Orte fotografieren sollten. Im Anschluss wurden die digitalisierten Fotos gemeinsam mit den Kindern angeschaut, um mit ihnen – fotobasiert – über ihre Erfahrungen, Aktivitäten und Sichtweisen ins Gespräch zu kommen.

Schließlich wurde den Kindern in einer separaten Forschungsstation eine *Briefbox* samt Materialien (Karteikarten, Stifte, Stempel, Aufkleber mit Smileys) zur Gestaltung von Briefen zur Verfügung gestellt. Die Kinder wurden gebeten, Ideen, Kritik, Wünsche oder Lob zu formulieren und diese (anonym) als »Briefe« in die Box zu werfen.

Um auch aus der unmittelbaren Praxis im Ganztag Rückschlüsse auf die Orientierungen der Kinder ziehen zu können, wurde zusätzlich *fokussiert teilnehmend beobachtet* (Heinzel et al. 2010; Krüger 2006). Die dokumentarische Auswertung der

6 Zu Gütekriterien qualitativer Kindheitsforschung vgl. Nentwig-Gesemann 2010, 2013.

Beobachtungsprotokolle von Situationen beim Mittagessen, bei den Hausaufgaben und im Freispiel ermöglichte – ergänzend zu den gesprächsorientierten Erhebungsverfahren – die Rekonstruktion von Interaktionsqualität, also der Qualität der interaktiv hervorgebrachten Beziehungen zwischen den Kindern sowie zwischen ihnen und den pädagogischen Fachkräften.

Dokumentarische Methode

Das in den jeweils zweitägigen Feldaufenthalten gesammelte Material wurde mit der Dokumentarischen Methode (Bohnsack 2014, 2017; Bohnsack, Nentwig-Gesemann und Nohl 2013) interpretiert. Kernziel der Methode ist, *Implizites explizit zu machen.* Dabei bilden sich habituell entfaltende Praktiken und die überwiegend impliziten Erfahrungswissensbestände der sozialen Akteur:innen den Kern der Interpretationsarbeit. Der rekonstruktive, erkenntnisgenerierende Interpretationsansatz ermöglichte, typische – also immer wiederkehrende – Dimensionen von guter Qualität im Ganztag aus dem Material herauszudestillieren. Zentral für die Kontrolle der Standortverbundenheit der Forscher:innen ist das Prinzip der fallinternen und fallübergreifenden Komparation: Dieses sichert ab, dass nicht die (z.B. theoriegeleiteten) Perspektiven der Forschenden den Analysefokus lenken, sondern empirisch generierte Vergleichsfälle, die auf Gemeinsamkeiten und Unterschiede hin befragt werden.

Zum einen wird das empirische Material daraufhin befragt, was auf der Ebene des *immanenten Sinns*, auf einer inhaltlich-thematischen Ebene, ausgedrückt wird – es wird *formulierend interpretiert.* Wir haben hier viel darüber erfahren, was für die Kinder überhaupt relevante Themen sind, was ihnen (un-)wichtig ist und wie sie bestimmte Dinge im Ganztag erleben und bewerten.

Zum anderen fragt der zentrale Arbeitsschritt der *reflektierenden Interpretation* nach dem *Dokumentsinn:* Welche handlungsleitenden Orientierungen, Relevanzen, Wertorientierungen und Deutungsmuster, welches Erfahrungswissen dokumentiert sich in Inhalt und Form einer Erzählung, einer Bezugnahme aufeinander im Gespräch, eines Briefes, einer Fotografie, einer Zeichnung, einer Handlungs- oder Interaktionssituation? Auf dieser Interpretationsebene haben wir uns den grundlegenden Bedürfnissen, Orientierungen und Anliegen der Kinder zugewandt, die diese begrifflich-theoretisch so nicht selbst ausdrücken können.

Die *komparative Analyse* ist ein fundamental wichtiges Arbeitsprinzip der Dokumentarischen Methode: Lassen sich typische, homologe Muster erkennen, die bei der Bearbeitung verschiedener Themen bzw. bei verschiedenen Akteur:innen immer wiederkehren, also fall- und situationsübergreifend sind? In der vorliegenden Studie führte das kontinuierliche interpretative Vergleichen von thematisch ähnlichen Sequenzen aus den unterschiedlichen Erhebungen am Ende zu einem verdichteten und empirisch gesättigten Bild dessen, was aus der Perspektive der einbezogenen Kinder wichtige Dimensionen eines guten Ganztags sind.

Ergebnisse: Qualitätsbereiche und -dimensionen aus der Perspektive von Kindern im Grundschulalter auf ihren Ganztag

Dem Prinzip der komparativen Analyse folgend, konnten die – mit den Interpretationsprinzipien der Dokumentarischen Methode – herausgearbeiteten Ergebnisse zu folgenden vierzehn *Qualitätsdimensionen* von guter Qualität im Ganztag aus der Perspektive von Kindern verdichtet und auf der Ebene von vier *Qualitätsbereichen* noch einmal abstrahiert werden. In der sequenziellen Anordnung der folgenden Übersicht kommt keine Hierarchisierung zum Ausdruck – die Bereiche stehen vielmehr gleichwertig nebeneinander.

Tabelle 2: Gute Qualität im Ganztag – 14 Qualitätsdimensionen in vier Qualitätsbereichen

1.	**Die Gestaltung positiver pädagogischer Beziehungen (Beziehungen zwischen Kindern und Pädagog:innen)**
1.1	In Lern- und Arbeitssettings von Pädagog:innen unterstützt werden, die aufmerksam und respektvoll an die Interessen und Bedarfe von Kindern anknüpfen
1.2	In Alltagssituationen mit Pädagog:innen in Beziehungen interagieren, die von Emotionalität, Vertrauen und Ebenbürtigkeit gekennzeichnet sind
1.3	Sich in ernsten Konfliktsituationen auf Pädagog:innen verlassen können, die verständnisvoll und fair intervenieren und den Kindern helfen, Strategien für ein friedliches und demokratisches Miteinander zu entwickeln
1.4	An der Gestaltung eines »schönen« Ganztags beteiligt sein, mitreden und mitbestimmen

2. Die Gestaltung einer positiven Peer-Kultur (Beziehungen unter Gleichaltrigen)

2.1 »Wild« spielen: sich gegenüber anderen behaupten, sich mit anderen messen und in der Gruppe selbst tragfähige Regeln entwickeln

2.2 Sich zurückziehen, sich unterhalten und soziale Beziehungen verhandeln

2.3 Sich einen Ort aneignen und Fantasiespiele spielen

2.4 Freund:innen haben, Freundschaft erleben und sich auf Freund:innen verlassen können

3. Die produktive Bearbeitung von Themen und Aufgaben der mittleren und späten Kindheit

3.1 (Noch) Verbotenes tun und Grenzen austesten

3.2 Zerstreuenden, unterhaltsamen und entspannenden Aktivitäten nachgehen

3.3 Handlungspraktischen Tätigkeiten lang anhaltend nachgehen und sich in Situationen mit Ernstcharakter bewähren

3.4 Sich in riskante, herausfordernde Bewegungsaktivitäten und in (kompetitive) Bewegungsspiele vertiefen

4. Die Erweiterung des Bildungsraums Ganztag in die Natur und die Außenwelt

4.1 Naturerfahrungen machen

4.2 Ausflüge machen und die Außenwelt erfahren

Die vierzehn Qualitätsdimensionen sind sehr nah an den Perspektiven der Kinder formuliert – sie speisen sich unmittelbar aus dem empirischen Material und damit aus den rekonstruierten Erlebnissen und Erfahrungen, Aktivitäten und Praktiken, den expliziten und impliziten Orientierungen der Kinder. Die vier Qualitätsbereiche wurden hingegen auf einer abstrakteren Ebene formuliert: Sie stellen eine kondensierte Ergebniszusammenfassung dar, die die thematisch-inhaltliche Nähe verschiedener Dimensionen in Clustern abbildet.

Bei den Qualitätsbereichen und -dimensionen handelt es sich um idealtypische Zusammenstellungen: Selbst empirische Schlüsselsequenzen – also solche, in denen sich die Orientierungen der Kinder in besonders fokussierter Art und Weise dokumentieren – können meist nicht ausschließlich einer Qualitätsdimension oder einem Bereich zugeordnet werden, sondern weisen zuweilen mehrere Querverbindungen zu unterschiedlichen Dimensionen und/oder Qualitätsbereichen auf (darauf wird in den folgenden empirischen Kapiteln jeweils verwiesen).

Bei der Darstellung der Qualitätsbereiche und -dimensionen wurde darauf verzichtet, sie direkt in schon bestehende gegenstandstheoretische Konzepte einzuordnen. Das Ziel der Rekonstruktionsarbeit ist zunächst, die Eigenständigkeit der Kinderperspektiven, der Erfahrungen, Praktiken und Orientierungen der Kinder, für sich stehen und sprechen zu lassen. Auf die zweifelsfrei interessante und weiterführende gegenstandstheoretische Verortung und Diskussion jeder einzelnen Qualitätsdimension muss aus Platzgründen in diesem Forschungsbericht verzichtet werden.

Der Analyse liegt ein komplexer, komparativ angelegter Prozess zugrunde, in dem das Material fortlaufend nach Gemeinsamkeiten und Unterschieden durchforstet wurde, wobei sich die Ebene des Vergleichens vom Konkreten zum Abstrakten verlagerte: Während zu Beginn noch stärker inhaltlich-thematisch ähnliche Sequenzen miteinander verglichen wurden, bezog sich die Komparation zunehmend auf die Ebene der impliziten Wissensbestände der 165 in die Studie einbezogenen Kinder. Durch den kontinuierlichen Vergleich, also die Suche nach minimalen und maximalen Kontrasten, konnte die Rekonstruktion der Kinderperspektiven – im Sinne typischer Erfahrungen, Praktiken und Orientierungen – vorangetrieben werden. Dieser Prozess der Typenbildung bzw. Generalisierung mündete dann in ein verdichtetes und empirisch gesättigtes Tableau von Qualitätsdimensionen. In einer weiteren Kondensierung, die auf dem kontinuierlichen Vergleichen auf Ebene der Dimensionen beruhte, kristallisierten sich schließlich die vier Qualitätsbereiche heraus.

Die Darstellung in den folgenden Kapiteln folgt nicht der rekonstruktiven Forschungslogik, die sich über die reflektierende Interpretation von Fällen (hier: einzelnen Sequenzen verschiedenen Datenmaterials) und die Komparation erst zu einer stabilen Typenbildung hinarbeitet; stattdessen werden die empirischen Analysen mit einer zusammenfassenden Beschreibung des Qualitätsbereichs eröffnet, die die jeweiligen (zwei bis vier) Qualitätsdimensionen einschließt und den Charakter eines einführenden Abstracts hat. Dann wird jede einzelne Dimension zunächst allgemein – in ihrer analytischen Abstraktion – beschrieben und schließlich wird anhand konkreter Beispiele und ihrer dokumentarischen Interpretation nachvollziehbar gemacht, wie die Erkenntnisse aus dem Material heraus generiert werden konnten. Um Einblick in den Datenkorpus zu geben, der der Rekonstruktion der jeweiligen Qualitätsdimension zugrunde liegt, wurden je zwei bis vier empirische Beispiele ausgewählt, in denen sich der Kern der Dimension in besonderer Dichte und Breite dokumentiert.

1. Qualitätsbereich: Die Gestaltung positiver pädagogischer Beziehungen

(Beziehungen zwischen Kindern und Pädagog:innen)

Der Ganztag ist ein außerunterrichtliches Setting, in dem Kinder und pädagogische Fachkräfte Beziehungen gestalten, deren Qualität entscheidend dafür ist, dass Kinder sich wohl und sicher, in ihren Rechten anerkannt und wertgeschätzt sowie beim Verfolgen ihrer Interessen, Aktivitäten und Arbeiten unterstützt fühlen.

Kinder wünschen sich pädagogische Fachkräfte, die zusammen mit ihnen nicht nur eine rollenförmige Beziehung gestalten, sondern eine persönliche Beziehungsebene pflegen, die von Freundlichkeit und Respekt geprägt ist. Sie wünschen sich vertrauensvolle, emotional warme Interaktionen, in denen sie als ebenbürtig anerkannt und ernst genommen werden, Verantwortung übernehmen können und zur Partizipation eingeladen werden. Bei der Entwicklung und Festigung eines friedlichen und solidarischen Miteinanders wünschen Kinder sich starke Erwachsene, die sich um Gerechtigkeit bemühen und ihnen – wenn dies in der Perspektive der Kinder notwendig erscheint – bei der Konfliktlösung helfen.

Im negativen Gegenhorizont der Kinder steht es, wenn ihre Selbst- und Mitbestimmungsmöglichkeiten im Ganztag durch organisationale Regeln und Normen stark eingeschränkt werden und die pädagogischen Fachkräfte vor allem auf Gehorsam, Disziplin und Ruhe bestehen. Sowohl die Verlängerung von klassischen Unterrichtsprinzipien in die Hausaufgabenzeit als auch die Gestaltung des Mittagessens als Ruheübung und Fokussierung auf das Sattwerden belasten die Kinder. Bei der Pflege ihrer Freundschaften und dem Spielen miteinander wollen sie in der außerunterrichtlichen Zeit so wenig wie möglich von den pädagogischen Fachkräften gestört werden.

1.1 In Lern- und Arbeitssettings von Pädagog:innen unterstützt werden, die aufmerksam und respektvoll an die Interessen und Bedarfe von Kindern anknüpfen

In Lern- und Arbeitssettings (z.B. der Hausaufgabenbetreuung oder von Projekten) wünschen Kinder sich pädagogische Fachkräfte, die daran orientiert sind, sie in einer freundlichen, entspannten und von Respekt geprägten Atmosphäre inhaltlich und auch moralisch zu unterstützen, sich dabei an ihren Ressourcen zu orientieren, sie mit ihren (Lern-)Besonderheiten wahr- und ernst zu nehmen und offen gegenüber ihren Ideen, Einfällen und Vorschlägen zu sein.

Kinder schätzen flexible, individualisierte Lern- und Arbeitssettings, in denen es auch um ihre Themen und Interessen, um ihre Bedarfe und Bedürfnisse gehen kann. Hausaufgaben gehören zwar nicht zu den Lieblingsaktivitäten der Kinder, doch sie sind froh, wenn sie bei deren Erledigung im Ganztag von geduldigen Fachkräften begleitet werden. Als ideal empfinden Kinder es, wenn sie in der Hausaufgabenzeit nicht länger sitzen bleiben müssen als nötig, aber auch, wenn sie länger konzentriert arbeiten können, falls sie die Zeit brauchen.

Empirisches Beispiel I: Lernzeit
Ganztag F, Teilnehmende Beobachtung

Abbildung 1: Klassenraum der 4. Klasse (hier von Kindern während eines Fotospaziergangs aufgenommen und anschließend verfremdet)

Die Kinder haben sich zur sogenannten Lernzeit im Klassenraum der Klasse 4 eingefunden. Es stehen 15 Tische mit je zwei Plätzen im Raum, die systematisch von vorn nach hinten in fünf Reihen und vom Fenster zur Wand in drei Reihen angeordnet sind. Insgesamt neun Kinder haben sich jeweils einzeln auf die Tische verteilt; eine Ausnahme bildet der dritte Tisch der Wandreihe, an dem zwei Mädchen zusammensitzen.

Vor den Kindern auf den Tischen befinden sich jeweils eine Trinkflasche und eine Federmappe. Ihre Ranzen stehen neben ihnen an den Tisch gelehnt. Vorne, ihnen zugewandt, stehen zwei Lehrerinnen, Frau Weiß und Frau Behrend, in Vertretung der eigentlich zuständigen Lehrerin. Hinter ihnen an der Tafel ist unter der unterstrichenen Überschrift »Plan« zunächst notiert: »Zirkelbild auf 1 weißes Blatt, AH M S. 46«. Darunter sind über die Breite der Tafel vier DIN-A4-Seiten aus weißem Papier geklebt, beschrieben mit Aufgaben. Diese sind oben auf der Tafel jeweils mit Kreide beschriftet, beispielsweise »AB D S. 23 Nr. 1« oder »AB M S. 23 Nr. 3 a, b, c«.

Das Setting für die außerunterrichtliche Lernzeit unterscheidet sich nicht von einem klassischen Unterrichtssetting: Da sie im Klassenraum stattfindet, in dem zwei Lehrerinnen anwesend sind und die Kinder zudem geordnet bzw. vereinzelt an Schultischen sitzen, wird die Lernzeit räumlich und personell als Fortsetzung des Unterrichts inszeniert. Die Kinder werden damit auch während der Lernzeit als lernende und arbeitende Schulkinder markiert, deren (Inter-)Aktionsradius auf die »Box« begrenzt ist.[7] Auch die zu bearbeitenden Aufgaben an der Tafel vermitteln, dass die Lernzeit eine Verlängerung des Unterrichts darstellt, in der sich die Kinder weiter mit dem dort behandelten Stoff beschäftigen. Nahegelegt wird – unterstrichen durch die Sitzordnung – ein sitzender Einzelarbeitsmodus, in dem die Kinder maximal zu zweit arbeiten und sich auf die Aufgaben konzentrieren sollen. Bewegung im Raum und Zusammenarbeiten erscheinen hingegen nicht erwünscht.

Schließlich ist in dem räumlich-sozialen Setting ein starkes Hierarchiegefälle angelegt: Während die Lehrerinnen vorne stehen, die Klasse im Blick haben und die Hüterinnen der Aufgaben sind, sitzen die Kinder jeweils für sich und müssen zu den Lehrerinnen aufschauen. Durch die Aufgabenstellungen, die an der Tafel fixiert sind, wird zudem ihre Blickrichtung immer wieder nach vorne gelenkt.

Frau Weiß steht vorn in der Mitte des Raumes und diskutiert mit den Kindern, was diese aufhaben. Sie sagen, sie hätten etwas in Mathe. Frau Weiß dreht sich um, deutet auf die Tafel und sagt, dass sie diese Arbeitsblätter aufhätten, die an der Tafel angeklebt sind. »Da macht ihr einfach weiter.« Die Kinder stöhnen kollektiv und holen ihre Hefte, Stifte und Zirkel heraus. Frau Behrend steht am Rand und schaut zu.

Timur, der hinten rechts in der Wandreihe (am Tisch vor mir) sitzt, meldet sich und Frau Weiß kommt sofort zu ihm. Er sagt: »Ich weiß nicht, wie man das macht.« Sie fragt kurz zurück: »Wie?« und er wiederholt die Frage. Sie vertieft sich in sein Arbeitsblatt und fragt, was er für die Aufgabe braucht. Sie diskutiert mit ihm und erklärt, was er machen soll. Es sind nur Ausschnitte zu verstehen, z.B.: »Dieses Bild soll später so aussehen, verstehscht? Das soll dann ein Kreis in dem Quadrat sein.« Sie holt sich einen Stuhl, setzt sich an die Seite seines Tisches und beugt sich darüber. Timur malt mit seinem Zirkel und nach einer Weile sagt die Fachkraft: »Ja, genau, so, das geht grad noch.« Er malt weiter und fragt dann leise (für mich unverständlich) wieder nach. Sie schaut es sich an und sagt: »Hättest du noch ein bisschen genauer machen können, aber Hauptsache, es ist einigermaßen.« Timur sagt nach einigen Augenblicken, in denen er weiterzeichnet: »Ah, der

7 Der Begriff »Box« wurde von Goffman geprägt: Gemeint ist ein deutlich sichtbarer, begrenzter Raum, auf den ein Individuum zeitlichen und räumlichen Anspruch erheben kann (Sessel, Telefonzelle, Kinositzplatz, Strandhandtuch, Schulbank).

Radius muss gleich sein«, während die Lehrerin etwas anderes erklärt. Er malt noch etwas weiter, als sie kommentiert: »Genau so geht das. Jetzt muss nur noch schaffe, ä bissle genauer zu zeichne, ja? Und hier zum Beispiel hier, nicht so viel hien und her, sondern mit dem Zirkel geht man e:::inmal rum.« Timur: »Okay.« Lehrerin: »So da weil das isch ganz schlecht, wenn=de anfängscht hien und her zu machen.« Dann steht sie auf, geht zu Elif in der Reihe vor ihm und setzt sich neben diese.

Die Lernzeit beginnt mit einer weiteren Demonstration der schulischen (organisationalen und generationalen) Rahmungshoheit[8]. Sie wird explizit als Verlängerung des Matheunterrichts gerahmt: Die an der Tafel für alle gut sichtbar hängenden Arbeitsblätter symbolisieren gewissermaßen den Matheunterricht, dessen Fortführung auf die Vertretungslehrerinnen übertragen wurde. Mit den Blättern im Rücken geht der Auftrag bzw. das Mandat, an den Matheunterricht anzuschließen und ihn fortzuführen, auf sie über. Im darauffolgenden Stöhnen der Kinder dokumentiert sich, dass dieses Setting der Hausaufgabenbearbeitung in einem negativen Horizont steht. Zugleich scheinen die Kinder wie selbstverständlich davon auszugehen, dass es kein Entrinnen aus dem Setting gibt bzw. offener Widerstand zwecklos ist – sie fügen sich, wenn auch unter Protest.

Es scheint eine übliche Praxis zu sein, dass die Kinder sich melden, um sich die Hilfe der Fachkräfte zu holen bzw. um Kontrolle der von ihnen erledigten Aufgaben zu bitten. Gleichzeitig gehen die Lehrerinnen aber auch herum und lassen sich die Fortschritte zeigen, sodass deutlich wird, dass jedes Kind für sich arbeiten soll, bei Bedarf die Erwachsenen anfordern kann, allerdings auch jederzeit damit rechnen muss, im Hinblick auf seine Arbeitsergebnisse kontrolliert zu werden.

Timur, der die Lehrerin durch sein Melden zu sich gebeten hat, rahmt sich selbst in Bezug auf die zu erledigende Aufgabenstellung als unfähig und unwissend. Er fordert unmittelbar die Soforthilfe der Lehrerin an, ohne zuvor Eigenanstrengung demonstriert zu haben.

Die enge, kritische Begleitung von Frau Weiß wird von Timur akzeptiert, was sich in den wechselseitigen Bezugnahmen dokumentiert: Indem er fortlaufend die Lehrerin etwas fragt, hält er sie an seinem Tisch bzw. an seiner Seite. Auch hier dokumentiert sich die performative Aufführung und Sicherung eines Hierarchie- und Wissensgefälles: Während Timur sich in der Rolle des Lernenden, Unfähigen und Fragenden zeigt, der probiert, der Aufgabe gerecht zu werden, agiert Frau Weiß in der Rolle der Wissenden, Lehrenden und Bewertenden, ohne deren Hilfe Timur die Aufgabe nicht würde angemessen lösen können. Sie lobt wenig, sondern tadelt und bewertet und inszeniert sich damit als diejenige, der das Recht zusteht, über (un-)erwünschte Umgehensweisen mit dem Zirkel bzw. richtige und falsche Ergebnisse zu urteilen. Als Timur auf eine Erkenntnis verweist, die er gewonnen hat (»Ah, der

8 Zur »doppelten konstituierenden (Fremd-)Rahmung« von pädagogischen Interaktionen vgl. Nentwig-Gesemann und Gerstenberg 2018: 135 ff.

Radius muss gleich sein«), gewährt die Lehrerin ihm kein Lob. Damit entsteht der Eindruck, dass vorrangig die schnelle, korrekte Lösung der Aufgabe und die Exaktheit der Zeichnung im Vordergrund stehen und weniger die Lernerfahrung und der Erkenntniszugewinn seitens eines Schülers.

Auch Kevin, am hintersten Tisch der mittleren Reihe, malt konzentriert einen Kreis mit seinem Zirkel. Er hält das Zeichengerät mit beiden Händen und dreht den minenbestückten Stab langsam um den mit einer Nadel auf dem Papier fixierten Stab. Dann justiert er den Abstand der beiden Stäbe etwas weiter, vollzieht noch eine Drehung mit dem Zirkel und nimmt beide Stäbe dann sehr eng zusammen. Er drückt stark auf das Papier auf, sodass die Mine plötzlich bricht, woraufhin Kevin laut und in einem überrascht-enttäuschten Tonfall »nei::n!« ruft. Er nimmt den Zirkel hoch, hält ihn sich nah vor das Gesicht und betrachtet ihn eingehend. Als er die Mine gerade herauspult, kommt Selma aus der Fensterreihe zu ihm gelaufen und fragt ihn etwas (unverständlich). Kevin fragt zurück, ob er ihr helfen soll. Sie stimmt zu und geht zu ihrem Platz zurück.

Kevin lässt seinen Zirkel liegen, folgt ihr und lässt sich ihren Zirkel reichen. Er malt konzentriert einen Kreis auf Selmas Blatt, während sie zuschaut. Dann setzt er ab, sagt nüchtern »zu klein« und fragt: »Hast du einen Radiergummi?« Sie gibt ihm einen, woraufhin Kevin auf dem Blatt radiert, sich wieder darüber beugt und einen weiteren Kreis zeichnet. Er dreht einige Kreise mit dem Zirkel und fragt dann: »So?« Beide Kinder diskutieren kurz leise und Kevin radiert erneut. Dann setzt er noch einmal an, zeichnet einen weiteren Kreis und fragt wieder: »So?« Dabei richtet er sich auf, dreht sich zum Gang und geht, während Selma »Danke!« sagt, mit gelassenem Gesichtsausdruck zurück zu seinem Platz. Dort setzt er sich hin, nimmt seinen Zirkel und lässt verlauten, dass er auch etwas mit diesem malt. Selma wendet sich derweil ihrem Blatt zu.

An seinem Tisch angekommen, sagt Kevin leise zu sich selbst: »Ich mach auch was mit dem Zirkel.« Nach einer kurzen Diskussion mit mir, bei der Kevin mich fragt, ob ich schon viel geschrieben habe, widmet er sich erneut seiner Zeichnung und fragt Timur, ob er schon mal eine Spinne mit dem Zirkel gemacht habe. Dieser bejaht und Kevin fragt ihn: »Was denkst du, was mach ich?« Timur: (»Eine Sonnenblume?«)

Kevin wirft lächelnd ein: »Sonnenblume, von Pflanzen gegen Zombie.« Timur antwortet: »Dann musst du aber den Mund aufmachen.« Daraufhin Kevin: »Wie macht man diese Blumenspuren noch mal?«, woraufhin Timur etwas murmelt und Kevin »nein« sagt. Kevin zeichnet weiter und sagt zu sich: »Das sieht komisch aus.«

Nachdem beide etwas weitergezeichnet haben, sagt Kevin: »Ich weiß, was das sein könnte. Diese Blume von Pflanzen gegen Zombies eins zwei.« Timur fragt nach: »Die wo so? Nein Drei?« Kevin lächelt und antwortet: »Nein, diese Pusteblume, diese grüne da, die wo die dann so zurückschnippt.« Er summt und zeichnet weiter mit dem Zirkel Kreise. Beide Jungen konzentrieren sich zwei Minuten lang still auf ihre Blätter, Kevin auf sein Bild und Timur auf sein Arbeitsblatt.

Dann lacht Kevin stolz: »Ohohoho«, zeigt Timur sein Bild und sagt: »Guck mal, wie horror das aussieht.« Er lächelt und hält das Blatt auch in Richtung Yola, die es sich interessiert anschaut. Dann steht er auf, geht zu Timur, stellt sich vor dessen Tisch und nimmt sich ganz selbstverständlich einen roten Stift aus dessen Mappe. Damit geht er zurück und zeichnet in das Gesicht der Blume vier rote, senkrechte Striche. Dann zeigt er die Blume erneut Timur und sagt: »Guck mal, das ist die Horrorversion.« Timur schaut es sich interessiert an.

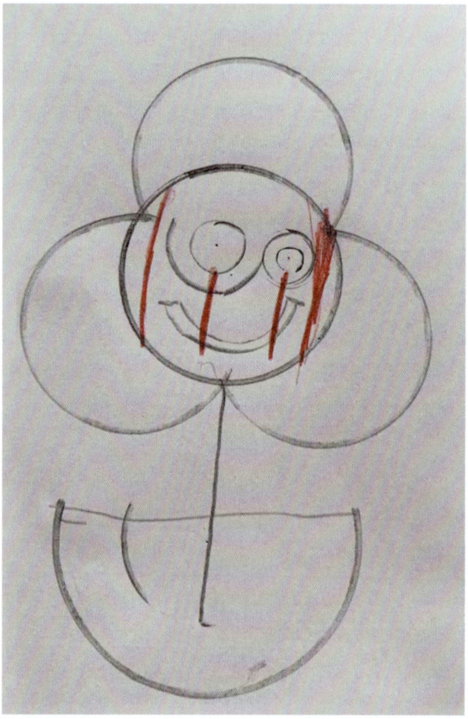

Abbildung 2: Zeichnung mit Zirkel: Die Horrorversion einer Blume

Im konzentrierten Umgang von Kevin mit dem Zirkel dokumentiert sich sein Interesse an dessen Funktionsweise. Er erprobt verschiedene Einstellungsgrößen und beobachtet die Wirkung seiner Justierungen. Mit der für alle hörbaren, melodramatisch anmutenden, überrascht-enttäuschten Reaktion auf den Bruch der Mine, den er durch sein starkes Aufdrücken provoziert hat, zieht er Aufmerksamkeit auf sich. Kevin zeigt damit für die Anwesenden wahrnehmbar an, dass er mit dem Gerät gearbeitet hat, aber auch, dass er im Moment nicht weiterarbeiten kann, sondern den Zirkel reparieren muss.

Selma reagiert darauf, geht zu Kevin und initiiert ein Gespräch; indem Kevin anbietet, ihr zu »helfen«, legitimiert er sowohl ihr als auch sein Aufstehen und (im Unterrichtssetting) unerwünschtes Verlassen der eigenen Box. Durch den Impuls von Selma angeregt, inszeniert Kevin sich nun als Helfer für Kinder, die nicht über seine Expertise in der Zirkelhandhabung verfügen. Er schlüpft quasi in die zeigende Rolle einer Lehrperson und verschafft sich damit mehr Bewegungsfreiheit. Die Lehrerinnen scheinen – angesichts der Rahmung des Helfens in schulischen Dingen – die Interaktion zwischen Selma und Kevin zu tolerieren. Solange auf der Vorderbühne[9] der verlangten Tätigkeit des Zeichnens mit dem Zirkel nachgegangen und ein prosoziales Verhalten an den Tag gelegt wird, scheinen sich also Freiräume für die Kinder zu eröffnen.

Homolog zur Sequenz mit Selma zeigt sich auch hier die Orientierung der Kinder daran, sich mit anderen auszutauschen, sich ihre Zeichnungen zu zeigen, sie zu kommentieren und einander zu helfen. Während Timur zwar handlungspraktisch bei seiner Aufgabe bleibt, wird in der Diskussion mit Kevin das gemeinsam geteilte Interesse daran deutlich, den Zirkel (auch) explorativ zu nutzen, verschiedene Handhabungen mit ihm auszuprobieren und etwas anderes auf das Papier zu bringen als die vorgegebenen und eingeforderten mathematischen Figuren. So dokumentiert sich im Räsonieren über Spinnen, über die Pflanzen und Zombies das Interesse daran, die medialen Erfahrungen eines Computerspiels (»Pflanzen gegen Zombies 2«) zu bearbeiten.

Kevin scheint einerseits an der Aufmerksamkeit des anderen Kindes interessiert zu sein, an dessen Rückmeldungen, aber auch an dessen Meinung und Hilfe. Er adressiert Timur als interessiertes Gegenüber, wobei das Bild in der Rezeption durch den anderen und in der Auseinandersetzung mit ihm erst entsteht. Beide sind an der Interaktion mehr interessiert als an der pflichtbewussten Erledigung der Hausaufgaben. Die Kinder ko-konstruieren eine Situation, in der sie sich als Wissende und als Experten in Szene setzen – nicht in Bezug auf das unterrichtlich gerahmte Thema (die Matheaufgaben), sondern in Bezug auf eine konjunktive (mediale) Erfahrung der Peers.

Interessant ist zudem, dass sie sich in der Lernzeit wiederum an der Grenze zwischen erlaubtem bzw. nicht erlaubtem Verhalten bewegen. Auf der Vorderbühne hantiert Kevin mit dem Zirkel auf seinem Blatt, aber auf der Hinterbühne bearbeitet er nicht die Matheaufgabe, sondern malt die »Horrorversion« einer Blume. Es handelt sich damit zum einen um ein verdeckt oppositionelles Verhalten in Bezug auf die Erwartungen der Lehrpersonen; zum anderen erfüllt Kevin aber auch die an ihn gerichtete Aufgabe: Es geht darum, exakt zu zeichnen, um handwerkliches Geschick und um die Verhältnisse der Kreise zueinander – nur, dass dies hier mit der kreativen, selbst gestellten Aufgabe verbunden wird, eine »Horrorblume« aus einem Computerspiel mittels Zirkel darzustellen (siehe Abbildung 2).

9 Goffman (2003) unterscheidet Vorder- und Hinterbühne: Die Vorderbühne ist demnach der Ort des offiziellen, für alle sichtbaren Geschehens, die Hinterbühne der Ort des inoffiziellen, nur für Eingeweihte und Beteiligte sicht- und unmittelbar verstehbaren Geschehens.

Empirisches Beispiel II: Hausaufgaben
Ganztag E, Teilnehmende Beobachtung

Maike und Laura sitzen im Hausaufgabenraum nebeneinander an zwei Tischen, dem Fenster zugewandt; vor ihnen liegen jeweils ein Heft und eine Federmappe, der Ranzen steht neben ihnen am Boden. Außer dem Forscher befindet sich niemand weiter im Raum. Laura zeigt auf ihr Heft, zählt laut und schreibt dann etwas auf, während Maike aufsteht, etwas aus ihrem Ranzen holt und sich dann wieder hinsetzt. Sie schaut erst zu Laura, dann auf deren Heft und widmet sich schließlich ihrem Heft, in dem sie zu schreiben beginnt. Maike holt einen neuen Stift, schaut zu Laura, radiert etwas und lacht laut auf. Dann guckt Laura wiederum zu Maike, wie diese etwas ausfüllt. Beide wenden sich wieder ihrer Aufgabe zu und schreiben intensiv weiter. Maike guckt immer wieder kurz zu Laura und wendet sich dann ihrer Aufgabe zu. Laura: »Weißt du, was da reinkommt?« Maike: »Nein.« Laura hält beide Hände mit den Fingern ausgestreckt vor sich hoch und fragt: »Es müssen sechs weg sein, aber es sind noch sechs da.« Sie stockt, nimmt beide Hände herunter, hebt dann abwechselnd immer wieder eine hoch und guckt sie an. Auch Maike zählt flüchtig mit den Fingern der rechten Hand auf dem Tisch und füllt dann wieder etwas in ihrem Aufgabenheft aus. Beide schreiben konzentriert weiter.

Paula (Pädagogin) betritt den Raum, geht zu den beiden, schaut ihnen über die Schulter und fordert sie leise, aber bestimmt auf, sich weiter auseinanderzusetzen. Sie schiebt die Stühle und assistiert Laura dabei, samt ihren Arbeitsmaterialien einen Platz weiter rechts einzunehmen. Daraufhin arbeiten beide kurz still weiter, nehmen die Konversation aber wieder auf, sobald die Fachkraft aus dem Raum gegangen ist. Beide heben den Kopf und schauen aus dem Fenster, vor dem ein Auto hält, aus dem Robert (Pädagoge) steigt. Dieser kommt am Fenster vorbei und grüßt mit einem Lächeln, das die Kinder erwidern. Laura fragt, als wäre kein geschlossenes Fenster zwischen ihnen, ob er Kinder mitgebracht hat. Das hat Robert offenbar nicht gehört und geht weiter. Beide Mädchen stehen dann immer wieder auf und schauen zu dem anderen. Sie unterhalten sich und lachen immer wieder dabei. Als sie sich gegenseitig versichert haben, mit den Matheaufgaben fertig zu sein, legen sie die Hefte in die Mitte zwischen sich und holen ein neues Heft heraus. Sie bringen mir dann das Heft, zeigen auf eine Aufgabe und fragen, was man da machen soll. Ich bestätige, als Laura richtig vorliest: »Text lesen und ergänzen«. Nachdem wir geklärt haben, was »ergänzen« im Zusammenhang der Übung bedeutet, fährt Laura mit Schreiben fort.

Erneut kommt Paula herein und wendet sich den beiden zu. Sie beugt sich über die Mathehefte, die schon »fertig« in der Mitte liegen, und es scheint so, als kontrolliere sie die Aufgaben. Nach einigen Augenblicken setzt sie sich zwischen die beiden und studiert aufmerksam die Hefte, während Maike und Laura an ihren Texten weiterschreiben. Laura sagt laut zu Maike: »Maike, ich bin bei ›ankommen‹« (offenbar eine Stelle in der Übung), was diese bestätigend zur Kenntnis nimmt, während beide konzentriert auf ihre Hefte fokussiert sind und schreiben. Paula korrigiert dann eine Matheaufgabe von Laura, wobei sie sich ganz ruhig und zugewandt mit ihr unterhält. Dabei zeigt sie auf verschiedene Aufgaben und kontrolliert; Maike zählt immer wieder nach, radiert auch dann und wann etwas aus und schreibt etwas Neues auf.

Die beiden Mädchen gestalten das Erledigen der Hausaufgaben hier als etwas, das sowohl jede für sich macht als auch beide gemeinsam bzw. in Interaktion miteinander erledigen. Sie ko-konstruieren eine konzentrierte Arbeitsatmosphäre, in der soziale Interaktion und Austausch nicht im Widerspruch zur individuellen Aufgabenbearbeitung stehen. Dabei scheinen sie die Anwesenheit der jeweils anderen zu genießen, was sich im nahen Beieinandersitzen und in den mehrfachen gegenseitigen Bezugnahmen dokumentiert. Es gelingt ihnen, in stetiger Verbindung miteinander zu bleiben und gleichzeitig in ihren Heften zu arbeiten. Dass sie sich über einen längeren Zeitraum allein im Raum befinden, signalisiert, dass ihnen selbstständiges Arbeiten grundsätzlich zugetraut wird.

Wenn die Fachkraft die Mädchen auseinandersetzt und damit zum Ausdruck bringt, dass dies ihrer Meinung nach einen Widerspruch zur erwartungsgemäßen Erledigung der Hausaufgaben im jeweils *eigenen* Heft darstellt, ist dies eine Opposition gegenüber der Orientierung der Kinder am sozialen Miteinander. Indem die Fachkraft einen leeren Platz zwischen den Mädchen schafft, markiert sie zudem, dass sie über die Macht verfügt, die Positionierung der Körper sowie die Nähe und Distanz zwischen den Kindern zu bestimmen.

Im Folgenden lassen sich Homologien herausarbeiten: Während die Kinder die Relevanz der sozialen Konstituierung der Hausaufgabenzeit unterstreichen, indem sie sich wieder unterhalten und den ankommenden Pädagogen zuerst nach den anderen Kindern fragen, ist die Fachkraft auch beim zweiten Hereinkommen zunächst wieder auf die pflichtgemäße individuelle Aufgabenerledigung fokussiert.

Das Interesse der Kinder an gegenseitigem Austausch wird im weiteren Verlauf von der Pädagogin aber nicht unterbunden oder getadelt; vielmehr gesteht sie den Kindern zu, beides miteinander zu vereinbaren, solange die Hausaufgaben gemacht werden. Sie initiiert nicht nur eine intensive soziale Interaktion mit den Mädchen, sondern sorgt auch dafür, dass die Hausaufgaben korrekt sind. Dabei agiert sie nicht in einer belehrenden, ermahnenden, sondern einer zugewandten, die Kinder unterstützenden Rolle.

Empirisches Beispiel IIIa: Mehr Zeit für Hausaufgaben
Ganztag E, Teilnehmende Beobachtung

Nach der Hausaufgabenzeit gehen die Kinder im Ganztag E, wie jeden Tag, in den nahe gelegenen Wald. Auf dem Weg gehen zwei Mädchen, die die vierte Klasse besuchen, neben der Forscherin, die sich erkundigt, wie sie die Regelung mit den Hausaufgaben finden. Ruth sagt: »Manchmal reicht die Zeit nicht und wir sind noch nicht fertig. Das ist doof, dann muss ich das am Abend zu Ende machen.« Lotte stimmt ihr zu: »Ich will zwar dann auch raus in den Wald, aber auch fertig machen. Meine Mama findet das auch blöd, wenn sie mir abends noch mal helfen muss.« Die Forscherin fragt nach: »Wie könnte man das anders machen?« Die beiden lachen und sagen: »Weniger Hausaufgaben wär gut.«
In diesem kurzen Gespräch dokumentiert sich, dass die Kinder vor der Herausforderung stehen, ihre Orientierung daran, die Aufgaben für die Schule pflichtgemäß

zu erfüllen, und ihren Wunsch, frei zu haben, auszubalancieren. Belastend scheint vor allem zu sein, wenn es keine klare Trennung gibt und der Druck, sich mit den schulischen Aufgaben befassen zu müssen, auch nach der (Frei-)Zeit im Hort und am Abend in der Familie wieder zum dominanten Thema wird.

Empirisches Beispiel IIIb: Mehr Zeit für Hausaufgaben
Ganztag D, Briefbox

Ähnlich äußern sich auch zwei Kinder des Ganztags D, die Karten mit Wünschen in die Briefbox geworfen haben:

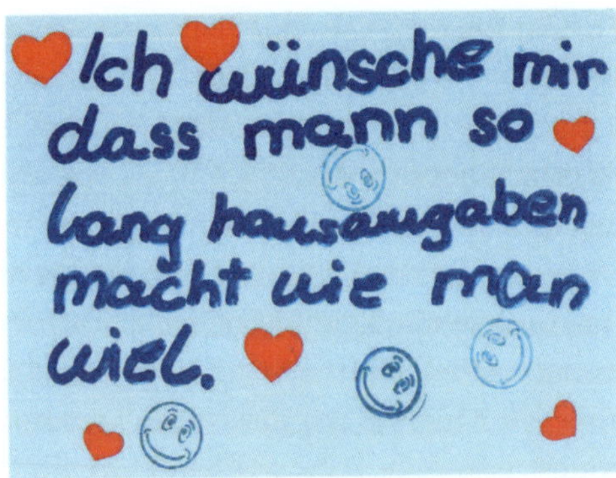

Abbildungen 3 und 4: Wünsche

»Ich wünsche mir das Hausaufgaben seit lenger bleibt bis wir unsare Hausaufgaben fertig Haben.«
»Ich wünsche mir dass man so lang hausaufgaben macht wie man wiel.«

Auch hier dokumentiert sich, dass es den Kindern vor allem um Selbstbestimmtheit und eine Form der Hausaufgabenbetreuung geht, die sich an ihren individuellen Bedarfen orientiert. Im negativen Gegenhorizont steht eine allgemeine und feststehende Hausaufgabenzeit, also eine organisationale Regelung, die relevanter ist als die Bedarfe und Wünsche der einzelnen Kinder.

Empirisches Beispiel IV: Beschwerdebriefe (Hausaufgaben)
Ganztag F, Briefbox

Im Folgenden sind schließlich noch zwei Briefe abgebildet, die Kinder in ähnlicher Ausführung in den verschiedenen Ganztagen in großer Zahl in die Briefboxen geworfen haben.

Abbildungen 5 und 6: Beschwerdebriefe Hausaufgaben

»Ich wünsche wir krigen keine Hausaufgaben«
»Ich möchte weniger Hausaufgaben. Hausaufgaben sind :P«

In ihnen dokumentiert sich in homologer Weise die Orientierung der Kinder daran, die Hausaufgabenzeit möglichst zu minimieren. Kein Kind hat in der Studie den Ort, an dem die Hausaufgaben gemacht werden, als Lieblingsort angegeben oder Hausaufgaben als eine Aktivität beschrieben, der es gern nachgeht. Im Gegenteil: Konventionelle Lernzeiten, in denen von den Lehrkräften aufgetragene Aufgaben abgearbeitet werden müssen, stehen eindeutig und durchgängig im negativen Horizont der Kinder und könnten aus ihrer Sicht abgeschafft werden. Solange sie allerdings gemacht werden müssen (vgl. das Beispiel IIIb), möchten die Kinder, dass sich die Hausaufgabenbetreuung im Ganztag an ihren individuellen Bedarfen und ihrem Wunsch, sie abschließend zu erledigen, orientiert.

1.2 In Alltagssituationen mit Pädagog:innen in Beziehungen interagieren, die von Emotionalität, Vertrauen und Ebenbürtigkeit gekennzeichnet sind

In Alltagssituationen (z.B. bei Mahlzeiten) wünschen Kinder sich freundliche und nahbare pädagogische Fachkräfte, mit denen sie in resonanten, also sich wechselseitig anregenden und wertschätzenden, Beziehungen interagieren können.

Kinder mögen alle informell-familienähnlichen Interaktionssettings, die es im Ganztag ermöglichen, zu den Erwachsenen Beziehungen einzugehen, die nicht wie im konventionellen Unterricht durch die Hierarchie einer Rollenbeziehung geprägt und zudem nicht mit einer Leistungsbeurteilung und -bewertung verknüpft sind. Als wohltuend erleben Kinder Beziehungen zu Pädagog:innen, die von wechselseitigem Interesse, von Vertrauen, Emotionalität und Ebenbürtigkeit geprägt sind. In einer entspannten Atmosphäre unterhalten Kinder sich gern mit Erwachsenen, spielen gern etwas mit ihnen und vertrauen sich ihnen an, wenn sie Sorgen oder Probleme haben.

Empirisches Beispiel I: Mittagessen – Komm noch dichter ran
Ganztag C, Teilnehmende Beobachtung

Das Esszimmer ist ein heller, offener Raum, dessen Essbereich räumlich durch eine in den Raum hineinragende Eckbank um einen runden Tisch sowie einen weiteren eckigen Tisch von dem Durchgangsbereich getrennt ist. Es befinden sich noch zwei weitere eckige Tische im Raum, an denen jeweils etwa sechs Personen Platz finden. Eine Sitzbank zieht sich über die gesamte Längsseite des Raumes. Auf der einen Seite hängen von den Kindern gemalte Bilder an der Wand, auf der anderen Seite sind mehrere große Bilderrahmen mit Fotocollagen einer Hortreise aufgehängt. In einer Ecke – zwischen dem Eingang zur Küche und dem Eingang zur Garderobe – stehen zwei offene Holzregale. Oben auf dem rechten Regal stehen fünf weiße Schüsseln mit Salat, Reis, Mais, Erbsen, Soße und eine Schale mit geschnittenen Möhren. In den unteren Fächern stehen gestapelte Teller, im Regal daneben liegt Besteck in offenen Fächern.

Mark, ein Sechstklässler, kommt in den Raum und setzt sich kurz auf eine Sitzbank, die an einem Tisch direkt neben dem Eingang zur Küche steht. Dort sitzt bereits Jonathan, ein Erzieher. Die restlichen Tische sind unbesetzt. Mark steht auf, holt sich ein Glas und gießt sich Wasser ein. Er stellt das Glas auf den Tisch, an dem er zuvor kurz Platz genommen hatte, und holt sich anschließend einen Teller aus dem Regal. Er tut sich Reis, Erbsen und Soße auf und fragt, an niemanden Bestimmtes gerichtet, ob Fleisch in der Soße ist. Aus der Küche hört man eine weibliche Stimme rufen: »Ja genau, in der Soße ist Fleisch. Möchtest du sie probieren oder lieber wegtun?«

Mark antwortet: »Ich probier mal«, setzt sich an den Tisch zu Jonathan und beginnt zu essen. Auf dem Tisch liegen das Festnetztelefon des Horts und eine Schale mit Mandeln. Jonathan fragt: »Na Mark, wie war dein Tag?«

Mark erzählt von seinem Tag und die beiden unterhalten sich kurz über unterschiedliche Dinge. Kurze Zeit darauf kommt der Erzieher Clemens in den Raum und tritt zu den beiden an den Tisch. Er schlägt mit Mark ein und erzählt von einem technischen Problem, das er lösen muss. Er setzt sich dabei auf die kurze Sitzbank neben Mark und fragt ihn nach seinem gestrigen Tag, an dem der einen Termin beim Bundespräsidenten hatte. Mark erzählt beiläufig davon in wenigen Sätzen; die beiden unterhalten sich. Jonathan, während er aufsteht, um sich einen Teller und Mittagessen zu nehmen: »Ja ja, der Frank-Walther (lacht kurz). Wenn man so Politiker mal kennenlernt, merkt man, dass das auch nur ganz normale Leute sind.«

Während dieser Unterhaltung isst Clemens Mandeln. Mark isst auch eine Mandel und hält eine weitere vor Clemens Mund, um ihn zu füttern. Clemens öffnet den Mund und Mark legt die Mandel hinein, die dann von Clemens gegessen wird. Kurze Zeit später steht er auf, um ins Büro zurückzugehen.

Jonathan stellt seinen Teller neben Mark, auf den Platz, auf dem kurz zuvor Clemens gesessen hat. Er geht in die Küche, holt Kräutersalz und Pfeffer und stellt beides auf den Tisch, in die Nähe seines Tellers. Er setzt sich direkt neben Mark und würzt sein Essen. Mark erblickt das Salz und ruft erfreut: »Kräutersalz!«, greift danach und streut es über sein Essen. Jonathan: »Juhuu, Kräutersalz.« Die beiden essen gemeinsam.

Jonathan blickt zu Mark: »Hast du genug Platz? Ich sitze ganz schön dicht bei dir.«
Mark lächelnd, leise: »Nein, komm noch dichter dran.«
Jonathan, lachend: »Noch dichter?!«
Beide lachen und rücken erst sehr dicht zusammen, dann ein kleines Stück auseinander. Dabei essen beide weiter.

Jonathan verbrennt sich an seinem Essen, macht ein schmerzvolles Geräusch, »aahh, heiß«, und hält sich die Hand vor den geöffneten Mund. Mark wendet sich ihm zu, guckt besorgt, klopft ihm auf die Brust und sagt: »Trink was!« Jonathan: »Ich hab mir zu viel Soße genommen, die war noch heiß.«

Die beiden essen danach gemeinsam weiter und unterhalten sich über verschiedene Themen, unter anderem über Computerspiele.

In der beobachteten Situation lassen sich drei zentrale Themen herausarbeiten: Selbstbestimmtheit, Vertrautheit und Ebenbürtigkeit.

Die Situation des Ankommens und des Mittagessens von Mark ist geprägt von Selbstbestimmtheit und Offenheit innerhalb eines vorgegebenen Rahmens. Das Setting bietet dem Einzelnen oder auch Gruppen die Möglichkeit, innerhalb eines bestimmten Zeitraums zu entscheiden, wann (und mit wem) gegessen wird. Auch die Platzwahl ist nicht festgelegt und so steht es Mark frei, ob er in Gesellschaft anderer essen oder sich an einen freien Tisch setzen möchte. Die Möglichkeit der Selbstbestimmung zeigt sich auch darin, dass es Mark überlassen bleibt, was er (aus dem feststehenden Angebot) essen möchte. Zudem hat er die Möglichkeit, sich umzuentscheiden, falls er die Soße mit Fleisch nicht möchte. Darin kommt zum Ausdruck, dass innerhalb des gegebenen Rahmens individuelle Entscheidungen getroffen werden können. Die Essenssituation eröffnet Zeit und Raum für Gespräche und Gemeinschaft, die man annehmen kann oder nicht.

Vor dem Hintergrund der Offenheit und Selbstbestimmtheit der Situation kommt ein weiteres zentrales Merkmal der Beziehung und Interaktion zwischen Erziehern und Kind zum Ausdruck: Vertrautheit und Nähe. Mark wählt einen Platz in der Nähe des anwesenden Pädagogen, worin sich der Wunsch nach bzw. ein Interesse an Geselligkeit und Gemeinschaft zeigt. Dieser Wunsch kann als Ausdruck eines vertrauensvollen oder zumindest entspannten Verhältnisses zwischen Fachkraft und Kind betrachtet werden. Die Vertrautheit zwischen beiden kommt dann in der Situation des Mandelfütterns auf einer ganz konkreten und elementaren Ebene zum Ausdruck: Das Geben von Nahrung in den Mund einer anderen Person ist ein sehr persönlicher Akt, der in die Körpersphäre der gefütterten Person eingreift. Sich füttern zu lassen, setzt ein hohes Maß an Vertrauen voraus. Bemerkenswert ist hier insbesondere, dass üblicherweise (kleine) Kinder von Erwachsenen gefüttert werden, aber nicht umgekehrt. Der Erzieher lässt sich hier also auf eine symbolische Umkehr des generationalen Sorgeverhältnisses ein und rahmt das Gefüttertwerden durch Mark nicht als Übergriff oder Grenzüberschreitung, sondern als Gabe, die er vertrauensvoll annimmt.

Diese Vertrautheit in der Beziehung zwischen Pädagoge und Kind wird auch in der Interaktion mit dem anderen Erzieher Jonathan sichtbar, wenn Mark (explizit) den Wunsch nach Nähe und einer Aufhebung der räumlichen Distanz zwischen den beiden äußert. So reagiert der Erzieher auf das Herstellen körperlicher Nähe seitens des Kindes mit einer sorgenden Nachfrage, die das Einverständnis, nah beieinander zu sitzen, zum einen explizit zum Thema macht und zum anderen absichert. In dieser kurzen Nachfrage wird das Thema körperliche Nähe verhandelbar und das Kind gleichzeitig dafür sensibilisiert, dass das vertrauensvolle und wertschätzende Herstellen von Nähe auf das Einverständnis beider Interaktionspartner angewiesen ist. Die körperliche Nähe wird in dieser Situation von dem Kind explizit gewünscht und von beiden diskursiv abgesichert. Hier dokumentiert sich ein dialogorientierter Interaktionsmodus, in dem Reziprozität kommunikativ hergestellt bzw. abgesichert wird.[10]

Eine weitere Nuance dieses vertrauensvollen Verhältnisses lässt sich auch am Ende der Situation beobachten, wenn Mark sich besorgt um den Erzieher zeigt. Auf die Schmerzen und eine gewisse Verletzlichkeit, die dieser zeigt, reagiert Mark mit Fürsorge und Hilfe, die der Erzieher wiederum bereitwillig annimmt. Darin kommt nicht nur eine Zuneigung zwischen den beiden zum Ausdruck, sondern auch eine gewisse Gleichwertigkeit oder Ebenbürtigkeit. Der Erwachsene ist in Not und lässt sich von dem anderen, der gar nicht mehr in der Rolle des Kindes adressiert wird, helfen und gesteht damit dem Kind ganz selbstverständlich eine verantwortungsvolle und fürsorgliche Rolle in der Interaktion zu. Beide kümmern sich umeinander. Diese Begegnung auf Augenhöhe lässt sich auch in der sonstigen Gestaltung der Situation beobachten, etwa in den Gesprächen, in denen es um Themen von geteiltem Interesse geht.

10 Vgl. Nentwig-Gesemann und Gerstenberg 2018: Typen der Interaktionsorganisation in (früh-) pädagogischen Settings. Hier werden dialogorientierte von machtstrukturierten Interaktionsmodi unterschieden.

Empirisches Beispiel II: Tisch decken
Ganztag E, Teilnehmende Beobachtung

Auch im folgenden Beispiel stellen die Beteiligten eine familienähnliche Essenssituation her.

Abbildungen 7–9: Tisch decken

Nachdem Robert (Pädagoge) signalisiert hat, dass das Essen fertig ist, beginnen die Kinder vollkommen selbstläufig, den Tisch zu decken: Jedes Kind holt sich einen Teller, ein Glas und Besteck aus dem Schrank bzw. einer Schublade und bringt es zum Tisch, auf dem mit Platzdeckchen bereits die Plätze vorbereitet worden sind. Während die Kinder eindecken, sagt Robert: »Es gibt Buchstabensuppe und dann Würstchen.« Die Kinder schauen erfreut auf und eines sagt: »Ich liebe Buchstabensuppe.« Während dieser Vorbereitungszeit kommt ein weiteres Kind aus der Schule an, dem an Haltung und Mimik anzusehen ist, dass es ihm nicht gut geht. Paula (Pädagogin) begrüßt den Jungen, fragt ihn, ob er kurz reden mag über den Tag, und als er nickt, setzt sie sich mit ihm für eine Weile auf ein Sofa, wo sich beide unterhalten. Nachdem sich schließlich alle Anwesenden am Tisch eingefunden und die Fachkräfte geschaut haben, ob alles auf dem Tisch ist, und noch das eine oder andere aus dem Kühlschrank geholt haben (Salz, Ketchup), holt Robert zwei gefüllte Suppenterrinen und setzt sich selbst als Letzter an den Tisch.

Das Mittagessen wird in diesem Hort als ein familiäres Ritual praktiziert, in dem jede:r die eigenen Aufgaben kennt, jede:r Mitverantwortung übernimmt und das Genießen des von einer Fachkraft gekochten Essens und die soziale Interaktion im Vordergrund stehen. Innerhalb des gemeinschaftlichen Essens wird den Kindern ein großer individueller Entscheidungs- und Handlungsspielraum eröffnet.

Der Wert des gemeinsamen Essens wird durch ein liebevoll vorbereitetes Ambiente hervorgehoben: Es gibt Platzdeckchen, Blumen und verschiedenfarbiges Porzellan sowie Gläser, die die Kinder zudem individuell wählen können. Ganz selbstverständlich und ohne Aufforderung der Fachkraft decken die Kinder ihren Platz am Tisch ein – auch der Beginn des Essens scheint sich wie von selbst zu ergeben: Nachdem die Pädagogin das Zweier-Gespräch mit einem Kind beendet hat und der Tisch vollständig gedeckt ist, beginnt das Essen.

Mit der exklusiven Zuwendung, die Paula einem Kind anbietet, das einen bedrückten Eindruck macht, wird signalisiert, dass es hier nicht um einen reibungslosen Vollzug vorprogrammierter Abläufe geht, sondern dass die individuellen Bedürfnisse und Bedarfe der Kinder wahrgenommen und berücksichtigt werden. Der emotional zugewandte Bezug aufeinander und die zur Verfügung stehende Zeit für Gespräche stellen eine Homologie der beiden vorhergehenden Sequenzen dar.

Empirisches Beispiel III: Mittagessen – Stille Post
Ganztag A, Teilnehmende Beobachtung

Das dritte Beispiel steht im Kontrast zu den ersten beiden familiär geprägten Mittagessen-Settings und ist vor allem bestimmt durch die Primordialität der organisationalen Rahmung und der damit verbundenen Regeln.

Das Mittagessen findet in den Ferien in einem Raum statt, in dem alle Gruppen zusammenkommen. Etwa 30 Kinder sitzen an fünf Tischen verteilt, fünf weitere Kinder gehen wegen Platzmangels an einen Tisch im Nebenraum und essen dort mit einer Fachkraft. Zwei weitere Fachkräfte befinden sich im Raum, wobei Marie etwas abseits steht am Essenswagen, auf dem sich zwei große, metallene Terrinen mit Gemüsesuppe befinden. Zudem gibt es einen Thekenbereich mit einer Spüle und Schränken für das Geschirr, der vorrangig von der zweiten Fachkraft (Aline) genutzt wird, um fehlende Teller oder Besteck zu holen und zu verteilen.

An einem der zwei höheren, sechseckigen Tische sitzen sechs Jungen auf bunten Stühlen. Sie haben leere, weiße und tiefe Teller, Löffel und Plastikbecher in verschiedenen Farben vor sich. Eine Schüssel mit etwa fünf Zentimeter breiten Stücken dunklen Baguettes steht, für alle gut erreichbar, in der Mitte des Tisches. Die Jungen unterhalten sich, wobei nicht alles verständlich ist.

Das räumlich-materiale Setting ist von mehreren Besonderheiten geprägt: So gibt es zwei Räume, die jeweils in verschiedene Funktionsbereiche untergliedert sind. Während der Nebenraum übersichtlicher und damit einerseits intimer, andererseits aber auch leichter von den Fachkräften zu überblicken ist, erscheint der Hauptraum unübersichtlicher: Mit dem Küchenbereich, der Ausgabestation mit dem Essenswagen und den verschiedenen Tischgruppen entstehen mehrere Aktivitäts- und Interaktionszentren, in und zwischen denen sich die Akteur:innen bewegen. Der Thekenbereich und der Speisewagen werden vorrangig von den Fachkräften frequentiert, während die Tischgruppen den Kindern vorbehalten sind, sodass zwei getrennte Sphären zwischen Erwachsenen und Kindern entstehen.

Ein Junge (Rico) schlägt vor: »Lass mal Stille Post spielen.« Zwei Kinder greifen dies auf: Bernd lehnt sich mit dem Oberkörper zu Simon herüber und flüstert ihm etwas ins Ohr, während er das Gesprochene zwischen seinem Mund und dem rechten Ohr von Simon durch seine beiden Hände schützt. Simon zögert kurz und lehnt sich dann zu Lennard, flüstert diesem ebenfalls etwas ins Ohr und imitiert dabei die Geste von Simon. Lennard dreht sich zu Simon um, schaut ihn fragend an und fragt ihn etwas. Währenddessen macht die Fachkraft ein lautes »Sch«Geräusch, worauf der Geräuschpegel langsam sinkt. Simon flüstert wieder Lennard etwas ins Ohr, während die anderen Jungen nach und nach ebenfalls flüstern oder verstummen.

Marie sagt laut: »Werdet mal ruhig, damit euer Körper hört, ob ihr Hunger habt!« Sie bittet die Kinder erneut, »einen Moment« mal ruhig zu werden, während sie vom Essenswagen zur Theke läuft. Im Raum wird es nun still, auch am Jungstisch wird weder gesprochen noch geflüstert. Marie nutzt die Stille und fragt, einen stark verbogenen Löffel aus der Schublade hochhaltend: »Wer kennt das Kind, das das Besteck immer verbiegt?« Sie weist darauf hin, dass das Kind das ersetzen müssen, weil die Stadt dies nicht tue. Die Kinder schweigen betreten. Dann sagt Lennard, dass es Alf war, der am anderen Tisch sitzt, woraufhin Marie antwortet, dass sie es immer gern hätte, wenn das Kind, das es war, es selbst sagen würde. Dabei läuft sie wieder zum Essenswagen und sagt laut, dass die Kinder an den verschiedenen Tischen selbst herausfinden sollen, wie viel sie essen wollen. Alf vom Nachbartisch meldet sich: »Ich glaub, ich weiß wer=s gewesen ist. Kai.« Dies wird von der Fachkraft damit beantwortet, dass es noch andere Kinder geben sollte, die Besteck verbiegen, weil Kai gar nicht da war, aber die Kinder sich jetzt auch wieder beruhigen sollen. Die Jungen vom Jungstisch folgen der Diskussion gespannt: Sie haben sich alle Alf zugewendet und hören zu.

An den Tischgruppen entsteht während der Vorbereitungsphase für das Mittagessen Raum für eine Interaktion, die die Zusammengehörigkeit der Kinder unterstreicht und ihre Sphäre deutlich von der der Erwachsenen abtrennt. Der Spielvorschlag von Rico stößt offensichtlich auf Resonanz bei seinen Tischpartnern: Mit dem Stille-Post-Spiel finden die Kinder einen Weg, in dem gegebenen Setting eine Tischgemeinschaft hervorzubringen, in der sie durch das gemeinsame Tun und insbesondere durch das geheime Wort miteinander verbunden sind. Stille Post zu spielen bedeutet gemeinsam in der Aufgabe verbündet zu sein, eine Nachricht korrekt weiterzugeben und sich also sowohl als Zuhörer aufmerksam dem Nachrichtenüberbringer zuzuwenden als auch als Vermittler das Gehörte verantwortungsvoll an den Nächsten weiterzugeben. So wird eine große Nähe zwischen den Jungen hergestellt, einerseits Vertrautheit und Verbündetsein nach innen, andererseits Abschluss nach außen demonstriert. Mit dem spielerischen Ritual finden die Kinder einen Weg, sich zum einen im von der Fachkraft repräsentierten organisationalen Rahmen, der Stille und Ruhe beim Mittagessen nahelegt, gemäß dem von ihnen erwarteten Verhalten zu benehmen und diesen Rahmen damit auf der Vorderbühne zu validieren. Zum anderen gehen die Jungen auf der Hinterbühne der Peer-Interaktion aber ihren eigenen Interessen nach und erzeugen eine gemeinschaftliche, ja sogar verschwörerische Atmosphäre.

Obwohl Marie zunächst eine Wahrnehmungsübung und ein »In-sich-Hineinhören« ankündigt, wird dies mit der eintretenden Stille nicht weiterverfolgt. Dass es still wird, reicht ihr offenbar aus – nicht, damit die Kinder in sich hineinhören können, sondern damit sie die Stille nutzen kann, eine Denunziationssituation zu inszenieren. Mit ihrer Frage nach dem »Übeltäter«, der Löffel verbiegt, fordert sie die Kinder dazu auf, eine öffentliche Schuldzuschreibung vorzunehmen und damit ein Kind zu beschämen und zu degradieren. Die Kinder werden so zu ihren Kompliz:innen bzw. Helfer:innen gemacht; es wird ihnen unterstellt, dass sie die organisationalen Regeln mittragen und das Verbiegen eines Löffels als ein Vergehen rahmen, das angeprangert werden muss.

Den Peers wird hier von Marie keinerlei Freiraum zugestanden, die Legitimität von Verboten und Regeln zu hinterfragen. Als einige Kinder die Adressierung annehmen und Alf benennen, wird dieser zunächst von Marie indirekt zu einer Selbstbezichtigungspraktik aufgefordert: Sie »erwartet«, dass Kinder ihre »Missetaten« selbst anzeigen und dann auch die Kosten tragen. Als Alf dann wiederum Kai beschuldigt und damit dem Gebot von Marie, die eigene Schuld einzugestehen und die Strafe des Löffelkaufs zu akzeptieren, nicht nachkommt, wird dies von Marie als nicht plausibel zurückgewiesen.

Insgesamt ist eine Atmosphäre entstanden, in der Kinder andere Kinder beschuldigen und damit der Fachkraft ausliefern bzw. jede:r befürchten muss, von einem anderen Kind beschuldigt zu werden. Es entsteht der Eindruck, die Situation kurz vor dem Mittagessen und die damit verbundene Macht der Fachkraft über die Essensausgabe würde dafür genutzt, eine Atmosphäre des Misstrauens und des nicht solidarischen Verhaltens der Kinder untereinander zu schaffen. Das Mittagessen erscheint in dieser Sequenz als Ort moralisierender Disziplinierung, als Ort der Machtdemonstration sowie der Denunziation.

Das Thema wird dann nicht weiterverfolgt, sondern Marie geht zum Essenswagen und beginnt, die Tische aufzurufen, um die Suppe zu verteilen. Allmählich beginnen die Gespräche wieder und auch am Jungstisch entspinnt sich ein ruhiges (für den Forscher weitgehend nicht hörbares) Gespräch. Sie haben sich schon Brot genommen und während sie beginnen, dieses zu essen, geht es darum, ob und wie viel Brot man essen darf. Als Marie ankündigt, dass sie nun an der Reihe seien und kommen dürften, springen fünf der sechs Jungen auf, um zum Essenswagen zu gehen und sich von Marie Suppe zu holen. Rico bleibt noch sitzen. Die Ersten kommen schon wieder, wobei Aline für drei Jungen die Teller einzeln serviert, zwei tragen ihn selbst zurück. Rico bleibt noch länger ruhig sitzen, steht dann schließlich nach rund einer Minute auch auf und stellt sich hinter einem Kind am Essenswagen an.

Marie fordert, während sie dem vorderen Kind in der Schlange serviert, den Jungstisch auf, erst anzufangen, »wenn alle am Tisch sitzen«. Die fünf Jungen nagen am Brot und stochern ein wenig in der Suppe. Dann bringt sie auch den Teller für Rico, der ebenfalls mitkommt und sich an den Tisch setzt. Alle beginnen zu essen und das Gespräch wird wieder aufgenommen. Immer wieder wirft jemand etwas ein, worauf andere antworten.

Selten reden zwei Kinder gleichzeitig. Es dreht sich beispielsweise um Freunde und wer wen kennt. Tim tauscht sich mit Simon darüber aus, dass das Brötchen lecker sei. Währenddessen löffeln sie die Suppe und schauen sich gegenseitig zu bzw. die Person an, die gerade etwas sagt. Zwischen Rico, Lennard und Leo entspinnt sich ein Gespräch über Pokémonkarten.

In dem Moment, in dem sich die Fachkraft der Essensausgabe widmet, entstehen wieder Interaktionsräume an den unterschiedlichen Tischen. So dokumentiert sich in der Austeilsituation die Orientierung der Kinder an sozialer Interaktion und Selbstbestimmung: Sie sprechen entspannt miteinander, nehmen sich selbstverständlich Brot (offenbar eine Regelung, die allen bekannt ist), wissen aber, dass sie aushandeln müssen, wer wie viel davon essen kann. Dass Aline die Teller mit der heißen Suppe serviert, stellt eine ambivalente Form der Zuwendung dar: einerseits fürsorglich, andererseits ohne Vertrauen in die Kompetenzen der Kinder.

Homolog zu den vorherigen Sequenzen entsteht auch hier eine Spannung zwischen der Logik der Norm und der Logik der (Peer-)Praxis: Auf der einen Seite stehen die organisationalen Abläufe (hier: Essen), die von der Fachkraft Marie dominiert und gesichert werden. Auf der anderen Seite steht die Tischgemeinschaft als ein sozialer Interaktionszusammenhang. Marie ist diejenige, die eine organisationale Regel verbalisiert und damit deren Geltung in Erinnerung ruft: Es soll gemeinsam mit dem Essen begonnen werden. Dies ist insofern interessant, als Marie offenbar davon ausgeht, dass die Gemeinschaft über das Einhalten der organisationalen Regel gestärkt wird, die Kinder untereinander aber schon längst eine soziale Interaktion konstituiert haben, die gemeinschaftsbildend und -sichernd ist.

Das, was für Marie ein positiver Horizont ist (gemeinsamer Beginn des Essens), ist für die Jungen ein negativer Gegenhorizont: Sie haben Hunger und wollen nicht auf den sechsten Jungen, Rico, warten müssen, der sich viel Zeit mit dem Holen der Suppe gelassen hat und sich nicht beeilen muss, weil er weiß, dass die anderen in jedem Fall warten müssen. Die Regel des gemeinsamen Beginnens wird weder von Marie noch von den Kindern metakommunikativ bearbeitet – so bleibt unklar, warum Marie auf ihre Einhaltung Wert legt, die Kinder sie aber nicht mögen. Zudem kann die Regel dafür genutzt werden, andere Kinder zu ärgern, die warten müssen, bis auch der Letzte mit seinem Essen am Tisch sitzt. Damit ist dieser (explizit auf Gemeinschaft zielenden) Regel auch ein implizites, gemeinschaftsgefährdendes Element zu eigen (homolog zum Denunziationsbeispiel).

Sobald Rico am Platz und die Regel damit erfüllt ist, entsteht wiederum eine kollegiale Situation, in der die Kinder entspannt essen und sich unterhalten. In ihren Gesprächen wird deutlich, was ihnen beim Mittagessen wichtig ist: Sie wollen sich über die Themen der Peer-Kultur austauschen: über ihre Freunde, über den Geschmack des Essens und über Spiele, wie etwa die Pokémonkarten.

1.3 Sich in ernsten Konfliktsituationen auf Pädagog:innen verlassen können, die verständnisvoll und fair intervenieren und den Kindern helfen, Strategien für ein friedliches und demokratisches Miteinander zu entwickeln

In Konflikt- und Mobbingsituationen, die die Kinder belasten, wollen sie sich auf Pädagog:innen verlassen können, die verständnisvoll und fair agieren, aufmerksam sind, alle Seiten ernst nehmen und ihnen helfen, Lösungsstrategien zu finden, wenn sie selbst nicht weiterwissen. Die Erwachsenen sollen in der Perspektive der Kinder also verlässliche Konfliktmediator:innen sein, in deren gerechtes Agieren sie Vertrauen haben. Kommt es zu Regel- oder Normbrüchen, die das friedliche Miteinander gefährden, wünschen Kinder sich Pädagog:innen, die sich Zeit für sie nehmen, mit ihnen gemeinsam Lösungen aushandeln und Prozesse anregen, die ein friedliches soziales Zusammenleben absichern und stärken.

Kinder wünschen sich Pädagog:innen, die ihnen helfen, ein friedliches und demokratisches Miteinander zu entwickeln. Ihnen sind Praktiken der Mitbestimmung und Mitgestaltung wichtig, in denen sie sich in geregelten Prozessen der Aushandlung und der Kompromissfindung üben können.

Empirisches Beispiel I: Geärgert werden, wütend sein, ausrasten – Kleine gegen Große
Ganztag B, Fotospaziergang

Zwei Kinder haben als Erstes ein Foto von der Turnhalle gemacht, in der sie sich gern aufhalten. Allerdings wird deutlich, dass sie mit diesem Ort nicht nur schöne Erlebnisse verbinden.

Abbildung 10: Turnhalle

Erläuterungen zur Transkription der Gespräche → siehe Anhang (S. 173)

Lennard: gibt=s auch was ganz besonders blöd war?

Y: könnt ihr auch sagen, klar.

Oliver: m::m ((überlegend))

Lennard: das war der Tag als hier; der Tag genau wo Karl isoliert wurde

Oliver: oh ja, mhm ((bejahend))

Y: erzähl mal,

Lennard: also

Oliver: └ na da saßen wir auf der Matte, hattn uns so=n Bunker gebaut, und Karl

Lennard: └ und Karl

Oliver: der der heute Morgen ganz spät gekommen ist

Y: ahja, mhm,

Lennard: ham den aber wieder kaputt gemacht und so?

Oliver: genau und der hat uns mit Kissen beworfen und so

Lennard: und deshalb wurde er jetzt eigentlich schon (.) äh

Oliver: geschmissen

Lennard: ne Woche? Sollte er zu Hause bleiben?

Oliver: └ zwei Wochen, (.) ist er jetzt aber zu Hause geblieben.

Lennard: noch mehr

Oliver: nein

Lennard: er ist ungefähr zwei Wochen davon alleine noch zu Hause geblieben weil er=s wollte, jetzt ist er wiedergekommen

Oliver: wieder da

Y: heute, jetzt das erste Mal

Lennard: ja.

Y: ah okay. Und wie findet ihr das oder?

Oliver: naja (2)

Y: ja (.) Aber also das m- (.) was heißt das mit diesem isoliert? Das hab ich noch nich so richtig verstanden.

Lennard: naja er wurde halt von der Schule, durfte er eine Woche lang nich komm

Y: ah okay. (.) alles klar. Das und wer wer bestimmt das dann oder oder

Lennard: die Lehrer

Oliver: └ (Teamrat) in der Teamsitzung.

Y: okay, alles klar. Aber hat sich also sozusagen so stark danebenbenommen, dass er jetzt mal ne Woche (.) zu Hause bleiben musste

Oliver: ja

Lennard: ja

Y: und wie war das für euch da in der Situation? Als ihr da

Lennard: kacke.

Y: beschmissen wurdet, oder wie wie was habt ihr da gemacht dann,

Oliver: wir ham halt die Kissen

Lennard: (abgefang)
Oliver: immer dann behalten, dass er nich weiter schmissen
Lennard: und er hat=s hoch ( )
Oliver: └ und dann hat=er die einf-
Lennard: mein Rucksack geklaut, und ihn dann zu Karl gegeben
Oliver: ja, und Karl hat uns auch einfach Kissen geklaut.
Y: ja, okay. Und was denkt ihr, wie geht das jetzt weiter, wenn er jetzt wieder hier ist?
Oliver: wahrscheinlich eher nich so (.)
Lennard: hoffentlich.
Oliver: ja
Y: okay (.) okay. Also das war=n besonders blöder Tag.

In ihrer an das Foto anknüpfenden Proposition fragen Oliver und Lennard selbst danach, ob sie von einem »blöden« Erlebnis erzählen dürfen, und unterstreichen damit die Relevanz der als belastend empfundenen Erfahrung. Dies zeigt sich auch darin, dass das Erlebnis offenbar den gesamten Tag überschattete, sodass dieser in der Erinnerung nur noch mit der Isolation von Karl identifiziert wird. Allerdings wird nicht Karl als Person von den beiden als negativer Gegenhorizont aufgebaut, sondern vielmehr dessen Exklusion, die wie von einer höheren Macht veranlasst scheint. Auch wenn Karl sich in der Interaktion mit den beiden in der Turnhalle ihrer Meinung nach nicht an (Spiel-)Regeln gehalten hat, belastet es auch sie, wenn er bestraft wird.

In ihrer Elaboration im Modus einer Erzählung wird deutlich, dass Lennard und Oliver sich gemeinsam einen »Bunker« gebaut hatten: Dieser symbolisiert einen sicheren Rückzugsort und Schutzraum. Die beschriebenen Angriffe von Karl stellen sie als gegen sie persönlich gerichtet (»uns […] beworfen«) dar. Dass sie sich selbst als friedliche Verteidiger, den anderen jedoch als Aggressor rahmen, wird durch den geschilderten Versuch unterstrichen, die Situation zu entschärfen, indem sie die Kissen abfangen und nicht zurückgeben. In der Perspektive von Oliver und Lennard fruchtet das aber nicht: Sie sind mit ihrer Strategie der passiven Verteidigung nicht erfolgreich. Eine Selbstdarstellung als Opfer bestätigt sich auch in der Erzählweise der beiden Jungen: Sie erzählen die Situation so, als sei ihnen etwas widerfahren, ohne dass ihre eigenen Anteile thematisiert würden.

Die konflikthafte Situation wird dann in der Schilderung noch weiter dramatisiert, als Oliver und Lennard nicht nur die kollektiv nutzbaren Kissen, sondern auch die persönlichen Rucksäcke entwendet werden. Das Angegriffen-Werden findet also im Bestohlen-Werden noch eine Steigerung: Während das Kämpfen (mit Kissen) eine durchaus noch legitimierbare und mit Spaß verbundene Praxis sein könnte, ist der Diebstahl ein Angriff auf die persönliche Integrität und stellt damit einen starken Normbruch dar.

Die Jungen konkludieren die Sequenz damit, dass die Isolation von Karl nochmals als »ganz besonders blödes« Ereignis benannt wird. Auch wenn Karls Verhalten von ihnen kritisiert wird, ist die Konsequenz seiner Exklusion offenbar für sie nicht mit dem Gefühl der Gerechtigkeit oder Genugtuung verbunden. Da das exkludierte Kind weiterhin machen kann, was es will (»heute Morgen ganz spät gekommen«), und die Strafe sogar noch für sich nutzt (»noch zu Hause geblieben weil er=s wollte«), scheinen Oliver und Lennard keine Hoffnung auf eine nachhaltige Veränderung zu haben, wenn Karl wiederkommt. So dokumentiert sich in den Aussagen »hoffentlich« und »wahrscheinlich nicht«, dass den beiden hier keine Konfliktlösungsstrategien vor Augen geführt werden, die sie zuversichtlich sein lassen und in denen sie die Fachkräfte als Vorbilder wahrnehmen.

Empirisches Beispiel II: Gegenstandpunkt – Große gegen Kleine
Ganztag B, Gruppendiskussion

In einer weiteren Gruppendiskussion äußert sich auch der erwähnte Karl selbst zu dem Konflikt.

Y:	und (.) gibt es auch Situationen (.) wo ihr euch mal richtig geärgert habt, oder wütend wart, oder so was?
Calvin:	ja.
Karl:	ja. Zum Beispiel wenn (.) so; des is ne kleine Gruppe, also so ein paar Jungs, (.) hier Lennard Oliver sind da auch drin,
Y:	@ja,@
Karl:	und die sticheln einen dann halt immer an,
Y:	okay?
Karl:	und wenn man dann halt ausrastet, dann kommen die Lehre:r, (.) schreien einen an, oder (.)
Calvin:	ode:r,
Karl:	meckern halt. Und die Kleinen wissen dann halt genau, dass die Lehrer uns dann immer anmeckern wenn wir ausrasten,
Y:	ja:
Karl:	und sie (.) sticheln uns aber an?
Y:	ja.
Karl:	und so was find ich dann halt richtig asozial.

In dieser Sequenz greifen Calvin und Karl die Proposition in der Frage des Forschers unmittelbar auf. Beide validieren, dass es Situationen im Ganztag gibt, in denen sie sich ärgern und wütend sind. In der Elaboration nennt Karl dann andere Kinder, gegen die sich sein Unmut richtet. Er redet zunächst von einer »kleinen Gruppe« und nennt dann Lennard und Oliver. Später betitelt er diese Gruppe als »die Kleinen« und ruft damit das Alter als Differenzkategorie auf: Der Konflikt wird als Konflikt zwischen den Großen und den Kleinen dargestellt.

Die Kleinen sind dabei in der Perspektive der Großen, zu denen sich Calvin und Karl zählen, die Konfliktverursacher, weil diese sie immer »ansticheln«. Dieser Begriff suggeriert eine bewusste Form der Provokation, die das »Opfer« zu einer Reaktion bewegen soll, die dann wiederum wie der »eigentliche« Angriff aussieht. Calvin und Karl stellen sich also – wie zuvor Lennard und Oliver – als die Unschuldigen bzw. Angegriffenen dar. Wenn Karl seine Reaktion als »ausrasten« bezeichnet, zeigt er damit an, dass er dies als logische (nicht selbst zu verantwortende und sich seinem »eigentlichen« Willen entziehende) Konsequenz aus der Provokation ansieht. Obwohl sich Calvin und Karl als die Großen kategorisieren, positionieren sie sich nicht als die Vernünftigen und den Kleinen gegenüber Nachsichtigen, sondern als deren Opfer. In ihren Augen formieren sich die Kleinen vielmehr als raffinierte »Täter«, die die von Calvin und Karl als überzogen und falsch empfundene Reaktion der Lehrer:innen antizipieren und für sich ausnutzen. Es wird deutlich, dass alle beteiligten Kinder an diesem Konflikt nach Tätern und Opfern, Schuldigen und Nicht-Schuldigen suchen – Versuche der Perspektivenübernahme und der Kompromissfindung sind nicht erkennbar.

In der Wahrnehmung, dass die Lehrkräfte sie »anschreien« und »anmeckern«, dokumentiert sich wiederum, dass diese nicht als diejenigen wahrgenommen werden, die mit den Kindern gemeinsam nach einer Konfliktlösungsstrategie suchen. Sie »isolieren« und exkludieren Kinder oder degradieren und bestrafen sie – entziehen sich aber in der Perspektive der Kinder in beiden Fällen einer diskursiven Verständigung oder Aushandlung. In der Konklusion von Karl dokumentiert sich, dass das Handeln der Lehrer:innen und der Kleinen als unfair und der Vorstellung einer guten Gemeinschaft widersprechend wahrgenommen wird (»richtig asozial«). Auch wenn sich hier also die zwei Kindergruppen gegenseitig beschuldigen, steht im negativen Gegenhorizont aller doch primär das Verhalten der Lehrkräfte, das nichts zu einer nachhaltigen und gerecht erscheinenden Konfliktlösung beiträgt. In der Reaktion auf die Nachfrage des Forschers bestätigt sich dies.

Y: aber habt ihr irgend=ne Idee, wie man das irgendwie lösen könnte, wie das besser gehen könnte?
Calvin: ähm,
Karl: ja. Wenn die Lehrer halt (.) äh dass die Lehrer halt mal wenn die des sagen, dass die Kleinen einen ansticheln und so, (.) und wenn die einen halt nerven, und dann mal irgendwie auch mal eins aufs Maul kriegen, dann ist das halt auch ihre Schuld, dass sie einen die ganze Zeit ansticheln, der halt viel größer ist als sie,
Y: ja?
Karl: und (.) da- weil ja. Dass die Lehrer dann halt einfach nicht (.) die Großen dann die ganze Zeit ausschimpfen, sondern (.) auch mal irgendwie die Kleinen; weil die einen die ganze Zeit ansticheln. Weils ja dann ihre Schuld is.
Y: okay. Also beide Seiten sehen sozusagen? Verstehe ich das richtig, oder?
Karl: ja, (.) und nich immer nur zu den Kleinen so oh::; du Armer; du wurdest geha:uen.

Y: okay?
Karl: und ja. Weil (.) wenn die einen so an- äh nerven und so? Dann find ich dann sollten die auch nicht beschützt werden weil;
Y: mhm?
Karl: dann is ja auch kein Wunder, wenn die irgendwie gehauen werden.

In der Beschreibung von Karl dokumentiert sich die Erfahrung eines Teufelskreises: Er sieht sich offensichtlich nicht als Herr der Lage, sondern fühlt sich überfordert. Das Hauen der kleineren Kinder wird in seiner Darstellung zur Notwehr. Im negativen Gegenhorizont stehen dabei vor allem die Lehrer:innen, die in seiner Perspektive per se (»immer«) auf der Seite der Kleineren stehen und nicht sehen (wollen), dass auch diese die Großen manchmal provozieren.

Insgesamt zeigt sich in diesen Sequenzen, dass beide Parteien – Lennard und Oliver auf der einen und Karl auf der anderen Seite – sich in einer Situation befinden, aus der sie selbst keinen zufriedenstellenden Ausweg finden, sondern sich vielmehr in gegenseitige Schuldzuweisungen verstricken. Die ihnen jeweils zur Verfügung stehenden Möglichkeiten – die Kleinen vertrauen auf die Hilfe der Lehrer:innen und die Bestrafung der Großen; die Großen setzen ihre physische Überlegenheit ein – tragen nicht zu einem für alle Seiten zufriedenstellenden Ergebnis bei. Die Unterstützung durch Erwachsene, die die Perspektiven der verschiedenen Kinder in den Blick nehmen und zu einer gerechten Kompromissfindung beitragen, wird hier explizit gewünscht.

Empirisches Beispiel III: Ein Mädchen, das wir nicht mögen – Ausgrenzung und Mobbing
Ganztag F, Gruppendiskussion

Auch im folgenden Beispiel stellten Konflikte und Exklusion eine fokussierte Erfahrung der Kinder dar.

Sina: da gibt es so ein Mädchen in der Schule, (.) die mögen die meisten von uns nicht,
Max: weil sie gelogen hat;
Sina: eigentlich mögen gar keine von uns, fast, (.) ich glaub Alice mag sie, diese Lia, (.) weil;
Max: ja:?
Sina: sie is manchmal voll zickig, und manchmal so:; (.)
Carla: Lia is nich zickig; die is (1.) balla balla im Kopf.
Sina: ja, die hat recht, (.) denn sie kommt immer wieder (.) zu uns, und spie-, will spielen, und dann wenn nich wollen, sagen wir manchmal (.) geh weg, und dann; (.) geht sie nicht, (.) gestern mussten sie schreiben wegen Lia, (.) was voll fies war, weil sie schreiben mussten, Lia musste eigentlich schreiben, (.)

Y:	und wenn so ne solche Situationen gibt, dass ihr euch zum Beispiel streitet, was macht ihr dann?
Max:	zum Lehrer gehn oder so.
Carla:	oder wir sagen manchmal zu Lia Augenkrebs.
Max:	ja Augenkrebs.
Sina:	oder wir z-, (.) egal. (.) Manchmal,
Max:	ich sag=s nicht. Sie sagt=s immer.
Carla:	du auch. Du sagst doch, **gib mir Augentropfen** (.) °und so.°
Max:	└ ich sag=s nicht ( )
Carla:	(ja ich) schrei immer. @(.)@
Max:	die sagt immer, **Au:ge:nkre:bs, Au:::ge:nkre:bs,**
Carla:	**ja weil du immer, du auch; (.) du auch; du auch;**
Max:	└ (das hört man einfach)
Sina:	└ sei mal leise.
Carla:	**doch zu Nura sagst du immer**, gib mir Augentropfen.

In der Proposition beschreibt Sina sich als Teil einer Gruppe (»die meisten von uns«), die ein einzelnes Mädchen (Lia) nicht mag. Das Thema wird im weiteren Gesprächsverlauf sehr intensiv und lange besprochen und scheint eine große Relevanz für alle Kinder zu haben. Die vorgebrachten Gründe für die Antipathie gegenüber Lia sind vielfältig: Max, Carla und Sina reihen negative Stereotypisierungen aneinander: »gelogen«, »zickig«, »balla balla im Kopf«. Lia wird damit als Mädchen konstruiert, das nicht normal ist und sich nicht an moralische Regeln hält. Ihr Versuch, Kontakt zur Gruppe aufzunehmen und mitzuspielen, wird mit einer offenen Ausgrenzung beantwortet. In einer Steigerung der negativen Rahmung wird Lia dann sogar als Denunziantin und als Verursacherin von Ungerechtigkeiten ihnen gegenüber dargestellt (»was voll fies war«). Insgesamt dokumentieren sich hier Mechanismen der Konstruktion einer totalen Identität und der Ausgrenzung, die Lia nicht nur einen Zugang zur Peergroup verwehren, sondern sie auch zum Sündenbock stilisieren.

In den Antworten auf die Frage des Interviewers, was sie in Streitsituationen machen, dokumentiert sich, dass die Kinder keine Möglichkeit finden, mit Lia in einer nicht stigmatisierenden und nicht ausgrenzenden Art und Weise umzugehen. Max bringt ein, sich an die Lehrer:innen zu wenden, wenn es Streit gibt, doch Carla expliziert die kollektive (»wir«) Beschimpfung von Lia als »Augenkrebs« als übliche Umgehensweise. Wenn Max dies abstreitet, dokumentiert sich darin, dass es auch in der Gruppe der Kinder unterschiedliche Positionierungen hinsichtlich offener Diskriminierung und Ausgrenzung gibt. Während Max versucht, sich dem Forscher gegenüber als jemand zu präsentieren, der Lia nicht beleidigt, sind die anderen darum bemüht, ihn zum »Mittäter« zu machen.

Indem Lia dann mit einer Krankheit in Verbindung gebracht wird (»Augenkrebs«), wird damit ihre Exklusion legitimiert. Eine tödliche Krankheit, eine Schwäche, wird also hier nicht zum Anlass für Hilfe und Solidarität, sondern ruft Stigmatisierung und Ausgrenzung hervor. So werden die »Augentropfen« auch nicht als Heilmittel für Lia eingeführt, sondern als Gegenmittel, mit dem sich die Kinder gegen Lia schützen und die eigene Sehfähigkeit erhalten können.

Alice: und die Lehrer, die merken=s gar nich dass sie uns äh Stinkefinger oder so was zeigt,
Carla: ja sie denkt, sie denkt Lia wär das Engelkind.
Sina: is so.
Alice: ja das stimmt, ( )
Max: └ also, wir sind jetzt auch nich so (.) Assikinder. (.) Wir sind auch, (.) ganz normale Kinder.
Carla: wir sind nich ganz normal. Unsere Eltern sind ganz lieb.
Max: äh wir sind auch lieb.
(Alle lachen)
Alice: @ja Max. Wir sind sehr lieb.@
Max: wir sind nich nur böse.
Carla: ich weiß das. Aber jeder kann böse werden.
Max: ja aber sind noch Kinder; wir haben wir verstehen nich so viel. (.) Sind wir erwachsen oder was;
Carla: ja. @(3)@

In der Fortsetzung des Gesprächs wird die Auffassung der Gruppe deutlich, die Lehrkräfte würden Provokationen von Lia nicht bemerken, sondern diese als »Engelkind« und die Gruppe dagegen als »Assikinder« ansehen. Hierin dokumentiert sich der Wunsch der Kinder, mit ihren Beschwerden (z.B. über den »Stinkefinger«) verstanden und ernst genommen zu werden, vor allem aber ihr impliziter Wunsch, selbst positive Zuwendung und Anerkennung von den Pädagog:innen zu erfahren. Ihre Ausgrenzung Lias erweist sich hier als Reaktion auf das Gefühl, selbst stigmatisiert und ausgegrenzt zu werden (»Assikinder«). Im negativen Horizont von Max steht nicht nur, dass die Lehrer:innen ihn und die anderen Kinder als ärgernde, gemeine und Lia mobbende Gruppe »abstempeln« und sich nicht differenziert mit der Konfliktsituation auseinandersetzen, sondern auch als »Assikind« abgestempelt zu werden. In der Berufung darauf, »ganz normale Kinder« zu sein, dokumentiert sich letztlich der Wunsch der Kinder, selbst nicht in stigmatisierende Kategorien eingeordnet zu werden.

Max konstruiert ein positives Selbst- und Familienbild (»unsere Eltern sind ganz lieb«, »wir sind nicht nur böse«), das die Gruppe validiert und womit sie sich einander gegenüber absichern, dass mit ihnen »alles stimmt«, sie und auch ihre Familien »normal« sind. In der Diskussion der Gruppe über die eigene Normalität (die Lia abgesprochen wird) und über das »Lieb- und Bösesein« bzw. -Werden dokumentiert sich die Befürchtung der Kinder, dass sie selbst wegen des familiären Hintergrundes abgewertet und ausgegrenzt werden. Ihr Diskurs zeigt in der Konklusion (»sind noch Kinder«; »verstehen nicht so viel«), dass sie als »liebe« und »normale« Kinder wahrgenommen werden und von den Lehrer:innen angenommen werden wollen.

Der Konflikt mit Lia stellt offenbar nur einen Stellvertreterkonflikt dar, in dem sie mit Mobbing und Ausgrenzung eines anderen Kindes auf ihre eigene Angst vor negativen Etikettierungen reagieren.

Empirisches Beispiel IV: Normbruch Klauen – Schutz der persönlichen Sachen
Ganztag G, Gruppendiskussion

Im folgenden Beispiel wird ebenfalls deutlich, dass Kinder sich vom Verhalten anderer Kinder bedroht fühlen und auf Hilfestellung hoffen.

Ayla: also ich würde mich wohlfühlen zum Beispiel wenn, wenn (.) das wurde ja auch schon mal hier gesagt, wenn (.) da wurden ja hier auch schon mal zwei oder drei Leute reingeschickt und da wurden wir, und da haben sich alle gemeldet für Spinden. Dass wir dazu so=n Schlüssel kriegen, und der Hausmeister hat so=n Extra-Schlüssel dann. Und dann wird unsere Sachen nicht geklaut und so;

Bela: ja. Da wo man was einschließen kann, und den bekommt man immer mit nach Hause den Schlüssel, und der Hausmeister hat Extra-Schlüssel; und der passt dann nicht in ein anderes Fach wenn man was klauen möchte.

Ayla: na weil es (.) weil zum Beispiel es gibt Kinder in unserer Klasse, die klauen gerne Sachen, (.) zum Beispiel so wie Schleim, und (.) oder Schminke oder nen Handy, und deshalb wollen wir solche Spinden haben, damit wir alles einschließen können, was ähm für uns wichtig ist; ähm und ja (.) da können wir dann auch immer unsere Mappen reinstellen, und wenn wir dann irgendwas brauchen, dann können wir uns das rausholen.

Kim: ja und zum Beispiel jetzt sag ich mal, also weil es Kinder aus der (Langgruppe) irgendwas klauen wollen oder so (.) aus der ersten und zweiten Klasse zum Beispiel was klauen, und dann (.) und wenn unsere Mappen eingeschlossen sind, sind die ja (.) mehr (.) sichererer. Zum Beispiel ich hab jetzt meine Schulsachen, die wurden mir auch mal geklaut, und mein Hefter der wurde mir geklaut, der Musikhefter, aber den Hefter den hab ich jetzt wieder; und dann is es ja auch sicher für die Schulsachen.

Ayla: ja genau. Oder ein Schlüssel; oder (.) wenn man vielleicht von seiner Mama, was Wichtiges bekommen hat, das man aufheben möchte, (.) dass es nich geklaut wird

Kim: └ oder Schmuck; oder Schmuck zum Beispiel.

Eine sehr fokussierte Erfahrung der Kinder in diesem Ganztag ist, dass sie sich in der Schule bzw. im Hort ihrer persönlichen Besitztümer und Schätze nicht sicher sind. Im negativen Horizont steht die Gefahr, bestohlen zu werden, die in der Perspektive der Kinder allgegenwärtig ist und damit ihre Aufmerksamkeit sehr stark absorbiert. Das Klauen und Beklaut-Werden schwebt als potenzielle, bedrohliche Möglichkeit offenbar über den Kindern.

Die Kinder adressieren mit ihrem Wunsch auch in diesem Beispiel implizit die Pädagog:innen, die dafür sorgen können, dass der Not der Kinder und dem Bedürfnis nach Schutz der eigenen Sachen Beachtung zukommt und Lösungen erarbeitet werden. Der Konflikt vollzieht sich hier auf der Ebene allgemeiner sozialer Normen und Regeln, deren Einhaltung sich die Kinder nicht sicher sein können. Die Gefahr, beklaut zu werden, führt zu Dauerstress und dem Wunsch der Kinder nach »Spinden«, abschließbaren Fächern, in denen sie die für sie wichtigen Dinge sicher, vor dem Anblick und Zugriff anderer geschützt, aufbewahren können. Die Spinde würden ihnen darüber hinaus ermöglichen, ihre persönlichen Dinge sicher zu verwahren und damit einen Ort in der Schule zu haben, an dem sie nicht nur Schulkind sind, sondern ein Individuum mit ganz persönlichen Vorlieben und Besitztümern, über deren Preisgabe es selbst und frei entscheiden kann.

Empirisches Beispiel V: Ärgern
Ganztag G, Briefbox

Auch in vier Briefen beschweren sich die Kinder eines Ganztags darüber, geärgert zu werden, und wünschen sich explizit den Schutz der Fachkräfte.

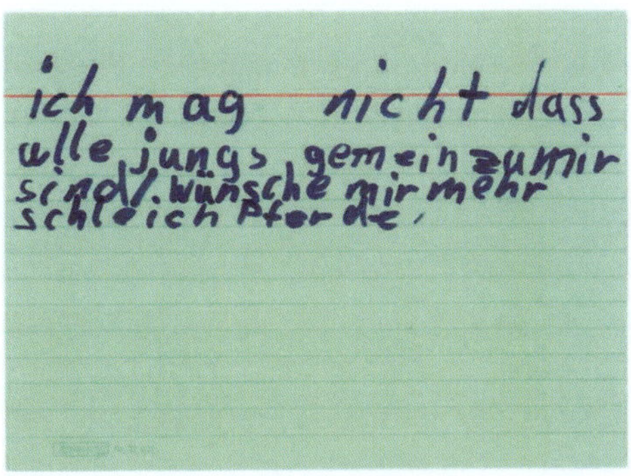

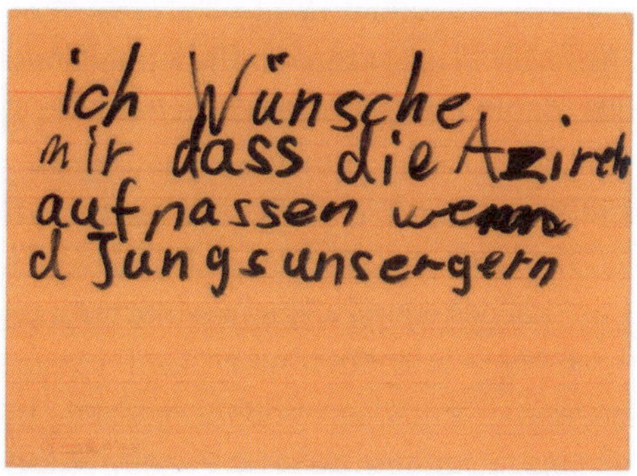

Abbildungen 11 und 12: Nicht von Jungs geärgert werden

»ich mag nicht dass alle jungs gemein zu mir sind/.wünsche mir mehr schleich Pferde«
»ich wünsche mir dass die Azireh aufpassen wenn d Jungs uns ergern«

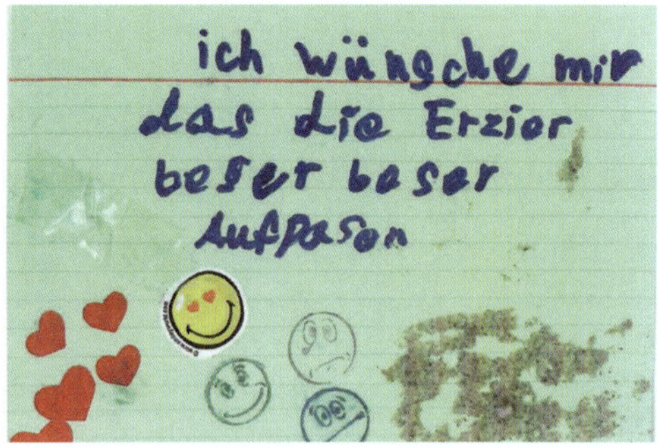

Abbildungen 13 und 14: Die Fachkräfte sollen besser aufpassen

»Die Azier soln beser auf pasen«
»ich wünsche mir das die Erzier beser beser aufpasen«

Wie auch in den vorherigen Beispielen der Dimension wird deutlich, dass anhaltende Konflikte mit anderen Kindern, das Gefühl des ständigen Geärgert-Werdens und Erfahrungen eines drangsalierenden Umgangs miteinander im negativen Horizont stehen. In den beiden oberen Karten dokumentiert sich, dass es sich in der Perspektive des Kindes nicht um einzelne Situationen handelt, sondern um einen Grundzustand: »alle« Jungen sind gemein (Abbildung 11) und generell sollten die Fachkräfte »uns« vor den Übergriffen der Jungen besser schützen (Abbildung 12). Hier wird, ebenso wie in den Abbildungen 13 und 14, explizit die Aufmerksamkeit und damit auch die Intervention der Fachkräfte eingefordert. In diesen Fällen sind die Kinder also offenbar damit überfordert, selbst Strategien zur Gestaltung einer positiven Peer-Kultur (Qualitätsbereich 2) zu finden, sondern wünschen sich das Eingreifen und die Begleitung der Fachkräfte. Die Tatsache, dass es eine Mädchenrunde war, in der die vier Karten geschrieben wurden, deutet zudem darauf hin, dass die Kinder zu geschlechtsstereotypisierenden Zuschreibungen greifen, um eine belastende Konfliktsituation für sich zu bearbeiten.

1.4 An der Gestaltung eines »schönen« Ganztags beteiligt sein, mitreden und mitbestimmen

Kinder möchten ihre Meinungen, Wünsche, Ideen und Beschwerden zum Ganztag äußern und wünschen sich, dass diese aufgegriffen und ernst genommen werden. Mit ihren Ideen und Verbesserungsvorschlägen wollen sie dazu beitragen, dass der Ganztag zu einem Lebensort wird, an dessen Gestaltung sie beteiligt sind, mit dem sie sich identifizieren und an dem sie sich wohlfühlen. Sie brauchen dazu Erwachsene, die ihre Perspektiven achten, die sich selbst als Dialogpartner:innen einbringen und ihnen helfen, sich in demokratischen Aushandlungsprozessen zu üben. Als Pendant zu einem konventionellen Unterricht, an dessen Konzeption und thematischer Ausgestaltung sie nicht beteiligt werden, schätzen sie die Erfahrung, nach den eigenen Interessen und Meinungen gefragt und damit berücksichtigt zu werden.

Empirisches Beispiel I: Tischdecken – Essen – Abräumen und Übergang in die Hausaufgabenzeit
Ganztag E, Teilnehmende Beobachtung

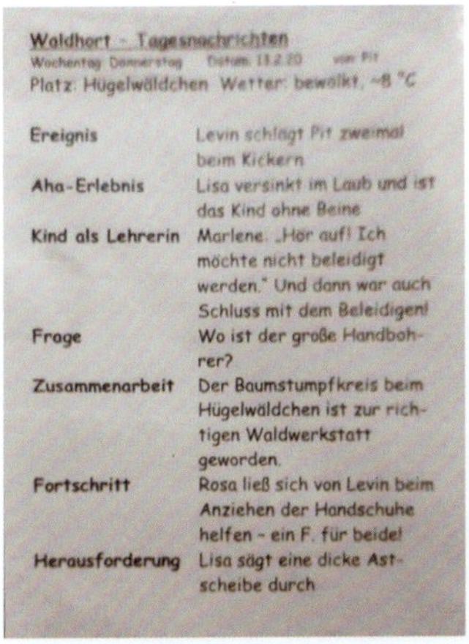

Abbildungen 15–17: Tagesnachrichten – Mittagessen – Orte zur Auswahl

Beim Mittagessen: Während die Kinder sich auffüllen und die Schüssel dann weitergeben, liest Paula (Pädagogin) die »Tagesnachrichten« vom gestrigen Tag vor: »Also, am Donnerstag hat Lukas Robert [Pädagoge] zweimal beim Kickern geschlagen. Unser Aha-Erlebnis war, dass Carla im Laub versunken ist und das Kind ohne Beine war. Sabine hat deutlich gesagt, dass sie nicht beleidigt werden möchte; und dann war auch Schluss mit dem Beleidigen. Gefragt haben wir uns, wo der Handbohrer ist. Der Baumstumpfkreis beim Hügelwäldchen ist zur richtigen Waldwerkstatt geworden. Marta hat sich von Lukas beim Anziehen der Handschuhe helfen lassen. Das war wirklich ein Fortschritt für beide. Das fand ich ganz toll. Und wirklich doll angestrengt hat sich Carla, die hat eine dicke Astscheibe durchgesägt.« Die Kinder hören aufmerksam zu, lächeln, kommentieren manches leise und essen dabei weiter.

Nachdem das Vorlesen beendet ist, fragt die Pädagogin: »So, was sind eure Vorschläge, wo wollen wir heute hingehen?« Verschiedene Kinder nennen als Orte: »Blätterwelt«, »Schlittenberg«, »Sonnenplatz« und »Matschloch«. Währenddessen zieht Paula aus einem Stapel mit Karten, auf die Fotos von Orten im Wald geklebt sind, die jeweils genannte heraus und legt sie auf den Tisch. Der Junge, der als Erstes »Blätterwelt« genannt hat, sagt jetzt: »Ich verzichte auf Blätterwelt. Die drei sind gut.« Die Pädagogin nimmt die Karte mit der Blätterwelt wieder an sich und verteilt rote Glassteine an die Kinder. Es wird nichts weiter erklärt, offenbar wissen alle, was es mit den Karten und den Glassteinen auf sich hat. Während des Essens unterhalten sich die Kinder, die beiden Fachkräfte und die beiden Forscher:innen in verschiedenen Gesprächskonstellationen – über das Essen, das Wetter (es ist ein sonniger, aber recht kalter Tag), über Pokémonkarten, die nach dem Essen getauscht werden wollen, wer wen beim Kickern geschlagen hat etc. Das Mädchen, das neben der Forscherin sitzt, erzählt direkt an sie gerichtet: »Am Mittwoch gab=s Pizza; nur Pizza. Und wir durften so::::::::::: viel essen, wie wir wollten. Das hat der Robert [Fachkraft] extra für uns bestellt. War super lecker. Und wir können auch sagen, was wir gerne mal essen wollen, und manchmal gibt=s das dann.«

Nach ungefähr einer halben Stunde beginnen die Kinder, die fertig sind, ihre Ess-Utensilien zusammenzuräumen und sie in der Küchenzeile in die Spülmaschine einzuräumen. Auf dem Weg zur Küche kommen sie an drei Pappkästen vorbei, auf die Paula bereits je ein Bild mit den drei zur Wahl stehenden Orten im Wald gelegt hat, und werfen ihren Glasstein in einen davon ein (als die Pädagogin später auszählt, hat das Matschloch die meisten Stimmen erhalten).

Das gemeinsame Essen wird als eine Situation ausgestaltet, in der es zum einen um Zusammengehörigkeit und den anerkennenden Blick auf die einzelnen Kinder geht und in der zum anderen den Kindern innerhalb einer festen organisationalen Regel (am Nachmittag verbringen alle mindestens zwei Stunden im Wald) Mitbestimmungsmöglichkeiten eingeräumt werden.

In den von Paula vorgelesenen »Tagesnachrichten« dokumentiert sich eine ritualisierte Form, den Kindern zu zeigen, dass sie wahrgenommen und anerkannt werden. Es geht hier nicht um das Loben von schulischen Leistungen und um die Rolle des Schulkindes – vielmehr fokussieren die Nachrichten auf das soziale Verhalten der Kinder (jemandem helfen und sich helfen lassen; sich gegen eine Beleidigung wehren), auf besondere Kompetenzen (den Erzieher beim Kickern besiegen können oder eine dicke Astscheibe durchsägen) und interessante, überraschende Erfahrungen (im Laub versinken). Damit werden hier die Kinder mit ihrer ganzen Person, ihren Kompetenzen und Gefühlen in den Mittelpunkt gerückt und jeden Tag aufs Neue als wertzuschätzend hervorgehoben.

In der Nutzung des »Wir« schließen sich die Erwachsenen zudem in die Erlebnisse ebenbürtig mit ein. So entstehen keine getrennten Sphären zwischen Erwachsenen und Kindern, sondern die Erinnerungen werden als gemeinschaftliche Erfahrungen gerahmt (siehe auch Dimension 1.2 »In Alltagssituationen mit Pädagog:innen in Beziehungen interagieren, die von Emotionalität, Vertrauen und Ebenbürtigkeit gekennzeichnet sind«). Insgesamt lassen sich die Kinder hier gern auf diese Art der »Nachrichten«-Vermittlung ein.

Die Selbstverständlichkeit, mit der die Kinder schließlich den Ort für den Aufenthalt im Wald am Nachmittag aussuchen, bestätigt, dass es sich um ein alltägliches Mitbestimmungsritual handelt. Zwar ist vorgegeben, dass es nach der Hausaufgabenzeit für mindestens zwei Stunden in den Wald geht (eine Ausnahme gibt es nur, wenn Gefahr droht, etwa wegen eines Sturms), aber über den Ort, an den die Gruppe sich begibt, wird demokratisch abgestimmt.

Zusammen mit der erzählten Episode über die bestellte Pizza, in der der Pädagoge Robert ausdrücklich überschwänglich gelobt wird, dokumentiert sich hier die Orientierung der Kinder, von den Fachkräften in ihren Bedürfnissen, Vorlieben und Eigenheiten ernst genommen zu werden und über Selbst- und Mitbestimmungsrechte im Ganztag zu verfügen.

Empirisches Beispiel II: Kinderkonferenz und Kinderbriefkasten
Ganztag D, Fotospaziergang »Lieblingsorte«

Martin: da spiel ich immer mit meinen Freunden so am Nachmittag, nur im Moment ist es nicht mehr so gut weil die Mädchen sind ja auch mal auf Ged- äh auf die Idee gekommen: wir könn ja auch mal Basketball spielen, auch die von oben
Daniel: └ die Erstklässler halt
Martin: die von oben sind immer schneller als wir beim Mittagessen und holn sich dann immer den Basketball, da könn wir nicht spielen
Y: ah okay, und, und wie wird das entschieden, wer dort spielen darf?
Martin: wer als Erster den Ball hat, der darf spielen
Y: okay
Martin: das ist halt ein bisschen unfair
Daniel: und der darf auch bestimmen wer mitspielt
Martin: hmhm
Y: ah ja, und (2) ich weiß nicht, könnt ihr das, solche Regeln irgendwo diskutieren oder also
Martin: ja in der Kinderkonferenz
Daniel: ja, die ist heut ausgefallen
[...]
Daniel: ja aber Kinderkonferenz, ist eigentlich nicht schlimm, es haben sich tausend mehr Leute gefreut, weil=s immer so langweilig ist und da macht man (nicht mehr raus)
Martin: ja wir ham ein Kinderbriefkasten, wo man alles reinschreiben kann. Warum müssen wir dann extra eine Kinderkonferenz machen, also mich stört=s schon manchmal n=bisschen
Daniel: **ja is halt so**, wir ham extra nen Kinderideenkasten, da könn wir Ideen, Briefe machen und dann da reinschmeißen
Martin: ja
Y: so wie unsere Box eigentlich sozusagen, und was passiert dann mit denen?
Martin: die werden dann immer ausgeleert und in so=ner Konferenz besprochen
Daniel: also beim erst
Martin: └ aber die könnte man auch beim Mittagessen besprechen
Daniel: als Erstes ähm lesen des die Erwachsenen sich durch
Y: okay und dann?
Daniel: ähm und dann wird=s halt in der Kinderkonferenz besprechen die Thema
Y: okay (2) ja aber das mit dem Basketball, wär das nicht so=ne Sache, die man da besprechen könnte oder
Martin: nee also wir ham ja eigentlich, es ist nicht so richtig schlimm, weil wir haben irgendwie früher immer die ganze Zeit gespielt und die Mädchen spielen jetzt erst seit einem Monat oder so

Martin und Daniel haben das Außengelände als einen ihrer Lieblingsorte fotografiert. Im Gespräch mit den beiden Jungen wird von Martin gleich eröffnet, dass es dort ein Problem gibt: Die Mädchen aus der ersten Klasse sind immer schneller mit dem Mittagessen fertig und erhalten den Ball zum Basketballspielen vor den Jungen. Sie rahmen die Praxis der Mädchen jedoch nicht als gegen sie gerichtet, sondern beschreiben diesen Ablauf eher als lästige Entwicklung. Während es respektiert wird, dass auch die Mädchen auf die »Idee gekommen« sind, Basketball zu spielen, wird die offenbar bestehende Regel – wer zuerst kommt, darf spielen und dann auch die Mitspieler:innen bestimmen – als »unfair« bewertet.

Auf die Nachfrage des Forschers nach Beschwerdeverfahren im Ganztag nennen die beiden Jungen, ohne länger zu überlegen, die Kinderkonferenz. Martin und Daniel kennen also dieses etablierte Verfahren gut und sind sich sicher, dass dort solche Probleme diskutiert werden können. Zugleich rahmen sie diese in einer anschließenden antithetischen Differenzierung als »langweilig« und finden es nicht schlimm, dass sie mal ausfällt. Wenn Daniel betont, es hätten sich »tausend mehr Leute gefreut«, als sie heute ausfiel, wird deutlich, dass die Konferenz ebenfalls in Konkurrenz zu alternativen Aktivitäten steht. Hier dokumentiert sich auf einer impliziten Ebene auch, welche Anforderungen Kinderkonferenzen erfüllen müssen, damit sie im positiven Horizont der Kinder stehen und in ihrer Perspektive relevant sind: Die Angelegenheiten, die dort besprochen werden, müssen für die Kinder relevante Fragen und Probleme darstellen, an deren Lösung sie ernsthaft interessiert sind. Zudem sollte die Konferenz zügig durchgeführt werden (nicht »langweilig« sein) und zu fairen und gerechten Lösungen führen.

Interessant sind die sich anschließenden Elaborationen zum »Kinderideenkasten«, zu dem die Kinder übereinstimmend und mit Nachdruck erklären, dass er ihnen ausreiche. Wenn Martin offen fragt, warum überhaupt eine Kinderkonferenz gemacht werden muss und nicht einfach der »Kinderbriefkasten« genutzt und das Anliegen dann beim Mittagessen besprochen werden könne, wird deutlich, dass sie auch über die Art und Weise der Beteiligungsform bzw. Diskussionsplattform mitreden wollen. Hier bringen sie ein, dass sie manchmal schnelle, alltagsintegrierte Lösungen bevorzugen würden. Zudem zeigen sich die beiden Jungen damit als wissend und kompetent: Sie kennen die Regeln und Abläufe und wissen, wie sie sich beschweren und Ideen einbringen können. Und schließlich scheinen sie der Institution und den Pädagog:innen zu vertrauen (»die werden dann immer ausgeleert«) und sich darauf zu verlassen, dass ihre Beschwerden auf diese Weise aufgegriffen und in den Diskurs der Einrichtung eingespeist werden.

In der Konklusion finden die Jungen, angeregt durch eine weitere Nachfrage des Interviewers, der auf der weiteren Thematisierung der Kinderkonferenz insistiert, zu einer abschließenden Bewertung: Sie beschließen, dass der Konflikt um den Basketball doch nicht so schlimm ist, als dass er in der Kinderkonferenz besprochen werden müsste. Darin dokumentiert sich, dass die Kinder sich letztlich dafür entscheiden, den aktuellen Zustand hinzunehmen und nicht in der Kinderkonferenz zu besprechen. In ihren Augen stellt es bereits eine akzeptable Kompromisslösung dar, dass die Mädchen im Moment den Ball früher bekommen, da sie zuvor bereits dieses Privileg für sich verzeichnen konnten.

Insgesamt zeigt sich in der kurzen Sequenz, dass die Kinder eine Vielfalt von Beschwerde- und Beteiligungsverfahren kennen und nutzen können. Zugleich wird deutlich, dass sie eine differenzierte, aber klare Meinung zur Partizipationskultur haben: Im positiven Horizont steht ein friedliches, faires Miteinander und die Beteiligungs- und Diskussionsformen werden danach bewertet, ob sie sich flexibel an die Anliegen anpassen können und wie effektiv sie zu einer Lösung beitragen: So wird der Kinderideenkasten geschätzt, wenn er verlässlich dazu führt, dass die Anliegen der Kinder aufgegriffen und diskutiert werden. Das Besprechen von Ideen und Anliegen soll dann aber, ob beim Mittagessen oder in einer Kinderkonferenz, die Zeit zum Draußen-Sein und Spielen nicht unnötig beeinträchtigen, die relevanten Kinder einbeziehen und effektiv dazu führen, dass faire Regeln und Absprachen etabliert werden.

Empirisches Beispiel III: Blöde Orte und Beschwerden von Melek
Ganztag A, Fotospaziergang »Blöde Orte«

Abbildungen 18 und 19: Blöde Orte von Melek – Toiletten

Y: da hier geht=s los hm
Melek: mit den Toiletten
Y: hmhm
Melek: da ich (.) wünschte die wärn in den Gebäuden, also in jeden Flur
Y: ja::
Melek: weil ähm manchmal sind da so Würmer drin in den Toiletten und einmal war da auch mal ne Ratte drin
Y: └ Würmer?
Melek: in der Mädchentoilette
Y: echt? Buä:: das find ich ja auch (.) eklig
Melek: ja, das ist eklig
Y: okay, ja das kann ich gut verstehen (2) ja war? das war=s? okay
Melek: das Gleiche bei der Jungstoilette.

Drei Fotos von Melek zeigen die Toiletten, die sie den »blöden Orten« zurechnet. Sie ist unzufrieden damit, dass sich die Toiletten im Außenbereich der Schule befinden, und macht mit Nachdruck deutlich, dass sie sich einen schnell erreichbaren Toilettenraum als Ort der Hygiene, Ruhe und Sicherheit »wünscht«. Melek elaboriert diesen Wunsch durch ihre Erzählung über das Ungeziefer in den Toilettenräumen und unterstreicht damit ihren Leidensdruck: Wenn Würmer oder Ratten sich der Toilette bemächtigen, steht das dafür, dass diese zu einem unsicheren, feindseligen Ort geworden ist. In der gemeinsam mit dem Forscher geteilten Schlussfolgerung, die Toiletten seien eklig, wird der unhaltbare Zustand noch unterstrichen und durch die Ausweitung auf die Jungentoiletten als allgemeines Problem dargestellt.

Abbildung 20: Blöde Orte von Melek – Pflanzen

Melek: also (.) manche Pflanzen sind ähm (3) sind nicht mehr so schön und grün
Y: ja::
Melek: weil sich niemand darum kümmert und deswegen habe ich einfach das und an den Pflanzen fotografiert
Y: okay ja was, was wäre denn schon, was du da so für Pf- was da so gäbe? Wenn du=s bestimmen könntest?
Melek: so eine Garten-AG. Also das gab=s (2) jetzt kommt der Mann nicht mehr
Y: ah okay
Melek: ja und die Frau Kiesel, is äh öh, ist eine Lehrerin, sie äh macht auch so manchmal so ne Garten-AG, aber nicht so oft und (2) °deshalb°
[…]
Y: und erinnerst du dich noch, was du in der Garten-AG da gemacht hast mit der, mit der Frau und dem Mann?
Melek: ja ähm, äh wir haben so Sachen eingepflanzt
Y: gibt=s die noch jetzt?
Melek: °zum Beispiel so Blumen° nee, also ich seh die nicht, die müssten da irgendwo sein

Y: ach so, das war dort
Melek: °ich seh die nicht° ja also ich seh die nicht.

In Bezug auf das zweite Foto (Abb. 20) erzählt Melek von den Pflanzen auf dem Schulhof, die nicht mehr »schön und grün« sind. Homolog zu ihrer Kritik an den Toiletten dokumentiert sich auch in dieser Erzählung die Orientierung, den Ganztag zu einem angenehmeren und auch ästhetisch schöneren Ort zu machen. Um das Außengelände sollte man sich in ihrer Perspektive mehr kümmern, damit es schöner und grüner wird. Sie bedauert, dass für eine Garten-AG, die den Kindern die Möglichkeit gibt, sich an der Gartenpflege zu beteiligen, keine Zeit oder kein Personal mehr zur Verfügung gestellt wird und ihre früheren Aktivitäten nicht mehr sichtbar sind. Offenbar war an der fotografierten Stelle auf dem Schulhof einmal ein Beet mit Blumen. Die Verwilderung steht für den Verfall, der von Melek auch bei den Toiletten bemängelt wird. Auf einer impliziten Ebene beklagt sie, dass es niemandem wichtig ist, den Ort Ganztag zu einem »schönen« Ort zu machen und die Kinder daran mitwirken zu lassen. Sie selbst betont ihre Bereitschaft, sich engagiert und aktiv einzubringen.

Melek: so (.) ich wünschte, dass es nicht so Welt- so viel Weltverschmutzung gibt
Y: hm::
Melek: es gibt so v- v- viele Sachen auf dem Boden und das ist Weltverschmutzung.
Y: hm:: ja das kann ich gut v- hast du ne Idee, wie man das machen könnte, dass das weniger (4) Weltverschmutzung gäbe?
Melek: (3) mehrere Mülleimer
Y: hmhm, das würde schon mal helfen ja
Melek: auf den Straßen °oder so° weil manche Kinder, Mülleimer gibt es ja da oder in den Toiletten
Y: ich seh=s ja
Melek: und manche Kinder haben dann keine Lust dahin zu gehen und die machen dann, die schmeißen es dann einfach auf den Boden und das ist blöd
Y: ja (.) wenn der Mülleimer näher wäre ging, würde man das vielleicht machen, meinst du?
Melek: keine Ahnung
Y: hm
Melek: aber manchmal schmeißen die das trotzdem auf den Boden
Y: ja (2) also gibt=s da irgendwie, also passiert da irgendwas, wenn das jemand macht und jemand anders sieht=s zum Beispiel oder? (3) Oder passiert da eigentlich nichts?
Melek: weiß ich nicht.

Abbildung 21: Blöde Orte von Melek – Müll auf dem Schulhof

Ihr drittes Foto (Abb. 21) zeigt eine Plastikverpackung auf grünem Gras. Melek beschreibt diese als »Weltverschmutzung«. Durch diese Wortwahl wird der Ganztag symbolisch zur (Lebens-)Welt der Kinder, in der sie sich wohlfühlen sollten. Zugleich wird Müll und Verschmutzung ganz allgemein in den negativen Horizont gerückt und als globales Problem markiert. In ihren Äußerungen wird durchweg deutlich, dass sie unzufrieden ist mit dem Verfall und der Verschmutzung einiger Orte der Schule. Mehr noch erfährt sie darin eine Missachtung ihrer Wünsche nach einem »schönen« Ganztag, die offenbar folgenlos bleiben. Darüber hinaus sieht sie sich aber selbst und auch die anderen Kinder in der Verantwortung, dafür zu sorgen, dass es ein schöner Ort ist. Damit verbunden ist die Orientierung an Erfahrungen in einer naturnahen, grünen und nicht von Müll verschmutzten Umgebung (siehe auch Dimension 4.1 »Naturerfahrungen machen«).

Alle drei Orte und von ihr beschriebenen Situationen zeigen Missstände auf, die bei Melek Unbehagen auslösen. Sie hat jedoch auch konkrete Vorschläge zur Verbesserung: Toiletten in das Schulgebäude, eine regelmäßig stattfindende Garten-AG und mehr Mülleimer. Sie identifiziert sich also sehr mit ihrer Ganztagsschule, möchte sie mitgestalten und sich für Verbesserungen einsetzen. Implizit wird aber auch deutlich, dass dies nur wirksam werden könnte, wenn die Erwachsenen die Ressourcen dafür zur Verfügung stellen und die Kinder mit ihren Vorschlägen anhören und ernst nehmen würden. Interessant ist zudem, dass die drei fotografierten »blöden« Orte draußen sind und keine Klassenzimmer oder Lernmaterialien zeigen. Offenbar sind für Melek vor allem der Schulhof und das Außengelände Orte der Kinder und damit auch Orte einer möglichen Mitgestaltung. Als potenzielle Mitgestalterin der innerschulischen Räume nimmt sie sich nicht wahr.

Empirisches Beispiel IV: Beschwerden, Lob und Wünsche der Kinder
Ganztag F, Briefbox

Ähnliche Beschwerden und Wünsche zur Gestaltung des Ganztags äußerten die Kinder immer wieder in dem vom Forscherteam zur Verfügung gestellten Briefkasten, den sie als Beschwerde- und Beteiligungsform angenommen hatten. Dass die Kinder diese Möglichkeit der (anonymen) Meinungsäußerung – wie auch die anderen Methoden, mit denen ihre Perspektiven auf den Ganztag erhoben wurden – sehr intensiv nutzten, macht ihre Orientierung an Mitsprache, am Gehört-Werden und Sich-Beteiligen deutlich.

Abbildung 22: Beschwerde – keine Pflanzen und Medien

»ich Beschwere mich weil die Schulle nur lernt und keine Pflanzen gibt und weil wir keine medien haben schade«

An dieser »Postkarte« fallen sofort die vierzehn gestempelten Smileys mit hängenden Mundwinkeln ins Auge sowie die drei gelben, die zweimal eine heraushängende Zunge und einmal einen verärgerten Gesichtsausdruck zeigen. An ihnen wird deutlich, wie wichtig es dem Kind ist, sich zu beschweren und negativen Gefühlen Ausdruck zu verleihen. So wird von dem Kind zunächst erklärt, dass es eine Schule ablehnt, in der »nur« gelernt wird. Das Lernen gehört in dieser Perspektive offenbar dazu und damit auch die Rolle des Schulkindes, aber das Kind wünscht sich einen lebendigen, gemütlichen (»Pflanzen«) Lebensort, der zudem über »Medien« mit außerschulischen Orten und Themen verbunden ist. Im positiven Horizont steht damit ein lebensnahes Lernsetting, das über klassische, funktionalistische Unterrichtsarrangements hinausgeht.

Moderne Medien und Spielzeuge werden von den Kindern auch auf vielen weiteren Karten als relevant markiert, von denen hier drei ausgewählt wurden.

Abbildungen 23–25: Wünsche nach Medien und Spielzeugen

»ein PC Für jeden in der Klasse«
»spielzeuge mitbringen«
»Handy in Schule mitbringen«

Auf den drei Karten geht es um die Materialien, die sich die Kinder im Ganztag wünschen. Es ist ihnen wichtig, moderne Geräte wie Handys oder Computer in den Alltag des Ganztags zu integrieren. Sie wünschen sich, die Handys, die sie bereits besitzen, und ihre Spielzeuge mit in die Schule bringen zu dürfen. Handys sind in der Schule verboten, doch die Kinder wünschen sich, diesen Teil ihrer Lebensrealität auch im Ganztag nutzen zu können.

Insgesamt dokumentiert sich in den verschiedenen Sequenzen, dass sich die Kinder gern konstruktiv einbringen und den Ganztag so mitgestalten wollen, dass er für sie »schön« und zu einem vielfältigen, »lebensnahen« Ort wird. Werden die Kinder einbezogen und mit ihren Beschwerden, Ideen und Verbesserungsvorschlägen ernst genommen, stärkt dies ihre Identifikation mit ihrem Ganztag.

2. Qualitätsbereich: Die Gestaltung einer positiven Peer-Kultur

(Beziehungen unter Gleichaltrigen)

Der Ganztag ist ein außerunterrichtliches Setting, in dem die Beziehungen der Kinder untereinander anders gerahmt sind als im Unterricht: Hier geht es nicht primär um lehrplanadäquate Schulleistungen, gute Bewertungen bzw. Noten und die damit verbundene Konkurrenz. Umso mehr entscheidet die Qualität der Peer-Beziehungen darüber, ob Kinder sich im Ganztag gut aufgehoben, integriert und wohlfühlen.

Kinder wünschen sich, im Kontext von Geschlechtervielfalt ein für sie passendes geschlechtstypisches Verhalten zu entwickeln. Dazu gehört, sich in »wilde« Aktivitäten und ein körperbetontes Kräftemessen zu begeben und/oder intensiv über Beziehungsthemen (Freundschaft, Eifersucht, Streit, Liebe etc.) zu kommunizieren. Sich lang anhaltend in Rollenspiele vertiefen zu können ermöglicht verschiedenste soziale Rollen und Konstellationen auszuprobieren. Haben Kinder Freund:innen, auf die sie sich verlassen können, fühlen sie sich gestärkt und geschützt.

Im negativen Gegenhorizont der Kinder steht es, wenn die Zeiten und Orte, an denen sie mit Gleichaltrigen jenseits eines leistungs- und konkurrenzorientierten Unterrichts zusammen sein, ihren Themen nachgehen und spielen können, stark eingeschränkt bzw. reglementiert sind. Kinder, die andere angreifen, ärgern oder ausschließen, sowie das Fehlen von Freund:innen, die zu einem halten, nehmen Jungen und Mädchen als sehr belastend wahr.

2.1 »Wild« spielen: sich gegenüber anderen behaupten, sich mit anderen messen und in der Gruppe selbst tragfähige Regeln entwickeln

Kinder im Ganztag – in unserem Sample insbesondere sozial als Jungen konstruierte Kinder – wünschen sich Zeiten und Räume für »wilde«, körperbetonte Spiele, bei denen sie sich mit anderen messen, in der Gruppe behaupten und selbstständig tragfähige Regeln für ihr soziales Miteinander entwickeln können. Es reizt sie, im

»rough-and-tumble play«[11] spielerisch verschiedene Aktivitäts- und Aggressionslevel auszuprobieren und die Grenze auszuloten, an der aus Spiel Ernst wird. Dafür brauchen sie Spielgefährt:innen, denen sie vertrauen, und gegebenenfalls Erwachsene, die sie im Notfall um Unterstützung bitten können. Die Erfahrung, sich auch einmal wild und ungezähmt verhalten und mit anderen Kindern Kräfte messen zu können, wird als Pendant dazu, sich als gesittetes, gezähmtes, still sitzendes und an Regeln haltendes Kind zu benehmen, sehr geschätzt.

Empirisches Beispiel I: Dinosaurierspiel
Ganztag C, Gruppendiskussion

Im folgenden Beispiel erzählt Adrian über ein Spiel, in dem die Kinder sich in Dinosaurier verwandeln. Aus Gründen der Übersichtlichkeit werden nur die Aussagen eines Kindes dargestellt; parallel dazu wird von zwei anderen Kindern ein anderes Thema besprochen.

Adrian: ähm also ich spiel mit André und Kurt und so ganz oft (.) irgendwie draußen Dinosaurier?

[...]

Y: darf ich dich gleich mal fragen, Adrian, du hast gesagt, mit dem Dinosaurierspielen, du spielst des jeden Tag, (.) kannst du des=n bisschen genauer erzählen, wie wie macht man des denn;

[...]

Adrian: wir machen das zum Beispiel auch in der Schule,

[...]

Adrian: ähm in der Pause, also (2) wir sch- wir s- wir; wir denken uns halt manchmal Dinosauriers, oder auch manchmal welche die=s gab? und dann sp- gibt=s zum Beispiel zwei Arten,

[...]

Adrian: ähm und die anderen, (.) wir haben dann so ein Nest da, zum Beispiel am Sandkasten, und da müssen ähm zum Beispiel spielen ganz oft, dass die andern dann (.) die Eier klauen, die in den Nestern liegen?

[...]

Adrian: und die (.) ähm (.) Kinder aufessen?

[...]

11 Für Praktiken des »rough-and-tumble play« gibt es keine angemessene Übersetzung. Pellegrini (1995), der mehrere Studien zu der Thematik durchführte, hat sieben Verhaltensanteile herausgearbeitet: Lachen, Rennen, Springen, offenes Prügeln, Kämpfen, Jagen und Fliehen. Er folgert: »RaT is an enjoyable set of behaviors« (Pellegrini 1987: 36).

Adrian: äh::: und; (2) wir spieln auch, (.) denken uns auch ganz oft aus dass wir g- (.) ähm so ganz (.) ähm tödliches Gift haben?

[...]

Adrian: machen wir auch so wenn wir wenn man mit dem Gift einen in den Kopf beißt, (.) ähm dann wird is der für, (.) also stirbt der, und wenn man ihn nur in Arm beißt, dann is er für=n (.) paar Wochen oder für=n Monat behindert.

Adrian beginnt in seiner initialen Proposition, über das »Dinosaurier«-Spiel als ein Spiel zu sprechen, das »draußen« verortet ist. Der Ort, an dem es stattfindet bzw. stattfinden kann, spielt ganz offensichtlich eine bemerkenswerte Rolle. »Draußen« zu sein bedeutet nicht drinnen zu sein, also nicht in einem Gebäude (hier: nicht im Schulgebäude), sondern unter freiem Himmel, und damit zum einen viel Platz zur Verfügung zu haben, zum anderen den Abstand zu Erwachsenen bzw. Pädagog:innen stärker selbst austarieren zu können, als dies im Schulgebäude möglich ist.

In der durch die Nachfrage angeregten Elaboration wird deutlich, dass das Draußen-Sein der Rahmen für ein Fantasiespiel ist, in dem die Kinder sich die Existenz von Dinosauriern »denken« können. Sie erleben sich also als wirkmächtige Schöpfer:innen, die sich allein qua der Kraft ihrer Imagination Dinosaurier bzw. sich selbst in der Rolle von Dinosauriern erschaffen können (siehe auch Dimension 2.3 »Sich einen Ort aneignen und Fantasiespiele spielen«). Indem die Kinder die Rolle eines längst ausgestorbenen, furchteinflößenden wilden Tieres annehmen, bemächtigen sie sich auch der Dinosaurierfähigkeiten und ihrer wilden, ungezähmten Lebensweise. Das aggressive, unkontrollierbare, animalische Verhalten der Dinosaurier wird von den Kindern auf dem Schulhof entfaltet: Sie inszenieren ein Gegeneinander von zwei Gruppen, die einander bekämpfen (»wir« und »die anderen«) und dafür auch mit verschiedenen Kräften (»Gift«, »Kinder aufessen«) ausgestattet sind. In dem Spiel geht es darum, einen Schutzraum (»Nest«) und darin lagernde Gegenstände (»Eier«) gegen die Angriffe der anderen zu verteidigen. Das »Klauen« von Eiern und das damit verbundene »Aufessen« von Kindern lädt die kämpferische Szenerie auf und lässt sie zur existenziellen Bedrohung werden: Hier geht es um Leben und Tod. Im Nachspielen einer Überlebenssituation setzen sich die Kinder auch mit den Folgen teils schwerster Verletzungen auseinander. Darin spiegelt sich ihr Interesse wider, sich Mutproben zu stellen, Herausforderungen und schwierige Situationen zu meistern.

Das Dinosaurierspiel auf dem Pausenhof stellt einen maximalen Kontrast dar zur Unterrichtszeit, in der ungezähmtes und wildes Verhalten als Störung gerahmt wird. Im Gegensatz zu einem Raum, in dem organisationale Regeln und Rollen vorgegeben sind und befolgt werden müssen, bietet das Draußen-Spielen mit der selbstbestimmten Kreation von Rollen, Aufgaben, Regeln und Orten Freiheit für das Ausleben der kindlichen (Macht-)Fantasien und der Erfahrung, auch gefährliche Situationen »aus eigener Kraft« bestehen und überleben zu können.

Empirisches Beispiel II: Dinosaurierspiel – Fortsetzung der Sequenz
Ganztag C, Malinterview

In einem Malinterview führt Adrian seine Elaboration zur Übernahme von Rollen im Dinosaurierspiel fort.

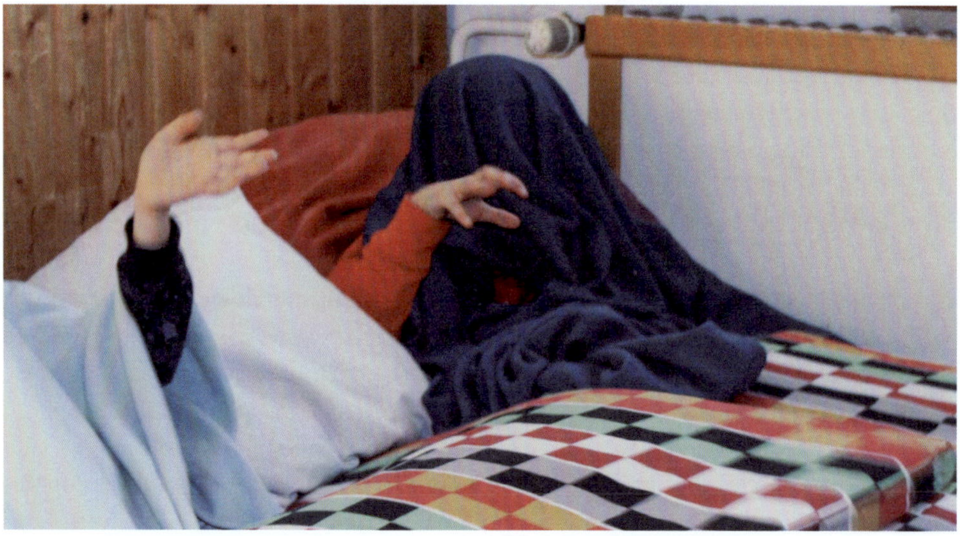

Abbildung 26: Toberaum

Adrian: und dann: s- holen wir (.) ähm und dann holen wir uns halt Fleisch, (.) Dinosaurier die ähm (.) töten wir dann halt, und dann holen wir uns da Fleisch? (.) und leben manchmal auf Bäumen oder Höhlen?

Y: und die Bäume und Höhlen? (.) die: denkt ihr euch aus, oder baut ihr euch des in der Halle?

Adrian: └ ja die denken wir uns aus; (.) das is die Fensterbank. da spielen wir so Bäume drauf.

Tina: └ da sind die Bäume, und dann kann man sich eben noch so Höhlen bauen, (.) also so aus Kissen und Matten und das is dann (.) halt noch andere (Höhlen); Höhlen. und den Rest denken wir uns eben aus.

Y: okay? (.) und wa- was gefällt euch da dran?

Tina: naja das macht eben Spaß irgendwie. zum Beispiel (.) man weiß auch wirklich nich (.) wer wann angreift, (.) dann müssen wir immer (.) hoch, (.) also (.) immer (.) zum Beispiel, wenn (.) Kurt? der äh war son kurzsichtiger Dinosaurier? (.) und ähm ich und André haben uns immer in seine Höhle reingeschlichen? und haben da Fleisch geklaut, naja Fleisch sind so kleine lange Kissen,

Y: mhm?

Tina:	sind so, so Kissen die rot sind, (.) und das ist das Fleisch, (.) und jeder kann das Fleisch da drin lagern, und ähm (.) und wir gehen da immer rein, und wir müssen eben immer, wenn wir etwas aufgegessen haben, müssen wir es wieder auf den Boden schmeißen, und das kann dann wieder jemand neues erbeuten.
Y:	und du hast grad gesagt, dass der eine: Dinosaurier kurzsichtig war, (.) wird das dann auch einfach entschieden?
Tina:	ja das wird dann entschieden? und d- dann sieht der eben, (.) der sieht dann eben nich, dass ähm dass wir in seine Höhle gehen. aber wenn er grade so um die Höhle schwimmen möchte, ( ) dann kann er das auch gar nich sehen.
Adrian:	und er kann des riechen.
Tina:	ja riechen.

Homolog zur zuvor interpretierten Sequenz dokumentiert sich auch in dieser Elaboration die tiefere Bedeutung, die das Spielszenario für die Kinder hat: Indem sie um Nahrung (»Fleisch«) kämpfen, vergewissern sie sich kollektiv, dass sie über lebenswichtige handlungspraktische Kompetenzen verfügen. Dies stellt einen maximalen Kontrast dar zu überwiegend kognitiven Wissensbeständen, die in der Schule bzw. im Unterricht vermittelt werden. Das, was oberflächlich als ein kämpfendes Gegeneinander der Kinder erscheint, erweist sich auf einer tiefer liegenden Sinnebene als eine habituelle, konjunktive Übereinstimmung. Wenn sie erzählen, wie sie sich Höhlen bauen, lässt sich das homologe Muster ausmachen, dass es ihnen um das Schaffen einer Behausung und um die Verteidigung eines Schutzraumes geht. Sie greifen damit nicht auf schon vorgefertigte Orte und Räume zurück, sondern folgen dem »Urtrieb« des Bauens bzw. Sich-Behausens (siehe Dimension 2.3 »Sich einen Ort aneignen und Fantasiespiele spielen«).

Hier zeigt sich zudem, dass die Kinder daran orientiert sind, transparente Regeln für ihr Spiel auszuhandeln, dessen Reiz sich einerseits aus einer gewissen Unberechenbarkeit und Spannung in den Begegnungen ergibt, andererseits auf klaren, impliziten und expliziten, von den Kindern selbst bestimmten und ausgehandelten Regeln beruht. Sie sind an Fairness und an der Erprobung sozial ausgehandelter Regeln orientiert – hier dokumentiert sich ein Prozess der Entwicklung einer autonomen Moral.

Schließlich wird homolog zur ersten Sequenz noch einmal ausdrücklich auf den Umgang mit körperlichen Einschränkungen eingegangen. Die Kinder kreieren ein Setting, in dem auch der vermeintlich Starke »Schwächen« – hier Einschränkungen des Sehvermögens – hat, wodurch sich der Relativität von Macht, Größe und Stärke vergewissert wird. Im Spiel können die Kinder auf diese Weise ausprobieren, wie es ist, Herausforderungen trotz potenzieller Handicaps zu bewältigen. Die Selbstauferlegung von Schwächen setzt ein hohes gegenseitiges Vertrauen und einen sozial gesicherten Rahmen voraus, den diese Kindergruppe im Dinosaurierspiel für sich entwickelt hat.

Empirisches Beispiel: Killerclown und Zombies
Ganztag A, Fotospaziergang

Auch im folgenden Beispiel werden verschiedene Kampfspiele beschrieben, die die Jungen offenbar sehr interessieren.

Abbildung 27: Klettergerüst

Y: ja, was spielt ihr denn am liebsten; auf dem Klettergerüst,
Marc: äh Fangen, oder Polizei.
Tim: oder Eisfangen. (.)
Marc: ja Eisfangen.
Tim: oder, (.) gestern wie wir gespielt haben Zombie; Zom- Zom- Zombie;
Frank: und ich hab, Ti- (.) nee Killerclown;
Marc: ja Tim war son Killerclown und wir mussten den töten
Tim: └ ja und ich hab den gewürgt. (.) Ja den den ich geschnappt hab, hab ich gewürgt;
Y: in echt?
Tim: ja.
Marc: ja.
Frank: also jetzt nur
Marc: └ **und dann müssen wir den** ertreten und erschlagen.
Y: okay, ((erstaunt)) ( )
Tim: └ aber wir hatten, auch alle Waffen;
Y: okay?
Marc: └ ja ja
Frank: └ aber keine richtigen.
Marc : └ ja stimmt.

Tim: ja wir ham nur so getan, wir ham nur so getan.
Marc: wir haben ( )
Frank: └ Thomas hat sich nur versteckt; und wollte kein bisschen Action.
Y: @ok,@ (1) und des ist am besten wenn es ordentlich Action gibt, oder?
Frank: äh, ja;
?: ungefähr.
Tim: und dann wurde ich schon
Frank: └ **besser wär=s wenn wir** ah ah ähm (.) in der in so Technik spielen würden, in so nem Technikraum, wo dann wie so Lichtzombies, und dann hast du solche Pistolen, mit solchen Licht re=he=flektoren und dann muss und dann verschwinden die, wenn du die erschießt. Aber du musst auch genau zielen dabei. weil du musst ja nicht so pjong; und dann ist der Zombie von da hinten weg.

Spielort ist in diesem Beispiel das Klettergerüst, das zum einen »unbestimmt« genug ist, um eine Vielzahl von Spielwelten und -szenarien zu beherbergen, zum anderen über zahlreiche Nischen, Plattformen und Verbindungswege verfügt und damit unterschiedliche motorische Aktivitäten und soziale Konstellationen anregt. Zudem bietet das Klettergerüst den Kindern viel Platz und die Freiheit, laut zu sein, sodass sie ungestört, raumgreifend und wild spielen können.

Die zu Beginn fünf kurz benannten Spiele (Fangen, Eisfangen, Polizei, Killerclown und Zombies) lassen allesamt auf Fangspiele schließen, bei denen es jeweils Fänger:innen und Fliehende gibt. Die zu vergebenden Rollen, wie »Polizei«, »Killerclown« und »Zombies«, sind zudem mit (lebens-)bedrohlichen Angriffen und deren Abwehr verknüpft. Homolog zum Dinosaurierspiel scheint es in diesen Spielen darum zu gehen, sich körperlich zu messen, gegenseitig zu fangen, sich zu raufen und dabei in der Fantasie existenzielle Bedrohungen zu imaginieren, die abgewehrt werden müssen bzw. können. Diese rechtfertigen dann auch drakonische, sich steigernde Gegenmaßnahmen, die vom »Schnappen« über das »Würgen« bis zum »Ertreten«, »Erschlagen« und »Töten« reichen und so den Gegner endgültig besiegen. Gleichzeitig unterstreichen die Kinder, dass es sich um Imaginationen handelt, wenn die Waffen als »nicht echt« und die Gewaltakte als »nur so getan« beschrieben werden. Den Kindern gelingt es also spielerisch, die Gratwanderung zwischen einem imaginierten maximal aufgeladenen Bedrohungsszenario auf der einen Seite und der tatsächlichen körperlichen Handlungspraxis auf der anderen Seite auszutarieren. In der Erzählung wird zudem deutlich, dass die Kinder sich in verschiedenen Rollen erproben: So wird Tim für eine Weile zum »Killerclown« und kann sich als furchterregende, ambivalente Figur präsentieren. Die Figur des Killerclowns ist insofern interessant, als die Kinder damit sowohl das tödliche als auch das komische Potenzial der Figur betonen: Der Killer ist ein Clown, der nur eine Rolle spielt, bzw. der Clown ist ein Killer, der durch seine Kostümierung die anderen täuscht. Die Faszination der (Nicht-)Differenzierbarkeit zwischen Spiel und Ernst dokumentiert sich hier besonders deutlich.

Auch die Rolle von Thomas wird verhandelt, der sich »nur versteckt« habe und »kein bisschen Action« wollte. Ähnlich wie beim Dinosaurierspiel ko-konstruieren die beteiligten Jungen hier verschiedene Szenarien, in denen sie unterschiedliche Rollen einnehmen und sich erproben können. Die reale physische Konfrontation ist zudem mit der potenziellen Erfahrung des Verlierens, des Zurücksteckens und Unterlegenseins verbunden. Im gemeinsamen Sich-Messen können die Kinder also nicht nur in ihren Spielrollen, sondern als reale Personen gewinnen oder verlieren. Ähnlich wie im Dinosaurierbeispiel setzen sie sich mit der Möglichkeit der eigenen Schwäche, des Verlierens und Scheiterns auseinander.

Die Imagination einer futuristisch-technischen Spielwelt von Frank bildet einen Übergang in Kampfspiele, die sich gänzlich auf der virtuellen Ebene abspielen. Es spiegelt sich darin das Vergnügen, unbekannte Welten zu imaginieren, in denen sich die Kinder dann selbst vor Herausforderungen stellen und im Kampf bewähren müssen. Diese Form des Spielens ist in besonderem Maße mit dem Streben nach Selbstermächtigung bzw. -stärkung verbunden: Im Unterschied zu den Spielen, die eine reale physische Komponente des Kämpfens und Raufens (»rough-and-tumble play«) beinhalten, geht es hier weniger um ein Messen oder Ausloten von realen (körperlichen) Kräften und Grenzen als vielmehr um Selbststärkung und Sich-stark-Reden sowie um Gemeinschaftserfahrungen in einer Fantasiewelt, in der auch die stärksten Feinde leicht besiegt werden können (siehe auch Dimension 2.3 »Sich einen Ort aneignen und Fantasiespiele spielen«).

Empirisches Beispiel III: Toberaum
Ganztag C, Fotospaziergang

Wie das »wilde« Spielen geschlechtlich konnotiert wird, lässt sich exemplarisch an der folgenden kurzen Sequenz zeigen, in der sich zwei Mädchen über ein Foto von ihrem Lieblingsort unterhalten.

Abbildung 28: Kopfstand

Camilla: das bin ich im Kopfstand im Toberaum. den ma- mögen wir auch sehr gerne.

Tina: ja da können wir immer sehr viel und ich kloppe mich dann mit den Jungs, oder hör mir irgend=ne CDs an und manchmal kann man sich da=n bisschen ausruhen, wenn man müde ist.

Während hier das Aufführen von spektakulären Turn- bzw. Yogaübungen in Wir-Form von beiden Mädchen als reizvolle Aktivität gerahmt wird (siehe auch Dimension 3.4 »Sich in riskante, herausfordernde Bewegungsaktivitäten und in (kompetitive) Bewegungsspiele vertiefen«), wechselt Tina anschließend in die Ich-Form, wenn sie vom »Kloppen« »mit den Jungs« redet. Die Jungen werden als eine generalisierte Gruppe konstruiert, in der das »Kloppen« eine alltägliche Aktivität darstellt, der sie sich zwar situativ anschließen kann bzw. mag, die aber keine habituelle Praxis mit ihrer Freundin darstellt.

2.2 Sich zurückziehen, sich unterhalten und soziale Beziehungen verhandeln

Kinder im Ganztag (in unserem Sample insbesondere Mädchen) wünschen sich Zeiten und Räume, um sich in Ruhe mit Freund:innen zu unterhalten und soziale Beziehungen zu verhandeln. Sie suchen sich dafür bevorzugt geschützte und gemütliche Orte, von denen aus sie gut beobachten können, an denen sie sich über sich und andere Menschen unterhalten, über Freundschaft, Streit und Verliebtsein sprechen können. Als Pendant dazu, sich in der Klassenöffentlichkeit zu bewegen und in einer großen Gruppe Gleichaltriger zu positionieren, werden Erfahrungen des Unter-sich-Seins und der Privatheit gesucht und geschätzt.

Empirisches Beispiel I: Gespräche mit zwei Mädchen im »Haus«
Ganztag E, Gruppendiskussion / Waldführung

Zwei Mädchen zeigen dem Forschungsteam einen ihrer Lieblingsorte im Wald, den sie als ihr »Haus« bezeichnen, das sie selbst gebaut haben.

Abbildung 29: Haus im Wald

Anna: wir zeigen dir unser Haus im Wald (.) da gehn wir immer hin, wenn wir was besprechen wollen.

Bibi: mal sehen, ob noch alles heil ist.

Die Mädchen führen die Forscherin den Hang nach oben, wo sich rund 100 Meter vom Matschloch entfernt das aus Ästen gebaute »Haus« befindet.

Anna ((wendet sich zu Bibi)): Mensch, da hat jemand dran rum gebaut; das müssen wir wieder anders machen (.) so wie vorher.

Bibi ((holt einen großen Ast, der neben dem »Haus« liegt)): ja, der muss doch hier hin (lehnt den Ast an eine Seite des »Hauses«). Komm, wir holen noch mehr Äste.

Anna: ja, dann ist es wieder ganz schön.

In der Bezeichnung »unser Haus« dokumentiert sich, dass die beiden Mädchen die Konstruktion aus Zweigen und Ästen als ihren Ort wahrnehmen, an dem sie sich sicher, geschützt und behaglich fühlen. Mit ihm haben sie einen »zivilisierten« Ort in der »wilden« Natur geschaffen, den sie nutzen, um Intimes oder Geheimes zu besprechen. Ihr »Haus« signalisiert, dass die beiden unter sich sein wollen, und gewährleistet genügend Entfernung zu den anderen Kindern und den Fachkräften. Alles, was dort diskutiert wird, kann somit auch in diesem Raum bleiben.

Wenn Bibi sich um den Zustand der Behausung sorgt, wird deutlich, dass dieser Ort potenziell auch bedroht wird und immer wieder neu hergestellt bzw. gesichert werden muss. Dies könnte die Natur betreffen, die mit der Zeit die Hütte angreift, aber ebenso andere Kinder, die sie beschädigen. Auch im übertragenen Sinne muss also ein Schutzraum, in dem Privates besprochen werden kann, gegenüber Einflüssen von außen verteidigt und gesichert werden. Das tun die Mädchen dann auch ganz physisch, indem sie Äste sammeln und das Haus in den imaginierten Ursprungszustand versetzen. Dieser wird als »ganz schön« bezeichnet: Der Raum soll offenbar nicht nur Schutz bieten und von der Außenwelt abgrenzen, sondern auch bestimmten ästhetischen Vorstellungen genügen, die zum Wohlbefinden beitragen und den Ort als den Mädchen zugehörig markieren.

Nachdem die beiden Mädchen ein paar Äste mehr geholt und in das »Haus« integriert haben, fragt die Forscherin weiter:

Y: was macht ihr denn hier so in dem Waldhaus?
Anna: wir besprechen was. manchmal sollen die anderen nicht hören, wenn wir was bereden.
Y: zum Beispiel?
Anna und Bibi: ((Lachen))
Anna: wen wir gut finden zum Beispiel. oder wer in wen verliebt ist.
Bibi: └ oder wer uns nervt (.) oder ärgert.
Anna: oder wir beide haben uns gestritten, dann ist es auch gut hier, weil sich hier sonst niemand einmischt.
Bibi: hier kann man sich auch einfach gut ausruhen (.) schau mal, wenn man hier durchschaut (schaut nach oben), dann sieht man den Himmel und die Wolken.
Anna: an dem Haus gibt=s auch immer was zu tun, das muss man immer wieder schön machen, weil andere Kinder hier auch mal spielen. oder wenn es geregnet hat.

Auf die Nachfrage der Forscherin wird der Ort erneut primär als privater Gesprächsraum bezeichnet. Offenbar nutzen sie diesen Rückzugsort, um sich auszutauschen, von den anderen Kindern abzugrenzen, sich ihnen gegenüber zu positionieren und auch ihre eigene Beziehung zu reflektieren und zu bearbeiten. Es scheint wichtig, Bescheid zu wissen, wie sich die Beziehungen der anderen entwickeln, sich der

Meinung der Freundin zu versichern und in der Bewertung anderer abzustimmen. Existenzielle Beziehungsthemen wie Zu- und Abneigung, Verliebtsein, Streit und Freundschaft scheinen die Mädchen stark zu beschäftigen, wobei das »Haus« als Rückzugs- und Schutzraum dient, in dem diese Beziehungen jenseits der Beziehungsgeflechte in der Gesamtgruppe diskutiert, reflektiert und verhandelt werden können. Ein eigenes Haus zu haben und es in Schuss zu halten, kann auch als Metapher für das Streben nach Unabhängigkeit und Selbstständigkeit gelesen werden.

Empirisches Beispiel II: Kletterbaum
Ganztag B, Malinterview

Im folgenden Beispiel schaffen sich zwei Mädchen ebenfalls einen Rückzugsraum für Gespräche, der in einer Zeichnung festgehalten wird.

Abbildung 30: Kinderzeichnung mit eingezeichneter Planimetrie

Durch den zweifach eingezeichneten Goldenen Schnitt[12] (Abbildung 30) kann der formale Aufbau des Bildes rekonstruiert werden. Die eingezeichneten Linien unterstreichen die zentrale Bedeutung des Baumes, der auch durch seine Größe sofort ins

12 Zur Bedeutung und Definition des Goldenen Schnittes vgl. Bohnsack 2011: 62

Auge fällt. Er nimmt fast die Hälfte des Bildes ein, teilt es in einen rechten und linken sowie einen oberen und unteren Teil. Er ist dabei das einzige Element, das Raum in allen vier Feldern einnimmt und sie verbindet.

Auf den ersten Blick wirken alle Felder ausgefüllt und bunt, sodass es überall Interessantes zu entdecken gibt. Jedes Feld wird zudem durch ein Wesen bzw. ein Wesenspaar bevölkert.

Durch die Goldenen Schnitte entstehen auf den zweiten Blick allerdings jeweils Sphären, die eine unterschiedliche Gewichtung erhalten. Die beiden oberen Sphären sind durch den Himmel verbunden: Auf der einen Seite ist eine Sonne mit Augen und Kussmund zu erkennen, die ihre breiten Strahlen aussendet; auf der anderen Seite schweben zwei sich in Form und Farbe deutlich unterscheidende Insekten. Die beiden unteren Sphären werden durch die Wiese verbunden; hier ergibt sich durch den Baum eine Spiegelung der beiden Personenpaare. Dabei zieht die linke Seite, auf der die Zeichnerin sich und ihre Freundin darstellt (Information aus dem malbegleitenden Gespräch), die Blicke auf sich: Mit den Gegenständen rechts und links des Paares sowie der Blume, die eine zusätzliche Spannung in dieses Feld bringt, scheint dieser Bereich ausgefüllter und interessanter als die rechte Seite: Es scheint so, als hätte das Paar hier etwas Gemeinsames zu tun bzw. als hätte es sich den Ort schön eingerichtet. Die zwei Figuren am rechten Bildrand erscheinen dagegen durch ihre Positionierung, die geringere Größe, den Mangel an zusätzlichen Dingen und die Erhöhung, auf der sie stehen und die sie in die Ferne rücken lässt, wie hinzukommende Besucher:innen.

Schließlich durchqueren die breiten Strahlen der Sonne drei der vier Felder, womit diese als allgegenwärtig und wirkmächtig wirkt. Indem die Sonne zu den beiden Insekten und den Figuren unten links durchdringt (nicht aber zum Figurenpaar im Feld rechts unten), wird deren Bedeutung unterstrichen.

Helen hat für ihre Zeichnung eine Szene im Außengelände der Schule gewählt. Durch die Elemente des Baumes mit breitem Stamm und ausladender grüner Baumkrone, die türkisgrüne Wiese, den blauen Himmel, die strahlende Sonne, die rot leuchtende Blume und die fliegenden Insekten wird das In-der-Natur- bzw. Draußen-Sein besonders betont. Die Naturelemente sind zudem in kräftigen Farben gemalt und das gesamte Setting lässt an einen Sommertag fernab von Häusern bzw. Institutionen wie der Schule denken (siehe auch Dimension 4.1 »Naturerfahrungen machen«).

Neben der Bedeutung des Naturraums dokumentiert sich in der Kinderzeichnung auch die Relevanz des Sozialen. So sind außer der Sonne alle Figuren als Paar und damit als soziale Wesen dargestellt, die jeweils eng miteinander verbunden bzw. einander zugewandt sind. Der Fokus liegt dabei auf dem Paar im linken unteren planimetrischen Feld, bei dem es sich um die Zeichnerin Helen (blondes Mädchen) und ihre Freundin Nora handelt. Dass die Arme in der Zeichnung ineinander übergehen und die Personen in ihrer Struktur ganz ähnlich gezeichnet sind, unterstreicht die besondere Verbindung der beiden. Zudem scheinen sie in der Beziehung gleichwertig zu sein, was die gleich große Darstellung sowie die doppelte Darstellung der Gegenstände verdeutlicht. Die unterschiedlichen Haare markieren beide jedoch eindeutig als Individuen. Das Paar im Feld rechts unten – die weiteren Freundinnen Lisa und Ida, wie im malbegleitenden Gespräch expliziert wird – wird ebenfalls als eng zusammengehörig dargestellt und dem Freundinnenpaar Helen und Nora lächelnd zugewandt. Damit wird jeweils die Bedeutung der Zweierbeziehung hervorgehoben (Prinzip der besten Freundin), die hier durch den Baum symbolisch vor Eindringlingen von außen geschützt wird, wohl aber offen ist für die Beziehung zu anderen Freundinnenpaaren. Helen legt in ihrer Zeichnung des Ganztags also ihren Fokus auf die Ebene der Freundschaftsbeziehungen, die es auszugestalten und zu sichern gilt (siehe auch Dimension 2.4 »Freund:innen haben, Freundschaft erleben und sich auf Freund:innen verlassen können«).

Schließlich lässt sich das Gespräch von Helen und Nora komparativ zu dem Bild heranziehen.

Y:	Helen, erzähl du mir doch noch was zu deinem Bild, oder zu eurem Bild, ihr habt ja jetzt zusammen gemalt, oder?
Helen:	naja ich hab den Baum gemalt, weil ich den echt toll find. das ist Nora, das bin ich. nee das is- ja das ist ist @(.)@
Y:	@(.)@ stimmt ich seh das, dieses, Nora hat dunkle Haare und du blonde, ne?
Helen:	ja aber das is= Ida, Ida hat auch dunkle und ich kann noch nicht die Beine so weit spreizen, weil Ida ist grad dabei Spagat zu machen, die kann nämlich richtigen Spagat
Y:	ah und da macht die grad Spagat auch?
Helen:	das ist Lisa::
Y:	das sind alle eu- deine Freunde?
Helen:	(2) ja und (.) das bin ich und das ist Nora. Noras Trinkflasche, Noras Brotbüchse, meine Brotbüchse, Noras äh meine Trinkflasche
Y:	ah und ihr frühstückt da neben dem Baum?
Helen:	ja
Y:	hmhm
Helen:	und wir ham die hier unten hingestellt und dann geht einer auf den Baum und denn, der andere nimmt dem, gibt dem immer die Sachen hoch und der andere nimmt=s dann ab
Y:	ach und dann habt ihr, im Baum frühstückt ihr dann?
Helen:	ja
Y:	hmhm
Helen:	das mach ich nämlich auch sehr gerne.
Y:	wow
Helen:	da schmeckt das Essen nämlich auch viel besser.

In der initialen Proposition von Helen bestätigt sich die besondere Relevanz des Baumes und der Freundschaftskonstellationen. Während es in Bezug auf Ida um das Vergleichen von Kompetenzen geht, darum, etwas besser oder noch nicht so gut zu können (hier: Spagat), geht es in der Beziehung zwischen Helen und Nora um das gemeinsame genussvolle Erleben.

Für Helen ist das Frühstück mit ihrer Freundin auf dem Baum ein besonderes und entspannendes Ereignis. Sie hat die Frühstücksutensilien der Freundinnen gemalt und in ihrer Elaboration wird deutlich, dass die Freundinnen sich gegenseitig helfen, auf den Baum zu klettern – hier geht es nicht darum, wer von beiden besser klettern kann. Zudem wird deutlich, dass sich durch das Besteigen des Baumes eine zweite Ebene eröffnet, die für die Freundschaftspraxis der beiden eine besondere Bedeutung hat: Der Baum bietet ihnen einen exklusiven Rückzugsraum und symbolisiert damit auch den Stellenwert ihrer besonderen Freundschaft (siehe auch Dimension 2.4 »Freund:innen haben, Freundschaft erleben und sich auf Freund:innen verlassen können«).

Wenn Helen und Nora schließlich den guten Geschmack betonen, den das Frühstück im Baum ausmacht, dokumentiert sich darin die Wertschätzung gemeinsam geteilter, sinnlicher und genussvoller Momente, in denen es nicht um das bewertende Vergleichen von Kompetenzen geht. Jenseits der Rollen, Regeln und Prinzipien innerhalb eines unterrichtlichen Settings und ohne Anwesenheit der Erwachsenen genießen die beiden Mädchen die konjunktive Freundschaftserfahrung.

Empirisches Beispiel III: Übergriffe
Ganztag E, Gruppendiskussion

Ein geschlechtstypisierendes Muster wird auch deutlich, wenn sich drei weitere Mädchen aus dem Waldhort von den Jungen abgrenzen, die nur »Schmarren« machen.

Lara:	einmal wa- ähm da ham der Robert und der Max uns beobachtet und da hab ich gesagt, ich sehr euch und da ham=se uns angegriffen und das fand ich richtig (°scheiße°)
Y:	okay, und wie ham=se dich da angegriffen.
Lara:	ja ich war gehaut und so und ich hab zurückgehaut
Karina:	ja und das ist sehr nervig.
Y:	ja, das glaub ich
Helen:	ja die sind sehr nervig, diese zwei Jungs
Karina:	und wenn wir mit den manchmal Hunde spieln, wollen die immer Dackel eins und der Dackel zwei heißen.
Helen:	das ist so=n dummer Name.
Karina:	ja.
Y:	Dackel eins und Dackel zwei?
Helen:	Gadackel.
Y:	Adackel? okay. komisch. also das nervt, die die Jungs sozusagen, wenn die euch angreifen
Helen:	mhm

Lara: und wenn wir grad spielen, iss=es halt
Helen: platzen die halt einfach rein und wollen mitspielen.
Lara: ja und wir eigentlich nich, kanns=te dich noch daran erinnern
Helen: aber eigentlich sind die total nervig und machen eigentlich nur Schmarren
Lara: kanns=te dich noch erinnern wo die Elisabeth da war, und du warst meine kleine Schwester?
Helen: ja und das war die Mama.
Lara: ja und und dann ähm sind ham die uns so beobachtet und dann hat die Elisabeth gesagt, ich seh euch, und dann ha- ham wir beide gesagt, wir sehn euch, und dann sind sie auf uns losgegangen. ge?
Helen: ja.

Diese Sequenz, in der die Mädchen die Übergriffe und den »Schmarren« von zwei Jungen in den negativen Gegenhorizont stellen, steht exemplarisch für viele Situationen, in denen sich vor allem Mädchen über das Verhalten von Jungen ärgern und beschweren. So wird hier deutlich, dass sie es als anstrengend und »nervig« wahrnehmen, ein körperlich wildes Spiel aufgedrängt zu bekommen, wenn sie eigentlich gerade in Ruhe miteinander spielen wollen. Die Aktionen der Jungen werden als übergriffig und kindisch markiert – im positiven Horizont steht demgegenüber das »vernünftige« und »erwachsene« Verhalten der Mädchen. Wenn diese sich abfällig über die Selbstbezeichnungen und Spielimpulse der Jungen äußern, bringen sie damit auf einer impliziten Ebene zum Ausdruck, dass auf der Ebene des habituellen Spielens eine Rahmeninkongruenz vorliegt, die mit dem Wunsch verbunden ist, dass die eigene Spielsphäre unverletzt bleibt und nicht permanent verteidigt werden muss. Zugleich übt das Spielen mit den Jungen offenbar auch einen Reiz aus, der immer wieder gesucht wird: Die Mädchen suchen die Nähe der Jungen, um sich dann von ihnen zu distanzieren.

2.3 Sich einen Ort aneignen und Fantasiespiele spielen

Kinder im Ganztag wollen sich in der Peergroup in lang anhaltende Fantasie- und Rollenspiele vertiefen, in denen sie in verschiedene, auch unkonventionelle, Rollen schlüpfen können. Im Spiel groß oder klein, stark oder schwach, mächtig oder hilflos, aggressiv oder friedlich, gut oder böse zu sein, ermöglicht Kindern, sich in unterschiedlichen sozialen Situationen und Konstellationen zu erfahren, sich mit Macht und Ohnmacht sowie mit moralischen Fragen zu beschäftigen und ein eigenes Selbstkonzept zu entwickeln. Als Pendant zur Festlegung auf die Rolle des Schulkindes schätzen Kinder sehr die Möglichkeit, im Spielen jede:r sein und alles tun zu können. Dazu eignen sich Orte, derer sie sich bemächtigen und die sie mit ihren Bedeutungen versehen können.

Empirisches Beispiel I: Die Kerze
Ganztag A, Malinterview

Abbildung 31: Die Kerze (Foto)

Frank hat seinen Lieblingsort, die »Kerze«, während eines Spazierganges zu seinen Lieblingsorten fotografiert (Abb. 31) und zeichnet ihn dann anschließend während eines Malinterviews. Er wählt für seine Zeichnung (Abb. 32, siehe Seite 92) eine Parallelperspektive (keine Fluchtpunkte). Der Mittelpunkt ist allerdings bei der Zeichnung nicht so eindeutig auszumachen wie beim Foto: Im unteren Bilddrittel, ausgefüllt durch verschiedene Elemente, stehen drei menschenähnliche Figuren im Zentrum, die sich in Räumen zu befinden scheinen, die sie nach außen abgrenzen (einmal zwei, einmal eine Figur). Zur szenischen Choreografie gehört noch eine vierte menschenähnliche Figur, die oberhalb der anderen drei auf einem hochgestellten Rechteck (das einen Stamm symbolisieren könnte) steht und in der Hand ein Schild zu halten scheint, das oval ist und fast so groß wie sie selbst. Oberhalb dieses »Stammes« mit der darauf stehenden Figur steht am oberen Bildrand »Kerze« (also der Name des fotografierten Lieblingsortes, den die Kinder schon beim Fotospaziergang gezeigt haben).

Den rechten Bildrand ganz ausfüllend sind ineinander verschlungene Wege oder Zweige gezeichnet – ein eher organisch und chaotisch wirkendes Geflecht ohne eindeutige Struktur. Am linken Bildrand ist wiederum ein Raum im Raum zu erkennen (ähnlich den zwei »Höhlen«, in denen sich die drei Kinder befinden) und gleich daran anschließend ein Gitter, das etwa ebenso hoch und breit ist wie der »Stamm«, auf dem die Figur mit Schild steht. Oben auf diesem Gitter (das auch ein Gitterzaun sein könnte) sind zwei weitere ovale Gebilde mit derselben Form wie das Schild. Diese drei ovalen Formen, fast so groß wie die Figur, flankieren sie sozusagen von rechts und links und bilden wiederum eine Art Zwischenraum, in dem die Figur steht.

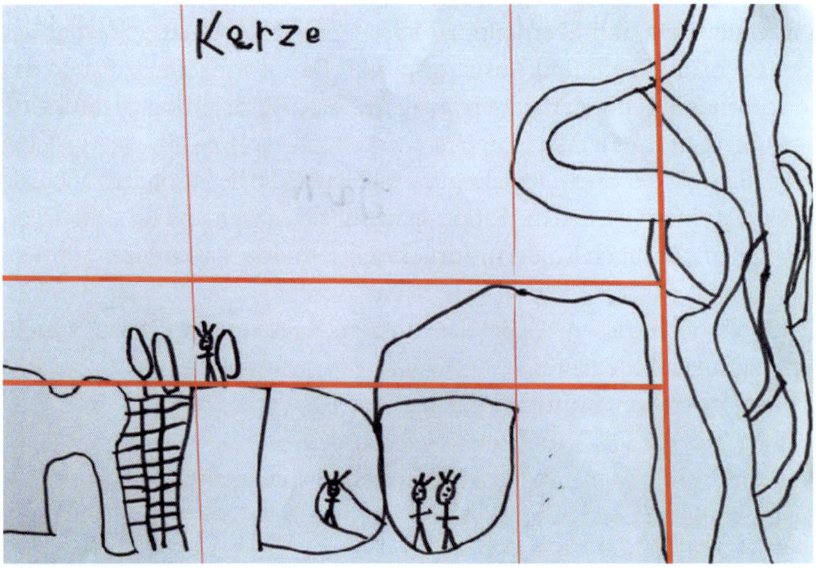

Abbildung 32: Die Kerze (Kinderzeichnung)

In der Kinderzeichnung dokumentiert sich, dass Räume im Raum geschaffen bzw. gemalt werden, in denen sich die Figuren aufhalten, in denen sie eingeschlossen bzw. geschützt sind, die sie nach außen abschirmen – und damit der unmittelbaren Sichtbarkeit entziehen. Es wird deutlich, dass Frank hier die in der Realität nicht sichtbaren Räume im Gebüsch klar konturiert und als Räume markiert, in denen sie sich als Kinder aufhalten. Er bevölkert sozusagen das Foto auf seiner Zeichnung nun mit den vier Figuren (die er im Malinterview als sich und seine drei Freunde benennt) und macht damit deutlich, dass es sich bei der »Kerze« um einen sozialen Ort handelt, der seine Bedeutung erst über die Aktivitäten bzw. die Praxis der Kinder an diesem Ort erhält. Dass die eine Figur auf dem »Stamm« und damit oberhalb des Zaunes respektive Gitters gemalt wird, markiert eine Durchlässigkeit dieser Grenzziehung. Die Figur vermag sich quasi über den Zaun zu erheben und dann über dem Gelände, auf das sie schaut, zu thronen – sie ist nicht in dem Raum vor dem Zaun gefangen, darauf begrenzt, sondern kann sich in den freien Raum bewegen.

?: da is ne Kerze;
?: └ (aber für) mich das Hauptquartier?
Y: okay,
?: äh::
?: └ Und von mir; ( )
?: ja.
Y: aha,
Marc: und von Felix.
?: ja. Aber ( )
Tim: └ und er ist auch ein großes Geheimnis. (.)

Im Fokus dieser Passage steht nicht unbedingt, etwas Bestimmtes an diesem Ort zu tun, sondern in erster Linie ihn überhaupt zu *haben*. Als »Hauptquartier« ist er der zentrale Ort der Peers, ihr Treff- und Ausgangspunkt. Damit wird implizit auch das Schul- und Hortgebäude als ein Ort markiert, an dem sie sich zwar aufhalten (müssen), der aber nicht unbedingt ihr Ort ist.

Zudem bezeichnen sie die »Kerze« nicht nur als »Hauptquartier«, sondern auch als »Geheimnis«, also als einen Ort, den die Kinder ganz für sich haben und wo sie sich von anderen (Erwachsenen, aber auch Kindern) zurückziehen und auch abgrenzen können.

Y:	ich wollt noch wissen, wie ist das mit dem Hauptquartier; wozu braucht man ein Hauptquartier;
Frank:	hm: (.) da treffen wir un:s; (.) also ( )
?:	└ ( )
Frank:	ein Treffpunkt; dann sagen wir, wir gehen zur Ke:rze:;
Y:	okay;
Marc:	kann ich da weiterdrücken?
Y	ma- ma- mach weiter; ja,
Tim:	ich (würd) au:ch;
Frank:	└ Hauptquartier da spielen wir imme:r; (.) machen Plä::ne;
Y:	mhm;
?:	ja (bei unserem)
Max:	└ wir stellen immer was Doofes an also
Y:	(was denn);
Max:	Mädchen (fangen)
Y:	Blätter, (.) wer hat das fotografiert?
Frank:	Mädchen fangen, (.) in die @Toiletten einsperren@

In dieser Sequenz wird deutlich, dass sie *ihren* Ort nutzen, um etwas zu tun, das dafür steht, selbst zu bestimmen, was man tun will, gegen Ordnungen und Regeln der Schule und der Erwachsenen zu verstoßen sowie sich einem existenziellen Thema heranwachsender Jugendlicher zuzuwenden, nämlich dem anderen Geschlecht (Fangen und Einsperren der Mädchen an einem intimen Ort) und damit auch dem Thema Sexualität (siehe auch Dimension 3.1 »(Noch) Verbotenes tun und Grenzen austesten«).

Die Kerze wird als der zentrale Ort der vier Freunde präsentiert, an dem sie sich treffen, wenn sie Freizeit haben, und der sowohl ihren Rückzugsort als auch den Ausgangspunkt für alle möglichen Aktivitäten darstellt. Für die Kinder ist es wichtig, über einen besonderen, persönlichen Ort zu verfügen, den sie mit Erlebnissen in der Peergroup verbinden und den sie, nicht zuletzt über die Namensgebung, zu *ihrem* Ort innerhalb der institutionell gerahmten Umgebung Ganztag machen. Sie nutzen ihn, um sich – in einem gänzlich anderen Modus als dem des unterrichtlichen Lernens – mit existenziellen Themen und den sozialen Beziehungen zu den Peers zu beschäftigen.

Empirisches Beispiel II: Pferde und Hunde spielen; Ausspionieren
Ganztag E, Gruppendiskussion / Waldspaziergang

Im folgenden Beispiel berichten drei Mädchen von ihren Lieblingsorten im Wald, die etwas abgelegen vom zentralen Treffpunkt liegen. Auf die Frage, was sie dort schon gespielt haben, entspinnt sich ein Gespräch.

Abbildungen 33 und 34: Mädchengruppe

Y: ja, erinnert ihr euch noch mal, was ihr hier so gespielt habt?
Karina: Pferde?
Helen: └ Pferd. Pferd
Y: Pferde, ja?
Karina: und Hunde.
Y: w- wie spielt man das?
Helen: also wir spielen einfach unserer Fantasie freien Lauf? manchmal sind hier auch andere Kinder; und wenn uns langweilig ist, dann ham wir Lust sie ausspioniern zu gehen.
Karina: ja, das macht richtig Spaß.
Y: ja? darf ich noch mal fragen, was ihr da so erlebt habt als immer Pferde oder als Hunde.
Helen: ähm
Lara: ähm wir tun tun manchmal dann so rumrennen, wenn einer da- das Pferd ist?
Helen: und wir spieln manchmal, dass das es so=n bösen Besitzer gab gibt,
Y: okay
Helen: und dann ähm der will ähm quält diese Tiere und dann kommt so=ne liebe Besitzerin und dann rettet die dieses Pferd.

Als homologes Muster zeigt sich hier, dass die Kinder einen Ort haben, der abseits von den anderen die freie Entfaltung eines soziodramatischen Fantasiespiels erlaubt. Die Mädchen nutzen die Tiere als Projektionsfläche für die Verhandlung sozialer Rollen und führen diese performativ auf. So wird in der dichten Beschreibung, in die eine Narration eingelagert ist, deutlich, dass die Mädchen sich mit dem Verhältnis von Tier und Mensch, von Macht und Machtmissbrauch, von Gut und Böse sowie mit Moral beschäftigen. Es fasziniert sie, in unterschiedliche Rollen zu schlüpfen: in das Pferd, den »bösen Besitzer« sowie die »liebe Besitzerin«. Sie finden dann gemeinsam zu einer Konklusion, in der das Gute über das Böse siegt. Sich mit diesen Themen frei, ausgiebig und nach Herzenslust beschäftigen zu können, scheint eine besondere Qualität des Spielens zu sein – sie selbst finden dafür die Formulierung »unserer Fantasie freien Lauf« lassen. Diese explizite Differenzierung zwischen Imagination und Realität unterstreicht die Relevanz, die es aus der Perspektive der Mädchen hat, sich auch als Schulkinder (noch) in imaginierte Spielwelten vertiefen zu können.

Mit dem »Ausspionieren«, das in einem Einschub thematisiert wird, wird zudem der Reiz einer weiteren Form des Fantasiespiels deutlich: selbst auf einer heimlichen Ebene zu agieren, sich und die eigenen Absichten zu verbergen und somit die Rolle der Spioninnen einzunehmen. Die Mädchen spionieren »echte« andere Kinder aus, die allerdings nichts von diesem Spiel wissen – der Reiz entsteht also in der Fantasie der spionierenden Mädchen, die sich damit zugleich in für das Überleben in der »Wildnis« existenziellen Fähigkeiten wie Anschleichen, Erkunden und Sich-Verbergen üben.

Empirisches Beispiel III: Legowelten, Polizei und Geld basteln
Ganztag C, Gruppendiskussion

Auch im folgenden Beispiel steht die Konstruktion eigener Räume im Zentrum – hier in Form des Entwerfens von verschiedenen Welten mit Legobausteinen.

Abbildung 35: Legowelt

Adrian: ähm ja also ich hab mit mein Freunden auch früher als ich noch erste Klasse war immer so Polizeiwachen gebaut, aus Lego da warn immer mit Anleitung; aber wir ham=s einfach so gebaut; weil wir wissen wie man so was baut. ähm und dann ham wir irgendwann mal auch so=ne Mine gebaut, ham wir Minen immer gebaut,

André: ja aber es warn keine richtige Minen irgendwie

Adrian: └ und Ruinen auch so └ ja ((zugebend)).

André: das warn eher so Glas so Glaskästen

Adrian: └ man konnte auch nich so=ne richtigen Minen bauen

André: └ und wo ihr dann halt dann diese richtigen Sachen reingeschüttet habt und dann so=n Deckel drauf gemacht (.) und nichts weiter

Adrian: und dann ham=wer ir- irgendwann so (ne Villa) gebaut so mit drei Stöcken, wo überall (.) äh Kristalle drin warn, und ne Bar am Pool gaham wir ganz oft gebaut, mit Strand, oder (.) ähm zum Beispiel ne Diebhöhle im Dschungel oder Dschungelpolizei.

Die unterschiedlichen Fantasiewelten werden hier durch die Legobauwerke materialisiert und sprechen ganz unterschiedliche Themen an, wobei die Polizei eine besondere Rolle spielt. Wenn die Kinder »Polizeiwachen« bauen oder »Diebhöhlen im Dschungel oder Dschungelpolizei«, geht es auch hier – homolog zu dem Beispiel mit dem Pferdespielen – um die Beschäftigung mit moralischen Fragen, mit Gut und Böse, mit dem, was man darf und nicht darf.

In Andrés Einwurf zu den Minen wird die Imaginationsleistung von Adrian noch verstärkt, weil es sich nicht um »richtige Minen« handelt – also von der Firma Lego vorgestaltete Orte, wie etwa die Polizeiwache –, sondern um einfache »Glaskästen«, die in Adrians Fantasie dennoch Minen darstellen. In seiner Schilderung spiegelt sich dann weiter die ungebrochene Faszination davon, sich an fremde, exotische Orte zu versetzen und in eigene, imaginäre Spielwelten einzutauchen (»Ruinen«, »ne Villa [...] mit drei Stöcken, wo überall Kristalle drin waren«, »Bar am Pool«, »mit Strand«, »Dschungel«). André kommt dann über das Thema der Polizei noch auf weitere Spiele zu sprechen.

Adrian: ähm Kurt und ich ham hier auch schon öfters mal Pol- einmal Polizei gespielt; dann ham wir auch, ham wir auch so Strafzettel gebastelt und dann ham wir immer auch öfters immer welchen Strafzettel verteilt.

André: ja, ähm das weiß ich noch

Adrian: └ ham wir auch Ralf verfolgt und das war ganz lustig. Dann auch.

Tim: ah jetzt weiß ich

Y: also nicht mit Legos, sondern echte Strafzettel sozusagen. Hier

Adrian: ja, also also halt gemalt auf so Dinger und dann ham wir die immer abgerissen und eh? Du hast nen bisschen zu lang gemalt.

André: wir ham auch ganz oft noch so mitgespielt, Adrian und Kurt und so, wir also ich weiß nicht ob Adrian, Adrian war da manchmal dabei, wir ham so auf Papier Geldscheine gemacht und dann halt so die umgedreht, und dann gesagt, wer will losen, wer will losen und wer denn halt so=ne Riesenzahl kriegt, der hat eigentlich nichts gekriegt, aber das war halt so wir ham dann so Losen gespielt.

Adrian: °da ham wir aber ganz schnell die ( )°

Karina: ah mir fällt jetzt auch was ein. Hier ähm wir ham auch

Adrian: └ und wer dann die höchste Geldschein hat, der hat immer dann gewonnen

Karina: ähm die meisten Ki- also das ham wir früher als wir erste Klasse waren, ham wir da immer so Taxifahrten gemacht und dafür Geld gemacht und so und dann ist uns eingefallen, wir könn ja auch mal Essen machen,

Adrian: das war Saschas und meine Idee, da ham wir die ganze Zeit Essen gebastelt

Karina: └ und dann ham wir so aus Papier (.) ja und dann ham wir so Papieressen gebastelt und die anderen mussten schnell Geldscheine machen; und dann ham wir uns Essen gekauft und Hefte gebastelt und=n Portemonnaie und so (.) das war ziemlich witzig

Adrian: ähm nee ähm (.) weil Sascha und ich wollten auch ganz oft ähm Kettcar fahren, deswegen ham wir Essen das Essen gemacht und dann verkauft und dafür halt ganz viel Geld also Papiergeld bekommen @(.)@

Karina: Papiergeld, Papiergeld

Y: @(.)@ okay. und damit habt ihr das Kettcar dann gekauft dann oder hattet ihr das schon oder,

André: naja das ham wir dann halt (.) ähm einer war halt der Rundenfahrer, der ist immer rumgefahren immer eine Runde oder zwei oder drei, und dann ha- umso mehr Geld man gibt umso mehr und deswegen hatten wir dann halt ganz viel Geld und naja @(.)@

Y: @(.)@

André: und so Getränke auch und so das war eigentlich ganz lustig.

Über die vielseitige Nutzung und Gestaltung von Papier schildern die drei Kinder hier engagiert und ausgelassen die unterschiedlichen Tätigkeiten, die sich damit in der Kindergemeinschaft erproben lassen. So wird das Phänomen, dass sich aus einem Zettel und einem Stift ein Dokument herstellen lässt, dem die Kinder qua Zuschreibung eine bestimmte Bedeutung einschreiben können, zunächst von André mit dem Beispiel des Strafzettels illustriert. Adrian elaboriert dieses Prinzip dann mit dem Beispiel von (Gewinn-)Losen, bevor Karina gemeinsam mit Adrian und André die offenbar faszinierenden Wirkungsweisen von Geldscheinen beschreibt, die ebenfalls allein durch Zuschreibungsprozesse der damit handelnden Menschen ihren Wert erhalten. In allen drei Beispielen üben sich die Kinder in Erwachsenenpraktiken, wie Strafzettel verteilen, Lose verkaufen oder Geld einsetzen bzw. Verkaufen und Kaufen. Damit verbunden ist auch die Auseinandersetzung mit

Regeln: Für welches Verhalten gibt es Strafen? Wie werden diese durchgesetzt? Welchen Gegenwert hat ein Stück Papier mit einer Zahl darauf und wer bestimmt darüber?

Besonders in der letzten Passage zum Papiergeld wird deutlich, dass die Kinder sich damit auseinandersetzen, wie man Geld verdienen (Taxi fahren, Essen verkaufen, Runden mit dem Kettcar fahren) und damit über ein wichtiges Machtinstrument der Erwachsenenwelt verfügen kann. Dazu versetzen sie sich probehalber in berufliche Rollen wie Polizist:in, Beamt:in im Ordnungsamt, Losbudenbetreiber:in, Banker:in, Taxifahrer:in, Rennfahrer:in oder Verkäufer:in. Interessant ist auch, dass die Fantasien in reale Praktiken münden, wenn Gebasteltes verkauft wird und das knappe Gut des Rundenfahrens mit dem Kettcar mit Papiergeld gekauft werden kann: So wird dem Papier nicht nur ein imaginierter, sondern ein echter Wert für die Spielwelt der Kinder zugemessen, wenn sie übereinkommen, dass mehr Geld mit mehr Gegenleistung verbunden ist. Insgesamt üben sich die Kinder also in ein geldbasiertes Wirtschaftssystem ein, in dem Möglichkeiten gefunden werden müssen, Wert zu schaffen, Geld zu verdienen, zu handeln und zu konsumieren.

2.4 Freund:innen haben, Freundschaft erleben und sich auf Freund:innen verlassen können

Kinder im Ganztag wünschen sich Zeiten und exklusive Orte für die Ausgestaltung und Sicherung ihrer Freundschaften. Sie wollen Geheimnisse mit ihren Freund:innen teilen, zusammen Abenteuer erleben, ihren Freund:innen helfen und auf deren Hilfe vertrauen können. Sie wollen nicht allein sein oder ausgeschlossen werden. Ihre Freundschaften müssen auch Streitphasen oder Konkurrenzfreundschaften überstehen und damit ihre Belastbarkeit unter Beweis stellen. Als Pendant zum potenziellen Leistungs- und Konkurrenzdruck unter Kindern in derselben Klasse oder Stufe schätzen die Kinder zudem freundschaftliche Beziehungen über Jahrgangsstufen hinweg.

Empirisches Beispiel I: Nette Kinder
Ganztag D, Fotospaziergang

Eines der Hauptthemen der Kinder sind die eigenen Freund:innen. Sie verewigen sie in den Zeichnungen zum Ganztag, erzählen von intensiven Erlebnissen mit ihnen und fotografieren sie auch immer wieder, wenn es um Lieblingsorte geht. So auch im folgenden Beispiel, in dem Martin andere Kinder auf dem Klettergerüst fotografiert hat, die er gern mag. Dies ist der Auslöser für ein Gespräch über »nette Kinder« und »Freunde«.

Y: was machen denn die netten Kinder?
Daniel: also die sind immer, die spieln immer mit uns, die komm auch immer

uns und fragen we- wenn wir Probleme ham? und so; und des is find ich eigentlich ziemlich gut.
Martin: ( ) Daniel
Daniel: └ weil es sind ziemlich wenige, zum Beispiel der Kalle, der Sebastian (.) äh (.) @Martin@
Martin: @(.)@
Y: @(.)@ ja
Daniel: und ja äh schon ja eigentlich sehr viele
Y: kannst du denn, erinnerst du dich mal oder erinnert ihr euch mal an an=ne ganz schöne Situation, mit quasi euern Freunden? Also was was ganz toll war?
Daniel: im Hort oder in der Schule?
Y: im Hort?
Daniel: ach so ähm (2)
Martin: ich hab mich mal verletzt und da sind meine Freunde gekomm und ham mir geholfen. da war Daniel da war der dabei.
Daniel: └ bei mir war=s bei den Hausaufgaben einmal so, und wir hatten so richtig viel auf, und das war in der ersten Klasse? Das war noch dahinten so beim Waldsee.
Martin: da war ich noch gar nich in der Schule
Daniel: da ham die mir immer geholfen, meine Sachen geholt und das fand ich ganz lieb.

Die Jungen finden andere Kinder nett, mit denen sie gut spielen können und die sich um sie sorgen. So wird hier auf die Bedeutung des gemeinsamen Spielens innerhalb einer Freundschaft verwiesen, aber auch darauf, an den anderen zu denken und auf Hilfe vertrauen zu können, wenn man Probleme hat.

Indem Daniel seine erste Einschätzung revidiert, ziemlich wenige nette Kinder im Ganztag zu kennen, dokumentiert sich, dass es auf die Quantität offenbar nicht so sehr ankommt. Auf die drei aufgezählten Kinder als gute Freunde wirklich zählen zu können, ist dann doch offensichtlich viel wert bzw. sind es »eigentlich sehr viele«.

Auf konkrete Erlebnisse mit ihren Freunden angesprochen, erinnern die beiden sich an Erlebnisse in schwierigen Situationen, in denen sie von ihren Freunden gestärkt wurden. Martin geht dabei weder auf die erlittene Verletzung noch die genauen Hilfeleistungen seiner Freunde ein – wichtig erscheint vielmehr, dass diese, genannt wird explizit Daniel, überhaupt gekommen sind. Nicht allein mit den Problemen und Verletzungen des Alltags fertigwerden zu müssen, sondern auf freundschaftliche Hilfe zählen zu können, steht also im positiven Horizont. Auch bei Daniel zeigt sich dieses Muster deutlich: Er bringt seinen Freunden gegenüber Dankbarkeit zum Ausdruck, die offenbar nicht nur wahrgenommen haben, dass er vor einem Berg Hausaufgaben steht, sondern ihm bei deren Erledigung tatkräftig geholfen haben. Die aufmerksame, selbstlose Hilfe ohne Gegenleistung stellt also eine Verbundenheit zwischen den Kindern her, die in Zuneigung mündet (»lieb«).

Empirisches Beispiel II: Schreibschrift lernen und Malen
Ganztag A, Freundschaftsinterview

Eine Form der Unterstützung zwischen Kindern zeigt sich ebenso im nächsten Gespräch, das mit einer Zweit- und einer Viertklässlerin geführt wurde.

Emma: und (.) und ich bringe gerade der Gaia auch Schreibschrift bei?
Gaia: └ bei?
Y: okay,
Gaia: also zuerst mein Namen und (.) wir hatten schon ein ganzes Blatt mit also Schreibschrift. (.) ABC
Emma: └ den verschiedenen Buchstaben
Y: ah okay? erzählt mal, wie macht ihr dis?
Gaia: am Anfang hat sie das mit Punkten und ich sollte nachspuren? dann hab ich=n weißes Blatt gekriegt und dann sollte ich also ich musste nicht bis zum nächsten Tag meinen Namen schreiben.
Y: ah okay (.)
Gaia: also ohne Nachspuren
Emma: mh
Y: und
Gaia: und jetzt kann ich schon fast mein Namen
Y: aha? Und wo habt ihr das gemacht?
Emma: in der OGS
Gaia: ja
Y: okay.
Gaia: aber ich hab das Blatt zu Hause @vergessen@

Die Kinder finden im Lernen respektive Lehren der Schreibschrift hier offenbar eine Aktivität, die für beide im positiven Horizont steht. Beide profitieren davon, dass sich Kinder unterschiedlichen Alters im Ganztag treffen können, da Emma sich in die Rolle der Lehrerin begeben und ihrer Schülerin Gaia etwas zeigen bzw. beibringen kann. Das Schreibenlernen wird als Unterricht reinszeniert, den die Kinder allerdings selbstbestimmt, im eigenen Tempo und unter sich aufführen. Es gibt zwar auch »Hausaufgaben«, aber es scheint nicht so schlimm, wenn man das Blatt »zu Hause vergessen« hat, was an der lachend vorgetragenen Bemerkung von Gaia deutlich wird.

Eine weitere verbindende Tätigkeit ist das Malen, wie sich in der nächsten Sequenz zeigt.

Abbildung 36: Kinderzeichnung

Y: und wenn ihr jetzt zusammen seid, was macht ihr dann am liebsten?
Gaia: also ich und Emma also ich will oft Schreibschrift lernen. Aber manchmal male ich auch.
Emma: und ich auch. (.) Und ich finde es auch schön, dass mir Gaia öfters ääm so Bilder schenkt, die sie gemalt hat.
Y: okay. Weißte noch ein, kanns=te dich noch an ein Bild erinnern, was=se dir mal geschenkt hat?
Gaia: ja, ich wollte dir diesen schönen Tannenbaum schenken, aber du hast gesagt, weil der so schön war.
Y: @(.)@
Gaia: @(.)@
Emma: ja sie wollte mir so ein Tannenbaum schenken
Gaia: gemalt
Emma: den sie gemalt hatte. Und ich hatte gesagt, behalte es lieber f- für irgendein Weihnachtsgeschenk oder so.

Indem sie vom Schenken der Bilder erzählen, drücken hier beide Mädchen ihre Zuneigung aus: Gaia, indem sie die Bilder schenkt, und Emma, indem sie ihre Freude darüber zum Ausdruck bringt. Gesteigert wird diese Geste noch, wenn Emma ein Geschenk von Gaia ablehnt, indem sie es als zu wertvoll rahmt und es in den Status eines Weihnachtsgeschenkes erhebt, das nicht einfach so weggegeben werden sollte.

Homolog zu den Sequenzen zuvor tun sich die Mädchen hier also etwas Gutes, schenken der anderen etwas ohne Gegenleistung und drücken ihre wechselseitige Wertschätzung und Zuneigung aus. Nichts leisten zu müssen, sondern anderen helfen zu können bzw. bedingungslose Hilfe empfangen zu können und sich gegenseitig sprachlich und mit Geschenken bzw. Gaben der Sympathie zu versichern, erzeugt und sichert Freundschaft.

Empirisches Beispiel III: Streit. Freunde. Streit
Ganztag G, Freundschaftsinterview

Dass die Freundschaften der Kinder nicht nur harmonisch verlaufen, zeigt sich im nächsten Beispiel.

Y: okay dann erzählt mal. also ihr habt ja gesagt, dass ihr gute Freunde seid, ne? könnt ihr mir mal erzählen, was ihr hier zusammen im Hort schon erlebt hat (.) habt?
Lena: Streit.
Y: ja? erzählt mal?
Kim: aso, wir w- wir sind ganz oft im Hort gewesen und ham halt sehr viel gespielt und so.
Lena: aber streiten auch ganz oft mit unsern (.) Freunden.
Kim: └ ja
Y: okay. (.) aber erzählt mal, über was habt ihr euch schon mal gestritten (.) oder könnt ihr schon mal=n Streit erzählen (.) den ihr erlebt habt?
Lena: └ ähm (.) gestritten ham wir uns (.) einfach nur wegen so=ner kleinen Popelsache, also.
Y: okay, erzähl mal.
Lena: na zum Beispiel es ging mal um (2) wie soll ich das sagen. also erst waren wir halt gute Freunde, und dann hatten wir halt Streit mit Sara, und dann (.) ja sucht Sara sich halt ihr Opfer,
Y: okay
Lena: @ja@ ähm dann will sie immer Kim oder mich haben, und dann stehn wir beide immer so doof da und dann
Kim: hat halt keiner Freunde mehr. also dann sind zum Beispiel
Lena: └ ja └ doch aber dann hat der eine Freunde oder der andere nich
Kim: ja dann (.) Lena (.) Lena hat immer am meisten Freunde und dann bin ich immer (.) am meisten alleine.

Schon mit der initialen Proposition wird Freundschaft in diesem Paarinterview mit dem »Streiten« verknüpft. Zu streiten scheint ebenso wie das gemeinsame Spielen die geteilte Praxis ihrer Freundschaft auszumachen. Indem Lena in der Schilderung des konkreten

Streits von einer »kleinen Popelsache« spricht, stellt sie den Grund für den Streit als zwar lästig dar, aber am Ende doch harmlos und klein. So wird deutlich, dass es ihnen offenbar vielmehr um die Praktiken des Streitens an sich geht als um den nichtigen Anlass. In der Elaboration scheint »Sara«, welche sich »ihr Opfer« sucht, als von außen kommende Bedrohung für die Freundschaft, als eine Art Probe, die die Freundschaft bestehen muss. Die Freundschaftsbekundung des Mädchens wird als Machtinstrument gerahmt, da sie – indem sie nur gegenüber einer der beiden Freundinnen geäußert wird – die potenzielle Exklusion der anderen zur Folge hätte. Damit rückt wiederum das Alleinsein bzw. keine Freunde zu haben in den negativen Gegenhorizont, während das Freunde-Sein und sich auf Freund:innen verlassen zu können im positiven Horizont steht. Implizit dokumentiert sich damit auch, dass die Freundschaft sich erst beweisen kann, wenn sie in Gefahr ist.

Y: und wie macht die das mit diesem Opfer? Oder wie wie ist das oder (.) das hab ich noch nicht so richtig verstanden.
Lena: was wie Opfer.
Y: also ihr habt doch gesagt, die macht das immer die sucht sich ein Opfer oder die macht ein Opfer?
Lena: ja sie sucht sich halt dann Kim oder irgendwie so was.
[...]
Lena: ja oder dann nimmt sie halt mich oder Kim und das finden wir einfach nich toll
Kim: und ähm
Lena: └ und wenn Kim mal weg ist, dann (.) dann tut sie immer so, or ich hasse Kim und dann nimmt sie immer mich. aber sie benutzt uns immer nur aus.
Kim: und wenn wir halt wieder Freunde werden,
Lena: dann fängt der Streit wieder an.
Kim: also dann sind wir erst mal ein bisschen länger Freunde, manchmal hält das auch, -n bisschen lange, also (.) ja,
Lena: zwei Stunden?
Kim: ja @(.)@ und dann gibts halt manchmal wieder Streit. geht immer so weiter: Freunde Streit Freunde Streit.

In der näheren Erläuterung grenzen sich die beiden Mädchen homolog zur ersten Sequenz vom Verhalten von Sara ab. Sich in eine Freundschaft hineinzudrängen, sie strategisch zu benutzen und instrumentell einzusetzen, zu manipulieren und unehrlich zu sein, wird als problematisch gerahmt. Die Praxis der Freundschaft der beiden Mädchen wird dagegen als eine geteilte Praxis des Freunde-Seins, Streitens und Wieder-Versöhnens dargestellt, die in diesem Sinne verlässlich ist. Interessant dabei erscheint, dass beide Mädchen jeweils einen unterschiedlichen Freundschaftsmodus stark machen. Während Kim das gemeinsame Spielen und das Befreundetsein in den Vordergrund rückt, scheinen für Lena vor allem das Streiten und die damit verbundene Aushandlung der sozialen Position wichtig zu sein. Dies spiegelt sich auch in der Diskursorganisation: Wo Kim an Harmonie und Übereinstimmung orientiert ist, sich selbst zurücknimmt und auf die Argumentationslinie von Lena einschwenkt, unterbricht diese sie immer wieder und setzt ihre Deutung des Gesagten durch.

Insgesamt scheint der Ganztag hier als Ort, an dem Freundschaft erlebt und ähnlich wie bei den ersten Schritten, die mit Hinfallen und Wieder-Aufstehen verbunden sind, gelernt, eingeübt und immer wieder praktiziert werden kann. Die Mädchen wünschen sich verlässliche Freundschaften, die auch dann standhalten, wenn sie von außen bedroht werden. Das Streiten und Vertragen innerhalb einer Freundschaft wird hingegen als Praxis beschrieben, die nicht per se freundschaftsgefährdend ist.

Empirisches Beispiel IV: Freundschaftswünsche
Ganztag E, Briefbox

Der Wunsch nach verlässlichen Freundschaften ist immer wieder auch Thema der Briefe in den Briefboxen.

Abbildung 37–39: Briefe

In den drei Karten dokumentiert sich der vielfach geäußerte Wunsch der Kinder nach Zugehörigkeit, dessen Kehrseite es ist, nicht ausgeschlossen zu werden. Wenn sich die Kinder »viele« bzw. »gute« Freund:innen wünschen, zeigt sich zudem, dass es in ihrem positiven Horizont steht, stets in verlässliche Freundschaften eingebunden zu sein. Die Gefahr des Exkludiert-Werdens scheint allgegenwärtig zu sein.

3. Qualitätsbereich: Die produktive Bearbeitung von Themen und Aufgaben der mittleren und späten Kindheit

Außerunterrichtliche Settings des Ganztags müssen sich weder primär an den Fächern und Themen des Lehrplans noch an einer vergleichenden Leistungsbewertung orientieren. Daher können den Kindern wesentlich mehr Freiräume eröffnet werden, sich mit den eigenen Entwicklungsthemen und -aufgaben, mit aktuellen Ideen und Interessen zu beschäftigen. Die Kinder wünschen sich diesbezüglich, Chancen und Herausforderungen, die mit dem Älterwerden verbunden sind, antizipieren zu können und an der Grenze von Normorientierung und Normbruch zu arbeiten. Sie wollen sich einerseits einfach entspannen und andererseits anstrengende, schwierige und verantwortungsvolle Arbeiten erledigen.

Im negativen Gegenhorizont der Kinder steht, wenn auch im Ganztag keine Freiräume und Zeiten zur Verfügung stehen, um individuellen Interessen und Leidenschaften nachzugehen und sich in gemeinsamen Aktivitäten und Praktiken in die Peer-Gemeinschaft einzuleben.

3.1 (Noch) Verbotenes tun und Grenzen austesten

Kinder im Ganztag wünschen sich, Grenzen austesten zu können und sich mit zukünftigen Verhaltensweisen und Themen der späteren Kindheit bzw. zuweilen schon des Jugendalters zu beschäftigen. Sie vergewissern sich stetig, was sie schon alles können bzw. dürfen und was nicht. Dabei bewegen sie sich immer wieder auch im Spannungsfeld zwischen Normorientierung und Normbruch: Einerseits wollen sie die Verantwortung für ihr Tun übernehmen, stoßen dabei andererseits aber auch an eigene Grenzen. Themen des Jugendalters, wie zum Beispiel Sexualität, Drogen oder Alkohol, reizen sie sehr und werden in der Peergroup ausführlich bearbeitet; allerdings scheint es noch zu riskant, hier allein auf die Selbstverantwortung zu vertrauen. Jenseits des schulischen Lehrplans orientieren sich die Kinder an Erwachsenen, die ihnen einerseits viel zutrauen, andererseits aber auch Koordinaten zur Verfügung stellen, die sie bei der Einschätzung, was ethisch-moralisch angemessen und nicht zu riskant ist, unterstützen.

Empirisches Beispiel I: Messer, Kondome und Bierflaschen
Ganztag C, Gartenführung

Jonte:	jetzt kann ich dir was sagen, was eigentlich gar nicht erlaubt ist.
Y:	was denn?
Jonte:	äh, dass ich=n Taschenmesser schon gestern dabei hatte und damit deschnitzt habe.
Y:	oh? okay.
Jonte:	also, man kann hier Sachen machen, die nicht erlaubt sind.

In seiner Proposition berichtet Jonte, dass er im Ganztag etwas Unerlaubtes getan hat: Er hatte ein Taschenmesser dabei, mit dem er »geschnitzt« hat. In dem Vertrauen, dass er dem Interviewer schenkt, als er ihm einen Normbruch beichtet, dokumentiert sich zweierlei: Zum einen rechnet er offenbar damit, dass dieser den Fachkräften nicht von der verbotenen Aktivität erzählen wird bzw. dass er von Letzteren keine negativen Konsequenzen zu befürchten hat. Zum anderen schwingt in der Beichte auch der Stolz darüber mit, dass er sich den Normen des Ganztags und der Fachkräfte nicht vollständig beugt, sondern selbst entscheidet, was er tut. Wenn er formuliert, dass »man« im Ganztag Unerlaubtes tun »kann«, verallgemeinert er diese Möglichkeit, sich als Kind auch einmal nicht an die Regeln und Normen des Ganztags zu halten, und rahmt damit sowohl seinen eigenen Normbruch als auch die tolerante Umgangsweise des Ganztags mit diesem nicht als außergewöhnlich, sondern als üblich. Dass Normbrüche bis zu einem gewissen Grad toleriert werden, ist also verlässlich.

Y:	okay und (.)
Jonte:	aber man muss sich halt wirklich in Acht nehm. ich hab da vorne mal äh deschnippelt, an Gras? und dann kam die Köchin von uns, und ich musste das Taschenmesser wirklich ganz schnell (.) machen.
Armin:	ja und was auch blöd ist, mit dieser Sicherung, die muss man auf, und wenn man zu machen muss, aber meinem Taschenmesser muss ich hier nur kurz drehen und dann rein und so.
Jonte:	das ist ein Schnitzmesser, guck? das geht jetzt nicht auf, aber, warte jetzt muss ich die Sicherung?
Y:	ah okay, und dann gehts wieder zu, ich verstehe.
Jonte:	weil das ist auch=n extra Kindertaschenmesser.
Nils:	ja, ich hab=n richtiges Schweizer Taschenmesser.

Wenn Jonte weiter ausführt, dass »man sich in Acht nehmen« muss, bleibt zunächst ambivalent, ob sich dies auf den Umgang mit dem Messer bezieht oder darauf, dass man von den Fachkräften beim unerlaubten Tun erwischt werden könnte. Er erzählt dann, dass er am »Gras geschnippelt« hat – also das Messer in einer Art genutzt hat, mit der er niemandem wehtun konnte und erst recht niemanden angegriffen hat. Das »Schnippeln« unterstreicht zudem die »Harmlosigkeit« seiner Aktivität mit dem Messer.

Dass er das Messer dann vor der vorbeikommenden Köchin verstecken muss, erhöht in gewisser Weise den Reiz des Umgangs, der ein bisschen gefährlich ist, weil man entdeckt werden könnte, und nicht, weil von dem Hantieren mit dem Messer eine Gefahr ausgeht. Armin validiert dies, indem er sich über den verzögernden Sicherungsmechanismus ärgert, und Jonte zeigt, dass er sich mit der Handhabung seines Messers auskennt. Beide Jungen machen klar, dass sie die Gefährlichkeit des Messers einschätzen und kontrollieren können – sie zeigen sich hier als kompetente und verantwortungsvolle Experten für den Umgang mit Messern. So wird auch mit dem Begriff »extra Kindertaschenmesser« unterstrichen, dass es sich um einen Gegenstand handelt, der extra für Kinder gemacht und von diesen demnach selbstverständlich genutzt werden kann.

Auf dem Gelände befindet sich auch eine Jugendwohngruppe, die organisational vom Hort getrennt ist, aber das Außengelände ebenfalls nutzt. Im Folgenden thematisieren die Kinder das Verhalten der Jugendlichen.

Y: bor, das ist ja ein großes Gelände hier draußen ne?
Jonte: aber dafür, ham wir hier Jugendliche, die hier einfach den Müll hinschmeißen; auf den Weg, obwohl die=s gar nich sollen
Y: mhm, das ist nich so schön.
Jonte: und die rauchen da vorne,
Y: okay
Jonte: die machen was sie wollen. Die ha- die waren, kennst du diese Dinger, wenn man Sex machen will, dass man die so an den Pullermann macht, damit kein Kind kommt?
Y: Kondome?
Jonte: ja, die lagen hier gestern rum.
Nils: ((von weiter weg)) ich wollte noch mal genauer beschreiben, wo ich das Eichhörnchen gefunden habe, hier.
Y: warte mal, ganz kurz der Jonte erzählt gera-
Jonte: Nils und ich ham die hier gestern denomm- gu- gefunden
Y: n=Kondom?
Jonte: ja Nils.
Nils: ja, drei.
Y: und wie war das für euch?
Jonte: wir ham=s natürlich sofort (.) jemand Großen erzählt. der hat uns erzählt, was das ist? und hat das dann den Horterziehern dezeigt. und das kam dann alles in=n Müll.
Nils: ja,
Jonte: und das war auch von den Jugendlichen.
Y: okay,
Jonte: und die machen hier irgendwie was sie wollen.

Nils: die machen sogar Sex. mit Kondoms.
Y: @okay@
Jonte: und da hat einer irgendwie benutzte Kondom wieder in die Verpackung gemacht und des dahin geworfen.
Y: bor. und wie findet ihr das?
Nils: ja drei Stück warn da drin und da war auch noch ne leere Verpackung.
Jonte: und das finden wir nich sehr sch- sehr um- sehr freundlich, weil man das nicht macht. schmeißt ihr dann in den Müll.

Die Größe des Außengeländes, die hier vom Forscher hervorgehoben wird, verbindet Jonte offenbar mit ambivalenten Erfahrungen: Die Jugendlichen, die das Gelände ebenfalls nutzen, scheinen für ihn Eindringlinge in die eigene Lebenswelt darzustellen bzw. ihm (ohne dass dies bereits von ihm gesucht wird) einen Einblick in ihre jugendspezifischen Praktiken zu geben. Rauchen, Müllwegschmeißen und das Liegenlassen von Kondomen markieren zum einen das Groß- bzw. Erwachsensein und dessen Reiz (sie »machen was sie wollen«), werden aber auch als regellos und (selbst-)schädigend eingeordnet.

Der Bezug auf die Verhaltensregel der Erwachsenen, »keinen Müll hinzuschmeißen«, verspricht dagegen die Sicherheit, nicht selbst entscheiden zu müssen (was man mit dem Müll macht, ob man raucht etc.), sondern diese Verantwortlichkeit (weiter) externalisieren zu können. Die Tatsache, dass sie das Kondom älteren Kindern und mit ihnen zusammen den Horterzieher:innen zeigen und es dann gemeinsam in den Müll werfen, macht deutlich, dass sie Erwachsene schätzen, die sich ihrer Themen annehmen und mit ihnen gemeinsam einen Weg finden, das Thema zu »vertagen«, indem die Kondome nicht tabuisiert, wohl aber entsorgt werden. Etwas später kommt Nils erneut auf das Thema zu sprechen.

Jonte: bis hier
Nils: das warn aber auch wirklich (.) benutzte Kondome. (.) zwei gelbe, die warn echt benutzt? die warn schon aus der Verpackung raus? und da war zum Glück noch so=ne Packung Verpackung?
Y: ja,
Nils: und dann noch ein rosanes; das wurde auch benutzt.
Y: das ist ziemlich eklig, oder?
Nils: ja, davor wusste ich gar nicht mal, was das
Jonte: und ich möcht einfach damit sagen, dass man das nicht macht. au nicht in=nem Hort in=nem anderen Hort. wo Jugendliche wohn. kann man mal wirklich in=ne echte Zeitung schreiben.
Y: ja, das sagen wir auf jeden Fall weiter, dass ihr das nicht gut findet. das kann ich total gut nachvollziehen. das kann ich gut verstehn.
Nils: ja und wir könn, der Hort kann auch bestimmen, ob die Jugendlichen irgendwie wegmüssen oder so.
Jonte: ja der Hort kann sagen, die müssen hier jetzt raus.

Y: okay?
Nils: ja und dann gehörn dann gehörn die Jug-
Jonte: weil die Hundescheiße liegen lassen. und das macht man eigentlich auch nicht, dass man Hundescheiße liegen lässt.
Nils: ja die haben, es gibt jetzt so viele Menschen, die haben sich von den Jugendlichen was abgeschaut, nämlich die Hundescheiße liegen lassen, und jetzt überall auf der Straße Hundescheiße.

Erneut wirft Nils das Thema Kondome auf, die »wirklich benutzt« und »schon aus der Verpackung raus« waren. Es geht also zwar unmittelbar um die Kondome, aber mittelbar um das Thema körperliche Lust und Sexualität, dem die Kinder mit einer Form der fokussierten Ambivalenz zwischen Begehren bzw. Interesse und Abwehr begegnen.

Nachdem der Forscher die benutzten Kondome als »eklig« in den negativen Horizont gerückt hat, schwenken auch die Kinder auf diese abwertende Bewertung ein, indem Nils sein Unwissen konstatiert (er wurde hier unfreiwillig »aufgeklärt«) und Jonte sich wieder auf die Norm bezieht, keinen Müll zu produzieren, und damit das Thema Sexualität suspendiert. In dieser Sequenz, in der der Forscher an der negativen Rahmung des Themas mitwirkt, verlagern die Kinder ihren Fokus dann wieder auf ein weniger heikles Thema: Die Verschmutzung durch Hundescheiße kann ganz einvernehmlich und von allen als negativer Horizont aufgebaut werden, während im positiven Gegenhorizont erscheint, im Hort mitreden und mitbestimmen zu können und an der Gestaltung eines »schönen« Ganztags beteiligt zu sein, in dem sich die Kinder wohlfühlen (siehe auch Dimension 1.4 »An der Gestaltung eines »schönen« Ganztags beteiligt sein, mitreden und mitbestimmen«).

Empirisches Beispiel: In die Stadt gehen
Ganztag F, Freundschaftsinterview

Die Drittklässlerinnen Merve, Azra und Defne wählen eine andere jugendspezifische Praktik, in die sie sich einzuüben versuchen.

Y: das heißt, wenn ihr jetzt so mal an den an so=n normalen Tag hier denkt, in der jetzt in der Schule, wann geht das denn am besten mit dem Freunde-Sein.
Azra: wir wollten mal ich und Merve mit Defne und meine seine Bruder und meine Bruder zur Stadt, aber die wollten um uns nich aufpassen, die hatten kein Bock.
Y: ah.
Merve: ja
Defne: wir wollten unbedingt mit, also eigentlich? wollte ich eigentlich mit und sie auch, aber dann ist halt Karen und ein Junge noch gekomm.

Azra: Zahir
Defne: ja, und dann hab ich gesehen, dass Azra nicht da ist, dann bin ich auch nich gekomm.
Y: und was kann man da machen in der Stadt oder
Defne: da ka=man halt Eis essen
Azra: aso (.)
Defne: Döner essen
Azra: also wir wollten eigentlich Döner essen und so was trinken. dann wollten wir bisschen spazieren?
Defne: mhm,
Azra: und so halt bisschen Sachen anschauen und so Kleinigkeiten kaufen? und so, aber konnten wir nicht. dann ist Merve mit seiner Mama gegang und ich bin mei=m Papa zur Stadt gegang.
Defne: aber wo wir bei Stadt warn hab ich halt mein Bruder gesehen, Azra und dieser Junge da.

Es wird zunächst deutlich, dass die Kinder Freundschaftspraktiken außerhalb der Schule verorten: Tun zu können, was einen wirklich interessiert, und sich als Freundinnen zu treffen, wird hier nicht mit dem Ganztagsschulsetting verbunden, sondern in die Familie verlegt bzw. besser noch in Situationen ohne Erwachsene. So scheint es eine ideale Konstellation darzustellen, mit den älteren Brüdern in die Stadt genommen zu werden, was sich in der Enttäuschung darüber dokumentiert, dass diese »keinen Bock« hatten, auf die Mädchen »aufzupassen«. Die Stadt steht zudem für das öffentliche Leben, also einen Raum, der nicht speziell für Kinder geschaffen und vorbereitet wurde, sondern *allen* offensteht. Die Stadt ist mit Reizen und Gefahren verbunden, vor denen Eltern oder ältere Geschwister die Kleineren (noch) schützen müssen (siehe auch Dimension 4.2 »Ausflüge machen und die Außenwelt erfahren«).

Wenn die Kinder eine Art Bummel durch die Stadt thematisieren, beschreiben sie gänzlich ungefährliche und vor allem konsumierende Tätigkeiten. Zentral scheint zu sein, eine jugendliche bzw. erwachsene Praxis des Bummelns einzuüben – des Sehens und des Gesehen-Werdens sowie Verfügen-Könnens über Geld. Im positiven Horizont der Mädchen steht, mit Freund:innen Zeit zu verbringen, entspannt zu flanieren, sich treiben zu lassen und an der Welt der Erwachsenen und ihren Orten teilzuhaben. Noch auf die Begleitung der Brüder angewiesen zu sein, macht die Mädchen abhängig und führt ihnen die Grenzen ihrer Selbstbestimmtheit vor Augen.

Empirisches Beispiel III: Heimlich Spiele spielen
Ganztag B, Freundschaftsinterview

Im folgenden Beispiel erzählen die Kinder ebenfalls davon, etwas Verbotenes zu tun. Das Interview findet in der selbst gebauten Hütte von Lennard und Oliver statt, die sie dem Forscher zeigen.

Y:	also das is jetzt noch mal ein bisschen anderes Thema, ähm, aber genau. ich interessier mich eben auch, was eigentlich so Freundschaft ausmacht für Kinder im Grundschulalter, und deswegen wollt ich mal fragen, ob (.) ihr mir mal erzählen könnt, was ihr schon zusammen hier alles im äh in der Schule zusammen als Freunde erlebt und gemacht habt. also ich hör erst mal zu, und ihr könnt alles erzählen; was euch dazu einfällt.
Lennard:	was haben wir gemacht?
Oliver:	also von hier drin, (.) weiß ich ein paar Sachen.
Y:	erzähl mal.
Oliver:	eigentlich hauptsächlich nur eine Sache. ((schmunzelnd))
Y:	@okay?@
Oliver:	soll ich?
Lennard:	mach.
Oliver:	äh wir haben hier mal heimlich,
Lennard:	└ Spiele gespielt. ((schmunzelnd))
Oliver:	wir haben einmal (.) auf (Lennards) Handy;
Lennard:	ja. und auf=m Computer.
Y:	okay?
Oliver:	ja ich hab=n Computer mit in die Schule geschmuggelt, und dann haben wir dadrauf (Allisson 19) @gespielt.@
Y:	@okay?@ (.) wie wie sah der Computer aus, oder;
Lennard:	des war halt so ein Laptop,
Y:	echt?
Lennard:	ja,
Y:	okay?
Oliver:	ja den hab ich einfach mitgenommen.

Die Kinder bringen in der Proposition deutlich zum Ausdruck, dass sie konjunktiv über das gemeinsame Spielen verbunden sind und der Forscher von diesem Erfahrungswissen ausgeschlossen ist, solange sie ihn nicht einweihen. Das »Spiele spielen« markiert eine übliche Aktivität von Kindern, der sie aber durch die Rahmung des »heimlichen« Spielens eine Bedeutung zuschreiben, die auf eine Normverletzung hindeutet. Sie kosten hier die Situation aus, nicht nur über exklusives Wissen zu verfügen, für das der Forscher sich interessiert, sondern auch über die Macht, dieses Wissen (nicht) preiszugeben.

In der weiteren Elaboration wird deutlich, dass es sich um ein Computer- bzw. Handyspiel handelt, also kein »Kinderspiel«, sondern ein digitales Spiel, das mit in diesem Ganztag unerlaubten technischen Geräten gespielt wird. Diese Form des Spielens stellt nicht nur einen maximalen Kontrast zu konventionellem Unterricht dar, sondern die Jungen unterstreichen auch ihre digitale Kompetenz, die sie aber nur heimlich entfalten können (siehe auch Dimension 3.2 »Zerstreuenden, unterhaltsamen und entspannenden Aktivitäten nachgehen«). Spannend wird diese Aktivität vor allem dadurch, dass sie einen Computer in die Schule schmuggeln und damit die Erwachsenen austricksen müssen.

Den Kindern scheint es auch im Nachhinein noch diebische Freude zu bereiten und mit Stolz zu erfüllen, dass es ihnen gelungen ist, ein Verbot unbemerkt von den Erwachsenen zu unterlaufen. Sie präsentieren sich so als Kenner der Normen und Regeln und zugleich als kompetente Akteure, die wissen, wann und wie sie diese umgehen können.

Später wird ein Moment geschildert, in dem die Kinder sich von einem Erzieher – Lukas – ertappt fühlten.

Y: okay? aber hat das irgendjemand sonst mitgekriegt, von den Erwachsenen oder so;
Lennard: nö::. wir dachten einmal Lukas,
Oliver: └ ja,
Lennard: └ weil äh; einmal, da hat (.) da ham wir gespielt, und dann hat Lukas hier geklopft, ham wir ganz schnell zugemacht und dann hat Lukas die Tür aufgemacht, und dann hat da ham wir gesagt das is ein geheimer Plan, den müssen wi- der is geheim, den können wir später zeigen, (.) dann hat Lukas gesagt, ist da nicht vielleicht ein Bildschirm @drunter?@
Y: okay? aber hat er nicht mitgekriegt meint ihr?
Lennard: na (.) ich glaub er hat=s mitgekriegt.

Hier dokumentiert sich die Orientierung der Kinder daran, Geheimnisse haben und über deren Preisgabe selbst entscheiden zu können. Wenn Oliver und Lennard dem Erzieher schnell die Tür zuschlagen und sich mit einem geheimen Plan rausreden, rahmen sie sich wiederum als geschickt darin, die Regeln der Erwachsenen situativ auszuhebeln.

Zugleich wird der Erzieher in der Konklusion implizit gelobt, wenn die Jungen deutlich machen, dass sie genau wissen, dass er weiß, was sie da tun, sie aber trotzdem gewähren lässt. Auf diese Weise wird die angesprochene Spannung zwischen Normbruch und Normorientierung ausbalanciert: Den Kindern wird Handlungsspielraum und Eigenverantwortung im Umgang mit dem Computer zugestanden und zugleich wird verdeutlicht, dass dies das grundsätzliche Verbot, einen Computer mit in den Ganztag zu bringen, nicht außer Kraft setzt.

3.2 Zerstreuenden, unterhaltsamen und entspannenden Aktivitäten nachgehen

Kinder wünschen sich eine Offenheit des Ganztags für zerstreuende und unterhaltsame Aktivitäten mit niedrigem bis moderatem Anforderungsniveau, bei denen sie sich einfach nur entspannen können. So wollen sie sich über ihre Idole (z.B. aktuell: Youtuber:innen) austauschen, gelesene oder gesehene Geschichten verarbeiten, Quatsch machen und herumblödeln, sich mit Spielkarten bzw. -figuren beschäftigen, Brettspiele spielen und vor allem Pause machen und sich erholen. Dieses Pendant zu den Leistungsanforderungen und dem Konkurrenzdruck des konventionellen, an Bewertung und Benotung orientierten Unterrichts steht im positiven Horizont der Kinder.

Empirisches Beispiel I: Rätselbuch
Ganztag C, Interview

Ein Mädchen möchte dem Forscher gern zeigen, was für sie wichtig ist. Sie führt durch die Einrichtung, nimmt dabei ein Buch mit und beginnt zu erzählen.

Y: warte mal, ich nehme mal auf, erzähl mir das noch mal zu dem Buch

Clara: also, dieses Buch hier äh das is ähm das heißt Megaspaß in XXL und das äh da sind eben so Witze Rätsel und Spiele drin? und also da sind so (.) Witze zum Beispiel hier ist so=n Silbenrätsel? und äh da muss man eben, da sind auch so Quizaufgaben, Silbenrätsel, und dazu noch die ähm so dann gibts dann eben hier zum Beispiel noch=ne Knobelaufgabe. und no- da werden auch so Sachen also zum Beispiel Abrakadabra, und dann wird da erklärt also ähm was das überhaupt bedeutet und seit wann es das so gibt und da wird immer irgendwas darüber erklärt. dann gibt es noch so Geschichten, irgendwie halt so normal irgendwelche Geschichten, naja dann gibts hier noch das mit diesem ähm diesem wie heißt das Quiz? heißt, weißt du? dann is da so=n Fragezeichen. und dann (.) gibt=s eben naja, (2) und ich kann ja mal das Inlei- (.) und da wo die Witze erzählt werden, steht Lachen ist gesund.

Clara bringt den propositionalen Gehalt ein, dass sie sich für ein Buch voller Witze, Rätsel und Spiele interessiert. Offenbar nimmt sie also den Buchtitel mit der Konfektionsgrößenanalogie (»XXL«) in dem Sinne als passend wahr, als dass es eine sehr große, schier unerschöpfliche Fundgrube aus unterhaltsamen Anregungen darstellt. In der weiteren, dichten Beschreibung der Buchinhalte dokumentiert sich, dass die Mischung aus Witzen und Denk- bzw. Rätselaufgaben bei Clara auf großes Interesse stößt. Das Besondere ist offenbar, dass es sich nicht um der Reihe nach abzuarbeitende Unterrichtsaufgaben handelt, die – möglichst fehlerfrei – erledigt werden müssen, sondern um lustige und spielerische Aufgaben, die zwar zum Nachdenken herausfordern, aber keine Überforderung darstellen und nicht benotet werden. Da die Lösungen mitgeliefert werden, ist es dem Kind selbst überlassen, ob und wann es sich diese anschaut.

Insbesondere die Integration von »Witzen«, die Clara zweimal ausdrücklich nennt, verweist darauf, dass es hier nicht um Leistung geht, sondern um Entspannung und Erholung. Dass dies zudem noch »gesund« sei, rahmt das Buch zudem als ein sinnvolles Angebot, das nicht nur der Unterhaltung dient, sondern dem übergeordneten Ziel der Gesundheit und damit pädagogisch wertvoll ist.

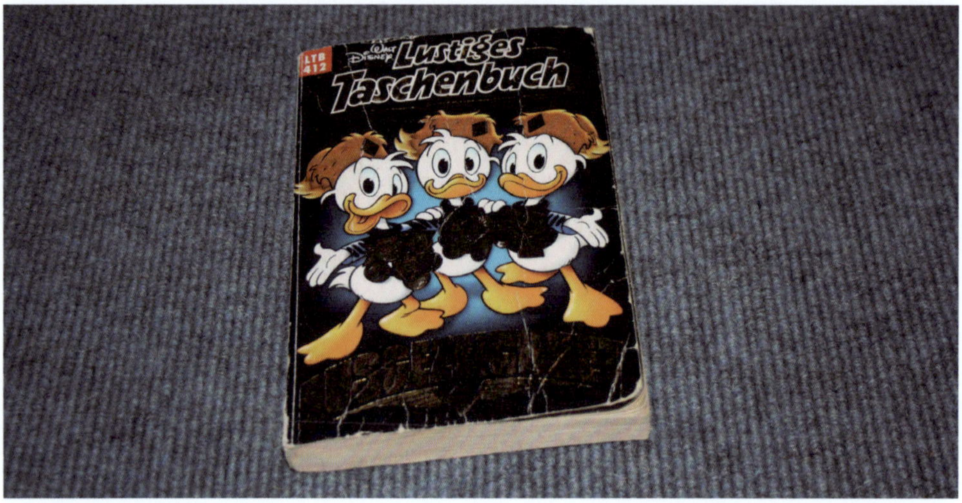

Abbildung 40: Lustiges Taschenbuch (bei einem Fotospaziergang von Clara zu den Lieblingsorten fotografiert)

Y: und und wie benutzt du das Buch oder wann nimmst du das so?

Clara: naja das benutz ich eigentlich naja das hab ich kenn ich erst irgendwie seit einer Woche, trotzdem ich finde es da- (n=bisschen), (.) ich liebe es zu rätseln, zu maln und zu schreiben und so was, also (.) ich ich und ich also naja ich male, rätsele, schreibe, finde Witze- also höre mir auch gerne Witze an, ich finde es einfach, das hab ich auch, das hat mein Papa nämlich als Kind gehabt, das heißt, irgendwie, die Geheimnotizen von Donald Duck, das ist auch so was Ähnliches, ich lese, schreibe, rechne also rechnen, naja?

Y: okay @(.)@

Clara: aber lese, schreibe, rätsle, rechne äh schreibe, alles mache ich, ja sehr gerne, ja, was man mit=m Stift macht.

Als der Interviewer auf die Art bzw. die Zeit der Nutzung des Buches zu sprechen kommt, wird deutlich, dass Clara ein Gefühl von Vertrautheit und Geborgenheit mit dem Buch verbindet, da sie mit dem Format eines Rätselbuches schon bekannt ist und ihr Vater als Kind ein ähnliches Buch hatte. Über das Buch stellt sie eine Ähnlichkeit und Verbindung zu ihrem Vater her – damit nutzt sie nicht einfach ein (beliebiges) Buch, sondern sie lädt dieses mit Bedeutung auf. Dass auch ihr Vater sich für etwas Ähnliches interessierte, wertet ihre Liebe zu allem, »was man mit=m Stift macht«, auf. Zudem sind Lesen, Schreiben und Rechnen Basiskompetenzen, auf denen in der Grundschule das Hauptaugenmerk liegt. Mit diesem unterrichtlichen Bezug wird die Freude an dem Rätsel- und Witzeheft noch einmal legitimiert. Das Rechnen nimmt sie davon aus – und behauptet damit ihr Recht, individuelle Vorlieben zu haben.

Y: okay? und wenn du jetzt mal denkst, hier im Hort, sozusagen, wann wann benutzt du dieses Buch am liebsten? hier im Hort?
Clara: na zum Beispiel, wenn ich irgendwie nich weiß, was ich machen soll, wenn ich oder wenn ich lange draußen war und es richtig kalt draußen war, dann zum Aufwärmen setz ich mich manchmal in diesen Raum und mach das. ja.
Y: okay
Clara: weil da gibt=s auch so Rätselhefte und so, ja. das macht mir Spaß.

In Claras Konklusion dokumentiert sich, dass sie das Buch mit Phasen der Entspannung und Erholung verknüpft. Indem sie die lange Zeit aufruft, in der sie draußen in der Kälte war, wird der Kontrast umso deutlicher: Die Beschäftigung mit Büchern ist eine kurzweilige und angenehme Tätigkeit in einer gemütlichen, wohligen Atmosphäre in den Innenräumen, die Clara Spaß macht.

Empirisches Beispiel II: Brettspiel »TAC«
Ganztag B, Teilnehmende Beobachtung

Im folgenden Beispiel nutzen Kinder eine Pausenzeit am frühen Nachmittag in einer Ganztagsschule, um sich zu entspannen, indem sie ein Brettspiel spielen.

Drei Kinder, zwei Jungen (Albert und Fynn) und ein Mädchen (Leonie), sitzen an einem quadratischen Tisch in einem offenen Bereich in der Nähe des Eingangs. Leonie sitzt mit dem Rücken zum Eingang der Schule an einer Seite des Tisches, rechts neben ihr an der Ecke sitzt Fynn und daneben an der nächsten Seite des Tisches Albert. Vor ihnen auf dem Tisch steht das quadratische Spielbrett des Spieles »TAC«, auf dem Murmeln in drei Farben und Spielkarten liegen. Die große Schachtel des Spiels liegt ebenfalls auf der gegenüberliegenden Ecke des Tisches; außerdem stehen einige leere Flaschen an der von Leonie links gelegenen Ecke. Die drei unterhalten sich lautstark, angeregt und lachen immer wieder laut auf.

Leonie geht auf die Toilette, was die beiden Jungen nutzen, um mit gesenkter Stimme zu diskutieren, sich die Karten zu zeigen und Karten zu tauschen. Als Leonie zurückkommt, sagt Albert zu ihr: »Fynn hat sich Karten geklaut.« Dieser zeigt ihr daraufhin die Karte, was Leonie zur Kenntnis nimmt.

Fynn unterhält sich dann weiter mit Albert, woraufhin ihn Leonie laut auffordert: »Weiter, ja mach mal weiter.« Fynn rückt daraufhin ganz nah an sie heran und sagt lachend: »Ja du bist dran.« Leonie schaut in ihre Karten, sagt »neun«, legt eine Karte und setzt einen grünen Stein auf dem Spielbrett neun Felder weiter, während sich Fynn wieder zurücklehnt.

Albert, der jetzt dran wäre, hört Fynn und Leonie zu, die über den Film »Peter Hase« reden, zusammen Stimmen imitieren, kichernd Zitate aus dem Film aufsagen und anschließend laut lachen, worin auch Albert einstimmt. Zwischendurch sagt Leonie zu Fynn: »Weißt du noch, als sie den komischen Saft getrunken haben und gekotzt haben?« Alle drei lachen und Fynn bestätigt nach einer kurzen Weile glucksend: »Ja, als die alle so viel gekotzt haben.« Immer wieder rezitieren Fynn und Leonie Ausschnitte aus dem Film, wobei ein Kind mit ein paar Wörtern beginnt, das andere einstimmt und beide den Satz oder den Slogan synchron beenden.

Nach einigen Minuten legt Albert dann eine Karte und setzt eine Kugel fünf Felder weiter.

Es handelt sich um eine Gesellschaftsspielsituation, bei der das Spielbrett eine Verbindung und einen Grund für das Zusammentreffen schafft. Das Spielen findet in einer lockeren Atmosphäre statt – es bietet Raum für angeregte Unterhaltungen und gemeinsames Lachen. Offenbar geht es nicht um eine ruhige, konzentrierte Beschäftigung mit dem Spiel selbst, sondern zunächst einmal um das vergnügliche Miteinander.

Das heimliche Kartentauschen und -klauen stellt zwar einen Regelbruch dar, wird aber von Albert und Fynn zugegeben und von Leonie nicht sanktioniert. Dies weist darauf hin, dass es den Kindern nicht primär um die Einhaltung der Regeln und damit auch nicht um Gewinnen und Verlieren geht; vielmehr steht der geteilte Spaß, zum Beispiel jemand anderen auszutricksen, im Vordergrund. Das wird auch deutlich, wenn Albert Fynn zunächst verrät und so eine Situation entsteht, in der sowohl Fynn als auch Leonie reagieren müssen, während Albert sich als »Regelwächter« inszeniert. Fynn nimmt die Rolle des »Regelbrechers« an und beschuldigt Albert nicht. Auch an dieser Stelle dokumentiert sich, dass es nicht primär um ein Gegeneinander geht, sondern dass der Fokus des Spielens für die Kinder auf ihrer sozialen Interaktion liegt, bei der sich ständig Möglichkeiten ergeben, verschiedene Rollen einzunehmen, aufeinander einzugehen und auch körperlich Bezug aufeinander zu nehmen.

Mit den durch das Spiel vorgegebenen Regeln bietet sich darüber hinaus die Möglichkeit, sich an Spielregeln zu halten oder nicht – die Relevanz zu klären, wer dran ist, ergibt sich eben aus der Möglichkeit der (Nicht-)Anerkennung von für alle geltenden Regeln.

Das gemeinsame Rezitieren verschiedener Filmausschnitte nimmt dann den Charakter eines Fokussierungsaktes an und lässt das Spiel an sich vollends in den Hintergrund rücken. Besonders zwischen Fynn und Leonie entwickelt sich ein univoker Diskursmodus, der auf das konjunktive Verstehen der beiden schließen lässt. Mit dem gemeinsamen Aufsagen von Filmzitaten versichern sich die beiden, auf einer Wellenlänge zu sein, und lassen die Komik des Films erneut aufleben. Beide genießen es offenbar, von dem anderen verstanden zu werden und in Albert und dem Forscher ein Publikum zu haben, das ihre Freude teilt. Insgesamt eröffnet das Gesellschaftsspiel einen Raum für die Kinder, in dem es in ihrer Entscheidung liegt, ob sie sich an Regeln halten wollen oder nicht, solange sie sich darüber einig sind. Sie können sich über Dinge austauschen, die nichts mit der Schule zu tun haben, sondern mit ihrer Freizeit und dem damit verbundenen Spaß, und sich zudem spielerisch in einem sozialen Setting erproben.

Empirisches Beispiel III: Musikspiel und YouTube im Computerraum
Ganztag B, Fotospaziergang

Ausgelöst durch ein Foto des Lieblingsortes »Computerraum«, berichten zwei Kinder im folgenden Beispiel begeistert von einem Computerspiel und von YouTube-Videos.

Abbildung 41: Computerraum

Oliver:	das sind die Computer da.
Y:	ah, erzählt mal. was kann man da so machen oder was macht ihr da am liebsten.
Oliver:	am Donnerstag kann man sich da Musikvideos angucken
Y:	immer am Donnerstag
Lennard:	ja
Y:	ah okay. was habt ihr jetzt beim letzten Mal angeguckt zum Beispiel? erinnert ihr euch noch?
Lennard:	äh
Oliver:	mh=bor es gibt so »Opera«

Lennard: ich hab letztes Jahr die ganze, letztes Mal die ga- so ne halbe Stunde oder länger »Opera« gespielt
Oliver: ja das ist so=n Spiel, so=n
Lennard: das ist ein Musikspiel?
Oliver: so=n Rätselspiel
Y: mhm, kannst du das noch beschreiben?
Lennard: ja da musst du äh so da bist du so einer und musst so Noten finden? in so=nem Haus? und du kannst halt immer neue Räume, du musst halt alle Fragen beantworten? und irgendwann und dann ist halt (.) wenn du das erste Level durchhast, es gibt irgendwie (.) sieben Level
Oliver: └ sieben Level gibt=s glaub ich
Lennard: dann geht ne neue Tür auf; und dann kann=ste in den Keller, der is riesig, da sind ganz viele Dinge? und da war da sind wir halt letztes Mal auch hingekommen? und sind jetzt halt im Keller
Oliver: └ wir brauchen noch so=n Wasserraum noch
Lennard: └ und dann brau- (.) da sind wir jetzt, (.) wir ham im Keller das Wasser gefunden und sind jetzt im Wasserraum und ham das Wasser gemacht.

Bei der Beschreibung des Fotos werden die Computer explizit genannt und damit als das für die Kinder Zentrale an diesem Ort hervorgehoben. Der Computer verspricht den Kindern einerseits ein Betreten der digitalen Welt mit einer Vielzahl an Optionen. Andererseits lädt das Setting sie dazu ein, ihren Körper (wie im Unterricht) in eine individuelle »Box« zu begeben, still zu sitzen und nach vorne zu schauen. Wenn Oliver auf die Frage des Interviewers, was sie dort machen, »Musikvideos angucken« sagt, wird damit eine passiv konsumierende Aktivität genannt, die auf zwei Sinne, Sehen und Hören, begrenzt ist.

Im Folgenden wird deutlich, dass die Zeit, die die Kinder am Computer verbringen, einer Regulation unterliegt (»am Donnerstag kann man sich da ...«), in ihrem positiven Horizont aber steht, sich in das Spielen zu vertiefen und die Zeit zu vergessen. Lennard ist beispielsweise nicht sicher, ob er eine »ganze«, eine »halbe Stunde« oder sogar »länger« gespielt hat.

Wenn die Kinder für ihre Aktivitäten am Computer dreimal das Wort »Spiel« benutzen, wird deren ludischer Charakter unterstrichen, der sich beispielsweise von Unterricht, Arbeit oder Hausaufgabenerledigung abgrenzen lässt. In dem »Musikspiel« bzw. »Rätselspiel«, von dem sie sprechen, nehmen sie dann auf einer virtuellen Ebene aktive Rollen ein: Sie bewegen sich durch ein Haus, beantworten Fragen und suchen bzw. finden etwas.

In der Beschreibung des Hauses mit »immer neuen Räumen« dokumentiert sich die Begeisterung für Herausforderungen, Abenteuer und die Entdeckung neuer (fiktiver) Welten. Das Computerspiel »Opera« zu spielen, stellt somit eine Möglichkeit dar, einzutauchen in eine Parallelwelt, in der die Kinder tätig sind, ohne dabei in der realen Welt ihre Körper zu bewegen. Der Reiz des Spiels scheint darin zu bestehen, dass die Entwicklungsstufen (»sieben Level«) und das damit verbundene Ziel, das gesamte Haus zu entdecken, im Vorhinein bekannt sind, der genaue Weg dorthin allerdings immer wieder neue Überraschungen und Entdeckungen bietet.

In der Betonung der sieben Level, die es erfolgreich zu durchlaufen gilt, wird ein dem Spiel inhärentes Prinzip deutlich, das die Kinder offenbar fesselt: Es geht um das Prinzip des Agonalen im Spiel (hier ohne dass dies mit irgendeiner Form der Gewalt verknüpft ist): Die Kinder messen ihre Kompetenz daran, ob und welches Level sie erreichen – der gemeinsame Gegner ist das Spiel selbst. Indem beide von »wir« sprechen und sich zudem univok ergänzen, dokumentiert sich der Reiz, den es für sie hat, das Spiel und den darin enthaltenen Weg zusammen zu durchlaufen und damit sowohl Herausforderungen als auch Erfolge gemeinsam zu erleben.

Die Kinder diskutieren noch länger darüber, was sie gern an den Computern machen und welche Regeln gelten. Dann kommen sie darauf zu sprechen, dass sie zu Hause YouTube gucken.

Lennard: und wenn ich YouTube gucke, dann guck ich meist (Paluten)
Y: was guckst du meistens?
Lennard: Paluten.
Y: °Paluten°
Lennard: das is=n YouTuber.
Y: okay.
Lennard: bester Youtuber ever. (.) n=bisschen Schleichwerbung machen @(.)@
Y: @(.)@ aber dürft ihr das hier auch gucken? dürftet ihr den (.)
Oliver: nee
Lennard: nein. nur Musikvideos.
Oliver: ja.
Lennard: weißt du was man da machen könnte?
Oliver: └ der macht nämlich (2)
Lennard: der macht Let's plays. also spielt allmöglichen Spiele. »GTA 5«
Oliver: ja
Lennard: und halt zurzeit gibt=s ne zurzeit macht=er »Minecraft Flucht«. das guck ich jeden Tag, äh und da hat=er je- is jetzt Folge einhundert; über einhundert- hundertvier Folgen gibt=s jetzt glaub ich schon von »Minecraft Flucht« und ich guck jeden Tag die neuste. (.) und der hat auch nen jetzt »Raft« angefangen das is so=n Spiel da bist du als Erstes auf so=n ganz kleinem Floß, es gibt=n Hai? du musst halt immer weiterkommen, dein Floß immer größer bau=n, dir Essen besorgen und immer weiterkommen.
Oliver: und was ist wenn du stirbst.
Lennard: äh dann bist du tot.
Y: @(.)@
Oliver: musst du dann noch mal von Anfang anfang?
Lennard: keine Ahnung. ich kenn, ich hab das »Raft drei« noch nich geguckt.

Hier wird eine zweite Ebene deutlich: Es übt offensichtlich einen großen Reiz aus, anderen beim digitalen Spielen zuzuschauen. Die Kinder spielen gar nicht selbst, sondern verfolgen Videos eines populären YouTubers und dessen Fortschritt bzw. Sieg oder Niederlage bei den zu bewältigenden gefährlichen Aufgaben. Dabei tauchen sie in eine aufregende, bewegungsreiche, spannende Welt voller Gefahren und Abenteuer ein, ohne selbst ein Risiko eingehen zu müssen – wie sie dies auch tun würden, wenn sie einen Abenteuerroman lesen würden. Ein zusätzlicher Reiz scheint allerdings hier darin zu bestehen, dass die beiden Jungen zu Hause bereits in Welten eintauchen, die Jugendlichen vorbehalten sind (siehe auch Dimension 3.1 »(Noch) Verbotenes tun und Grenzen austesten«). Im Ganztag hingegen dürfen sie kein YouTube, sondern nur Musikvideos schauen.

Wenn sie von dem »besten YouTuber ever« und von »Schleichwerbung« sprechen, dokumentiert sich auch darin, dass sie den YouTube-Star als Idol verehren, mit dem sie sich identifizieren. Zudem präsentieren sie sich als kompetente Mediennutzer, die die Prinzipien der Aufmerksamkeitsökonomie, in der Aufmerksamkeit zur Währung wird, bereits durchschauen und wissen, dass mit gesteigerten Klickzahlen ökonomischer Profit verbunden ist. Auch hier wird das Bemühen der beiden Jungen deutlich, sich nicht mehr als spielende Kinder zu präsentieren, sondern als digital kundige und kompetente Jugendliche.

Weitere Beispiele:

Die Kinder zeigen und fotografieren zudem eine Vielzahl weiterer Spiele, wie etwa Pokémon-, Nexo-Knight- oder Ninjagospielkarten, Bakuganspielfiguren, Beyblade-Kreisel, aber auch Brettspiele wie Schach, Mensch ärgere dich nicht und »Mogelmotte«, in denen sich die Orientierung der Kinder widerspiegelt, sich in interaktive, lustige, aber auch kompetitive, spannende Spiele zu vertiefen, mit denen sie sich vergnügen können und die sie unterhalten.

Abbildung 42: Hefter mit Nexo-Knight-Spielkarten (Foto des Forschers zum Interview)

Abbildung 43: Glitzernde Nexo-Knight-Karte (Foto des Forschers zum Interview)

Abbildung 44: Bakugan-Spielfiguren und -karten (Foto des Forschers zum Interview)

Abbildung 45: Schachspiel (Foto der Kinder)

Abbildung 46: Spiel »Mogelmotte« (Foto der Kinder)

3.3 Handlungspraktischen Tätigkeiten lang anhaltend nachgehen und sich in Situationen mit Ernstcharakter bewähren

Kinder wünschen sich, im Ganztag Zeit zu haben, um ungestört lebenspraktischen Tätigkeiten nachzugehen. Sie wollen sich nützliche, beispielsweise handwerkliche, Fähigkeiten aneignen und diese in Ernstsituationen möglichst auch schon anwenden. Dabei sind sie daran orientiert, für sich selbst sorgen zu können: Obwohl sie manchmal noch auf die Erwachsenen angewiesen sind, steht im positiven Horizont, Herausforderungen allein oder in der Kindergemeinschaft zu bewältigen und Probleme selbstständig zu lösen. Solche lebensnahen, selbst gestellten Arbeiten sind ihnen wichtig als Pendant zur eher theoretischen Auseinandersetzung mit Lernstoff in konventionellen Unterrichtssettings.

Empirisches Beispiel I: Garten und Höhlentage
Ganztag B, Fotospaziergang

Nachdem zwei Kinder auf einem Foto ihre selbst gebaute Hütte gezeigt haben, kommen sie beim Ansehen des nächsten Fotos auf ihren Garten zu sprechen.

Abbildung 47: Foto der Kinder vom eigenen Garten

Y: und erzählt mal noch=n bisschen mit dem Garten? also das hast du ja am am Anfang auch schon erwähnt.
Oliver: im Sommer sind halt, (.) da ham=wer jetzt Tomaten drin, und die ham=se jetzt
Lennard: └ da sind=wer halt viel da (2) die sind jetzt halt tot.
Oliver: fast über den ganzen
Lennard: wir hatten ungefähr zwanzig dreißig Tomaten eingepflanzt.
Y: echt?
Oliver: ja.
Lennard: und die sind sterben jetzt halt im Winter ab und dann sind halt ganz viele Tomaten halt auch runtergefallen, und nächstes Jahr is wahrscheinlich unser ganzes Beet (.) voll mit Tomaten
Oliver: └ voll mit Tomaten.
Lennard: hier hatten wir Mohr- Möhren
Oliver: └ ich hatte da mal (.) Ja. Und Spinat
Lennard: dann ham wir hier ne Himbeere, hier Erdbeeren, hier so=n
Oliver: da hatt ich mal so=ne Kartoffel eingepflanzt, wir hatten gehofft, wir hatten gedacht, och die wächst nich (.) und dann irgendwann iss=se rausgekomm
Y: Echt?
Oliver: Ja. Einfach nur reingesteckt
[...]
Lennard: hier da, da ist unser, ich weiß nich mehr wie das heißt.
Y: äh Rosmarin oder
Lennard: ja,
Oliver: ja.
Lennard: und hier ist Pfefferminze und da sind Erdbeeren.
Y: ach cool
Lennard: hier sind Brennnesseln hier is=ne Himbeere, **dann** ham wir noch Johannisbeeren, bloß die sieht man bei nem anderm Bild besser, und hier sieht man dann halt besser die Johannisbeeren und so.
Y: jaja, ja. also ich mein aber ist das jetzt wirklich der von euch f::ünf Jungs oder hab ich das richtig verstanden?
Oliver: ja.
Lennard: ja.
Y: also und und wie wenn da jetzt die Himbeeren dranhängen,
Lennard: dann essen wir die wenn sie reif sind.
Oliver: ja. es essen wahrscheinlich auch irgendwelche andern die einfach?
Lennard: ja, aber den Großteil ham wir.
Oliver: ja.
Y: ach das ist ja cool und wie und wie kümmert ihr euch da drum? also (.)
Lennard: naja also manchmal sind ich und Niklas im Sommer den ganzen Tag, im Garten,

Y: echt?
Lennard: ja, und machen da irgendwas
Oliver: wir waren sind auch manchmal in den Ferien einfach da.
Lennard: ja stimmt wir ham ich und Niklas warn sind manchmal in den Ferien da um zu gießen, (.) in=n Sommerferien meistens.
Y: okay. und macht ihr das alles alleine oder gibt=s habt ihr irgendwie braucht ihr da Hilfe von den Erwachsenen oder
Oliver: nö. das machen wir alles alleine.
Lennard: └ nee, die Hütte ham wir komplett alleine gebaut. wir ham eigentlich alles hier alleine gemacht.

Angeregt durch die Bitte des Forschers, etwas vom Garten zu erzählen, erinnern sich die Kinder an die eingepflanzten Tomaten, die als ein Werk der Jungen gerahmt werden. Es scheint interessant zu sein, dass Pflanzen zwar nicht sichtbar bleiben, sondern im Winter »sterben«, aber in der Erinnerung der Kinder an den Sommer sowie als Potenzial für den nächsten Sommer in der Erde immer noch vorhanden sind. Die Kinder stellen sich vor, dass aus den vielen heruntergefallenen Tomaten im nächsten Jahr neue wachsen und das Beet »voll« mit Tomaten ist. In dem üppigen Garten, den die beiden dann beschreiben, zeigt sich wiederum ihr Stolz, vielfältige Pflanzen wachsen und gedeihen zu lassen und damit als Gärtner zu reüssieren. Zudem ist ein Staunen über die Natur erkennbar, wie zum Beispiel über die Kartoffel, die als Pflanze wächst, nachdem man sie in die Erde »reingesteckt« hatte. Interessant erscheint zudem, dass es sich um Pflanzen handelt, die der Versorgung und dem Genuss des Menschen dienen.

Offenbar schätzen die Kinder es, durch ihre selbstbestimmte Tätigkeit im Garten ganz elementare Erfahrungen mit und in der Natur machen zu können. Sie wollen natürliche, biologische Prozesse verstehen und für sich nutzbar machen. Sich selbst mit Nahrung zu versorgen, ist letztlich ein Symbol für das Erwachsensein. Schließlich betonen die Kinder am Ende, »alles alleine« zu machen und die Hütte »komplett alleine gebaut« zu haben. Auch darin dokumentiert sich der Wunsch nach Unabhängigkeit und Überlebensfähigkeit, ohne auf Erwachsene angewiesen zu sein.

Auch in der folgenden Sequenz, in der die Kinder von »Höhlentagen« sprechen, dokumentiert sich ihre Faszination darüber, über Tage hinweg selbsttätige Gestalter und Schöpfer – hier eines imposanten Gangsystems unter der Erde – zu sein.

Abbildung 48: Foto der Kinder mit der Stelle des Lochs

Oliver: und da wo jetzt die Stange steckt, da?
Y: ja,
Oliver: warn Sonnenblumen. und da hatten wir mal=n Loch gebaut, das war, ähm von Boden so tief?
Lennard: └ ah ja wir hatten ma- (.) da ging dann, mit Brettern gesichert?
Oliver: └ da war sogar Grundwasser
Y: └ also zwei Meter oder so
Lennard: dann ging dann mit Brettern gesichert also so=n Gang,
Oliver: └ so=n Gang,
Lennard: └ runter, und is in dem Hochbeet gelandet, also ma- hier is man reingegangen? dann ging hier in der Wand=n Gang bis nach hier und hier is man dann wenn man hochgeht rausgekomm
Oliver: └ und dann is man hier gelandet (.) hier is man dann gelandet, und da stand so=n Kasten drauf
Lennard: └ man is halt (.) man is hier rein? und dann is man hier durch, und dann war hier=n Kasten, und da is man rausgekomm.
Oliver: └ unter der Erde alles.
Y: und das habt ihr gefunden oder habt ihr gebaut.
Lennard: nee das ham wir selbst gebaut
Oliver: └ gebaut.

Y: okay. und wozu?
Lennard: └ das war sau viel Arbeit. (.) keine Ahnung. dass wir konnten uns verstecken und so
Y: ach so
Oliver: und dadrüber halt über dem Loch, lag noch so=n Kasten, den man aufklappen konnte.
Lennard: den ham wir mal von der Kita gekriegt und da Bretter rausge(kriegt)
Y: und sind die da jetzt immer noch da drin, oder die sind rausgeholt
Lennard: └ nee (.) ja, alles is (.) alles is raus.
Oliver: └ ham wir zugeschüttet. hatten wir da Loch mal (.)
Lennard: dis war gebuddelt, wollten (.) da drunter in die Hütten=n (.) Gang graben,
Oliver: └ ja bloß aber das war dann zu viel Arbeit, dass wir das. dass wir
Y: └ n=Geheimgang?
Lennard: und dann als wir hatten auch scho=mal hierlang, und dann ist es da unten eingesackt
Oliver: genau und dann hatten wir da doch, da hattet ihr da doch so=nen Kühlschrank oder so was, ne? mit Eis
Lennard: └ ja, mit da ham wir dann im Winter ham wird das gegraben, und dann ham wir da Eis reingemachet, so=ne fetten Eissäulen? als Kühlschrank
Oliver: └ ja und dann Apfelschorle, reingelegt.

Wenn die beiden vom »Grundwasser« erzählen oder wie die Wände mit »Brettern gesichert« wurden, inszenieren sie sich als Geologen und Tunnelbauer, die eine eigene unterirdische Welt erforschen und erschaffen. Immer wieder reflektieren die Kinder implizit auch die eigenen Begrenzungen: Wie tief können wir graben, sodass wir wieder herauskommen? Wie viel Erde schaffen wir zu entfernen? Wie tief schaffen wir zu graben? Was können wir unter der Erde konstruieren, ohne dass es einstürzt? Offenbar suchen sich die Kinder hier also Herausforderungen, die sie gerade noch bewältigen können, bzw. beschäftigen sich mit der Frage, was sie bereits oder noch nicht erreichen können. Es wird deutlich, dass sie ein großes Interesse daran haben, (Bau-)Pläne auch in die Tat umzusetzen, etwas zu (er-)schaffen und dabei Lösungen für Herausforderungen zu finden (heraussickerndes Grundwasser, Einsacken von Gängen etc.). Sie sind daran orientiert, einer ernsthaften, körperlich anstrengenden und komplizierten Arbeit nachzugehen und systematisch ein gemeinsames Ziel zu verfolgen.

Die geschilderte Episode mit dem eisbestückten Kühlschrank im Winter zur Kühlung von Apfelschorle mutet in diesem Zusammenhang als Belohnung für die Anstrengungen des Grabens und Bauens an, mit deren Hilfe sich die Kinder darüber hinaus als geniale Erfinder präsentieren. So scheint es nicht nur darum zu gehen, ein Haus oder Höhlen zu bauen, sondern auch darum, wie es wäre, dort später tatsächlich zu leben. Insgesamt erproben sie hier also ein Leben als Erwachsene, die sich selbst versorgen können.

Alles in allem wird in den zwei Sequenzen das Bedürfnis der Kinder deutlich, etwas handlungspraktisch zu tun und sich über Tage, unabhängig von den Erwachsenen, der eigenen »Arbeit« widmen zu können. Dem Bauen einer Hütte, dem Pflegen eines Gartens und dem Konstruieren eines unterirdischen Höhlensystems ist gemeinsam, dass sich die Kinder dabei in unterschiedliche Kultur- und Überlebenstechniken einüben und praktische Tätigkeiten wie die eines (erwachsenen) Bauleiters, Bauarbeiters, Architekten, Gärtners, Tunnelbauers, Geologen, Erfinders, Ingenieurs usw. ausprobieren. All diese Tätigkeiten erfordern eine große Vielfalt an Wissen und Können sowie eine gemeinschaftliche Anstrengung. In den Beispielen dokumentiert sich zum einen die Faszination der Kinder an der Natur und ihren Phänomenen und zum anderen ihr Wunsch, die Natur wirkmächtig kultivieren, sich aneignen und nach den eigenen Vorstellungen formen zu können. Letztlich machen die Kinder Selbstwirksamkeitserfahrungen, indem sie für sich sorgen, sich Schutzräume erschaffen, sich von anderen abgrenzen, sich ernähren und die Umwelt für die eigenen Zwecke »umleben«[13].

Empirisches Beispiel II: Poetry-AG und Hortzeitung
Ganztag D, Malinterview

Auch im folgenden Beispiel schildert ein Mädchen intensive Bildungserfahrungen, die sie durch handlungspraktische Tätigkeiten mit Ernstcharakter macht. In einem Malinterview zeichnet Anne den Hort in Außenansicht und erinnert sich dabei an das Hortfest, bei dem ihr die Aufführung der Poetry-AG sehr wichtig war.

Y: er- kanns=te noch=n bisschen erzählen was ihr da so gemacht habt oder was da so passiert is?
Anne: └ Also wir haben? (.) wir haben es gab da ne Poetry-AG. und ähm da war ich mit dabei? und wir sollten einen Rap schreiben. und (.) ja dann haben wir so einen Rap geschrieben und dann haben wir den vorgeführt.
Y: weißt du noch wie der ging oder (.) oder um
Anne: also die andern habens haben was gerappt, ich hatte hier mein Sockengedicht?
Y: @okay@ nen Sockengedicht, mhm,
Anne: ja, äh (.) Ich mag Socken. also ich hab viele verschiedene Socken, weiße, bunte, schwarze, also ich hab sehr viele Socken.

Die Entwicklung des Raps schildert Anne hier als von Erwachsenen initiiert, sodann aber von einer Kindergruppe selbstständig entwickelt, wobei sie sich zunächst einschließt.

13 Zum Begriff des Umlebens vgl. Muchow und Muchow 2012: 159 f.

Die Aktivitäten in der Poetry-AG stehen im positiven Horizont: Die Kinder dürfen sich hier selbst etwas ausdenken und gestalten und ihre Bemühungen münden nicht in eine an standardisierte Kriterien ausgerichtete, individuelle Benotung, sondern in eine kollektive Aufführung, in der es gilt, die Zuschauer:innen mit einer gekonnten Leistung gut zu unterhalten.

Wenn Anne dann ihr eigenes »Sockengedicht« erläutert, dokumentiert sich darin zum einen der Stolz auf eine individuelle Performance, zum anderen der Mut, etwas von sich selbst preiszugeben und sich selbst vor aller Augen als Sockenliebhaberin zu inszenieren. Anne kann hier ihr Können zeigen, ohne dass es dabei um die Benotung einer normierten Leistungserbringung geht (wie das etwa bei einer Klassenarbeit der Fall ist).

Anne: es gibt jedes Jahr eine Vorführung? von der Poetry-AG. dieses Jahr gibt=s leider keine mehr, sondern die Hortzeitung.
Y: okay
Anne: da bin ich jetzt auch wieder dabei und mir macht das großen Spaß, und ich schreib auch gerne Artikel.
Y: was hast du denn ma- für nen Artikel geschrieben?
Anne: also ich hab=nen Artikel geschrieben, über das Klima und den Klimawandel und der Greta Thunberg?
Y: aha, okay.
Anne: und das wurde ein sehr langer, ähm Bericht so? und das ham wir halt dieses Jahr vorgeführt. aber die Zeitung die kommt die müsste jetzt irgendwann rauskommen? das ist unsere allererste?
Y: okay?
[...]
Y: und das mit der Hortzeitung, kannst du ungefähr sagen, was da in dem Artikel drinsteht, mit der Greta Thunberg?
Anne: (2) @also@ ungefähr kann ich das, also nur ungefähr ich hab halt
Y: ja, alles gut.
Anne: ich hab halt nicht nur über die Greta Thunberg, sondern auch über das Klima und die Bäume, wie wichtig die Bäume für uns sind. und ähm (.) über Greta Thunberg hab ich so geschrieben (.) so sie ist ähm (.) ich glaube war=s mit elf oder mit zwölf?
Y: mhm,
Anne: is sie auf die Sch- das erste Mal auf die Straße gegang- und hat demonstriert gegen das heftige Klimawandel, und ähm und jetz=is sie einige der wichtigsten ähm halt Mitglieder von diesem Umweltdingsdabumsda. und dieses und die macht jetzt Frei- Fridays for Future. ähm und sie hat halt immer wieder die Schule geschwänzt, damit sie auf die Straße gehen kann und demonstriert. und jetzt ist sie sechzehn, hab ich auch so geschrieben und hab ich auch geschrieben, wie=s mit den Bäumen so ist, dass die mit ihren Blättern, ähm das CO_2 nehmen, (.) und das halt umwandeln, in Zucker? das hab ich vielleicht nicht so genau beschrieben,

aber die verwandeln das CO_2 in Zucker, und dabei entsteht ähm die Luft. und die Luft atmen sie dann aus die Blätter, und halt für die ist das Müll. und für uns ist das halt gut und für die Tiere. (.) und ähm den Zucker brauchen die zum (.) Leben und so und ja.

Offenbar bietet der Hort dem Mädchen verschiedene »Bühnen«, die sie für künstlerischen Ausdruck und das Finden einer eigenen Meinung bzw. ihrer Stimme nutzt. So schildert Anne im Rahmen der Poetry-AG und der Hortzeitungs-AG verschiedene künstlerische Aktivitäten wie Rappen, Dichten oder Texteschreiben, die sie mit Freude und Engagement ausprobiert.

Am Beispiel des Artikels in der Hortzeitung wird deutlich, dass sie ein aktuelles, komplexes und existenziell wichtiges Thema erfasst und einordnet: sie erklärt – ganz wie ein Zeitungsartikel das auch tun könnte – das Prinzip der Fotosynthese und verbindet dies mit der aktuellen Fridays-for-Future-Bewegung. Der Rückgriff auf Greta Thunberg ist dabei besonders interessant, da diese ein Symbol für die Autonomie, die Zukunftsgerichtetheit und den Wunsch nach (Mit-)Gestaltungsmöglichkeiten und Wirkmächtigkeit der jüngeren Generation ist, mit der sich Anne offenbar identifiziert. So scheint es ihrein Anliegen zu sein, über das Thema Klimawandel zu schreiben. Zudem steht die jugendliche Aktivistin Thunberg mit dem Schuleschwänzen und dem Rebellieren gegen das Machtmonopol der Erwachsenen für einen maximalen Kontrast zu einer Welt, in der die Themen und Anliegen der Kinder nachrangig verhandelt oder missachtet werden.

Implizit erscheint dadurch auch der Ganztag als Ort, der lebensnäher ist, an dem die Kinder ihren Interessen nachgehen können und der so ein Gegengewicht zur Schule bildet.

Y: und ähm wie macht ihr das mit der Hortzeitung, meinst du das da gibt=s ne AG, also wie läuft -

Anne: └ es gibt ne AG. Meistens jeden Mittwoch, Frau Weber hatte die letzte Zeit nicht so viel Zeit und wir ham das =n bisschen ausfallen lassen, weil es gab kein- Zweitchef? und jetzt ist der (.) ich bin nicht so gut im Namenmerken.

Y: alles gut, ich auch nicht,

Anne: ähm und dann kann so=n Mann, also ich weiß schon den Namen, mir fällt nur nicht ein. und der ist jetzt der Zweitchef und Frau Weber hat dann mehr Zeit. also morgen wird dann die AG stattfinden? hier dann im Nebenraum, und dann überlegen wir uns also wahrscheinlich wird Frau Weber uns jetzt bisschen sagen und wird Sachen reinstellen, die wir so gemacht haben so? und dann hat der Ismail, noch einen Artikel über Wrestling reingemacht @(.)@ und die ähm Amira, hat ähm glaub=ich eins über Wetter, und eins über Katzen reingemacht.

[...]

Y: ich wollte noch mal fragen, kannst du erklären, was das Tolle ist an der

Hortzeitung? kannst du das äh ja erklären.

Anne: ich war ja vorher in der Poetry-AG [...] ähm in der zweiten Klasse hab ich angefangen mit der Poetry-AG. und mir hat das Spaß gemacht in einer Gemeinschaft, mir hat Spaß gemacht Texte zu schreiben; und halt mir Gedanken zu machen zum Beispiel jetzt zum Beispiel wir ham viel geredet zum Beispiel der Alex der war auch dabei, der ist jetzt in der Fünften, ähm der hat der hat Riesenangst vor Spinnen und wenn man jetzt so gemacht hat, dann hat der sich richtig @erschrocken@

Y: okay @(.)@

Anne: und wir ham einfach so über Gruselgeschichten so äh geredet und dann ham wir so Gruselgeschichten geschrieben. eigentlich wollte Frau Weber ähm so eine Frau, die auch die Sachen vorliest, die sie selbst geschrieben hat, haben wir dann aber nicht mehr geschafft,

Y: mal einladen oder meinst du

Anne: ja genau. ähm so und mir macht das Riesenspaß mit anderen zusammen Texte zu schreiben und sich halt selbst Texte auszudenken. und deshalb mach ich jetzt da auch in der Hortzeitung mit.

Y: okay=okay. und ähm wie ist das kann man das auch in der Schule machen mit den Texten so was mit andern zusammen schreiben, oder geht das besser hier im Hort, was würdst du sagen?

Anne: ich glaube, es geht besser im Hort. weil in der Schule sind alle immer so angespannt. zum Beispiel meine Freundin Liliana die und ich wir sind halt in der Schule so eher auf Lernmodus und ich glaube und man in der Schule hat man auch kein Fach (.) dafür. und unsere Lehrerin, sie mag halt keine Hausaufgabengutscheine, und sie ham und wir ham das jetzt eingeführt. aber sie verteilt das gerne, wenn=s uns Kinder freut. aber ich glaube sie würde jetzt nicht noch mal ein Fach dazu machen weil wir ham jetzt (.) dreiundsechzig Proben in ei=m Schuljahr ((seufzt)).

Y: Proben für was oder

Anne: halt so Proben. Deutsch Mathe

Y: ach so ach so, ja alles klar.

Anne: und wir müssen immer jede Woche sehr viel lernen und dann is Frau Schuster nich so, dass sie jetzt noch gerne ein neues Fach dazu machen würde und halt halt dieses mit eine Geschichte schreiben. es gibt ja die AG am Nachmittag.

Y: in der Schule oder

Anne: Schülerzeitung

Y: ah okay

Anne: aber das mag ich nicht so gerne, weil da andere Kinder sind, die finde ich persönlich (.) mhm (.) halt so wie der Michael. der immer Schmarren macht und so. und die arbeiten halt mit Tablets und ich mag=s halt lieber wir ham mal nen Heft bekommen und ich mag=s ähm lieber das mit den Händen aufzuschreiben und nicht mit dem Tablet.

Hier wird die ambivalente Rolle der Erwachsenen deutlich, die auf der einen Seite implizit gelobt werden, und zwar zum einen in Person der Hortleitung, dass diese die Zeitung ins Leben ruft und die Kinder im Prozess anleitet, sowie zum anderen die Lehrerin, der grundsätzlich ein guter Wille unterstellt wird. Auf der anderen Seite werden auch verschiedene Zwänge angeführt, denen die Erwachsenen unterliegen, über die sich Anne zwar sehr verständnisvoll, aber nachdrücklich beschwert: So beklagt sie, dass die Poetry-AG abgeschafft wurde, dass der Personalmangel im Hort zu Ausfällen bei der geliebten Hortzeitungs-AG führt, dass Versprechungen, wie das Einladen einer Schriftstellerin zur Lesung, nicht eingehalten wurden und dass in der Schule so viele Prüfungen (»Proben«) anstehen, dass keine Zeit mehr dafür ist, Geschichten zu schreiben. Insgesamt scheint sie traurig darüber zu sein, den als sinnstiftend und interessant empfundenen Aktivitäten des Texteschreibens und des künstlerischen Ausdrucks nicht öfter nachgehen zu können.

Umso wichtiger scheinen die anderen Kinder zu sein, die ihrerseits interessante und/oder witzige Inhalte einbringen, wie »Wrestling«, »Wetter« und »Katzen«, oder wie Alex, der die Gruselgeschichten beiträgt. Die Poetry-AG ist im Fall der Konfrontation mit der Angst vor Spinnen viel mehr als nur ein Betreuungsangebot, sondern ein Ort, an dem die Kinder sich mit ihren Ängsten auseinandersetzen und sich in Form von Geschichten bei der Bewältigung dieser Ängste gegenseitig helfen. So schildert Anne diese Treffen auch als eine kollektive Therapie, in der einem Kind geholfen wurde, mit seiner Spinnenphobie umzugehen.

Im positiven Horizont von Anne steht ein Ganztag, in dem es Zeit für die eigenen Themen gibt, in dem Freiräume eröffnet werden, wie sich Kindergruppen mit dem beschäftigen können, was sie bewegt, und in dem sie ohne Zwang und Druck ihren Interessen nachgehen können. Dabei wollen sie handlungspraktisch erste ernsthafte Tätigkeiten ausführen, die bestimmten Berufen wie hier Rapper:in, Schriftsteller:in oder Journalist:in ähneln.

Dass die Kinder dabei intensive Bildungserfahrungen machen können, zeigen eindrücklich die Beispiele von Anne sowie von Oliver und Lennard.

3.4 Sich in riskante, herausfordernde Bewegungsaktivitäten und in (kompetitive) Bewegungsspiele vertiefen

Kinder wünschen sich im Ganztag Gelegenheiten für herausfordernde, (etwas) riskante Bewegungsaktivitäten, die ihnen zum einen ermöglichen, ihre körperlichen Fähigkeiten auszutesten und zu erweitern, und zum anderen, sich untereinander zu messen. Anstrengende, anspruchsvolle und teils spektakuläre Bewegungsspiele können einen Wettkampf- oder Konkurrenzcharakter haben oder aber von gegenseitiger Unterstützung und geteiltem Flow geprägt sein. Die Peers sind – als Ko-Konstrukteur:innen in symmetrischen Beziehungen – Mitspieler:innen oder Gegner:innen, Publikum oder Vorbild. In der Perspektive der Kinder ist das intensive Sich-Bewegen jenseits der Bewertungslogiken des Sportunterrichts als Pendant zum begrenzten und die Bewegung begrenzenden Sitzplatz im Klassenzimmer unabdingbar.

Empirisches Beispiel I: Außenbereich
Ganztag B, Kinderzeichnung

Abbildung 49: Kinderzeichnung von Anja

Das von Anja gezeichnete Bild ist konzentrisch aufgebaut. Im Zentrum ist eine lilafarbene Figur neben einem runden Element zu sehen, das an einen Fußball erinnert, aber so groß ist wie die Figur selbst. Richtet man den Blick von der Figur aus gesehen weiter nach außen, sind sie und der Ball von einer weißen Fläche umgeben, die wiederum von einem kreisrunden Gebilde mit vier braunen Ringen umschlossen wird. Nach einer Freifläche folgt eine weitere braune, bogenförmige Linie, die eine Trennung bildet zu einer Vielzahl einzelner Elemente, die sich in einem das Blatt nun ausfüllenden Bogen um das Zentrum gruppieren. Dabei handelt es sich sowohl um Naturelemente wie Bäume und Grünflächen als auch um Bauwerke bzw. Spielgeräte. Auffällig sind dabei die lilafarbenen Figuren, die der in der Mitte des Bildes gleichen und an jedem der äußeren Elemente zu finden sind. In der linken unteren Ecke sind neben der Aufschrift »Das bin ich und meine Freunde« drei weitere Figuren in drei verschiedenen Farben gezeichnet, die sich auch an einem der Elemente in der oberen Bildmitte wiederfinden.

Anja hat den Außenbereich ihres Horts gezeichnet und benennt im malbegleitenden Interview die einzelnen Elemente des Bildes. In der Mitte befindet sich das Amphitheater; darin liegt ein Fußball. Die anderen Bestandteile des Bildes ordnen sich um das Theater an: rechts unten ein Kletterbaum und ein Klettergerüst, darüber eine Schaukel und der Römerturm, im oberen Bereich mehrere Bäume. An einem ist ein Gerüst angebracht, das ebenfalls zum Klettern geeignet ist. Zwischen den Bäumen ist ein Trampolin zu sehen. Links oben befindet sich der Garten. Darunter ist das von oben gezeichnete Hexenhaus zu erkennen. Links unten befinden sich noch ein kleinerer Garten sowie ein kleines, selbst gebautes Haus. Der linke Bildrand zeigt den Grenzzaun des Grundstücks; oben rechts ist eine Sonne zu erkennen. Zudem sind im Bild verteilt immer wieder Figuren derselben Farbe gezeichnet. Im Interview berichtet Anja, dass sie sich dabei immer selbst bei verschiedenen Aktivitäten dargestellt hat. Nur bei der selbst gebauten Hütte sei sie sehr selten und möge auch kein Fußballspielen. Die bunten Figuren stellen Freunde von Anja dar, was durch den Titel »Das bin ich und meine Freunde« unterstrichen wird.

Abbildung 50: Kinderzeichnung von Anja mit Planimetrie

Die eingezeichnete schwarze Linie verdeutlicht die Planimetrie des Bildes. So wird die Konzentrizität des Bildes deutlich: Vom Zentrum des Bildes – von der lilafarbenen Figur und dem Fußball – sind alle Orte/Gebilde auf der schwarzen Linie gleich weit entfernt und stehen damit hierarchisch auf einer Ebene. Die weißen Freiflächen in und um das Amphitheater in der Mitte betonen die Zentralität dieses Mittelpunktes noch. In der das gesamte Blatt ausfüllenden Anordnung der verschiedenen Naturelemente bzw. Bauwerke und Spielgeräte um diese Mitte entsteht ein halbrundes Ensemble, das durch Zaun und Sonne eingerahmt wird und nach oben und zu den Seiten hin geschlossen wirkt. Nur nach unten, zum bzw. zur Betrachter:in hin, öffnet sich die Komposition und wirkt damit einladend.

Die Figuren bringen Bewegung in diese geordnete Struktur, indem sie im Verhältnis zu den Geräten und Gebäuden jeweils unterschiedlich angeordnet und in verschiedenen Interaktionen mit den Elementen der Zeichnung dargestellt sind.

Das Bild ist zudem von schräg oben gezeichnet, indem es die Vogelperspektive auf Amphitheater, Trampolin und Wiese mit einer Frontalperspektive auf die Figuren, Spielgeräte und Bäume kombiniert. Die gelbe Hütte links unten ist zudem um 90 Grad gedreht gemalt und damit zur Mitte hin orientiert. Insgesamt erinnert die Perspektivität an eine dreidimensionale Karte oder ein Spielbrett, die sowohl einen Überblick über die verschiedenen Aktivitäten als auch einen Einblick in deren Nutzung geben. Es wird deutlich, dass Anja über eine gute und detaillierte Ortskenntnis verfügt und den Außenbereich als Gesamtensemble in seiner Bedeutung hervorhebt.

Auf die Bitte, den Ganztag zu zeichnen, malt Anja hier das Außengelände der aktiven Naturschule und unterstreicht damit die Bedeutung des Draußen-Seins (siehe auch Dimension 4.1 »Naturerfahrungen machen«). Der im Amphitheater befindliche Mittelpunkt scheint deswegen bedeutend zu sein, weil er einen idealen Orientierungs- und Ausgangspunkt für eine große Vielfalt möglicher Aktivitäten im Umkreis darstellt. Auch wenn Anja Fußballspielen »nicht mag«, zeichnet sie sich hier mit einem übergroßen Fußball – als wolle sie unterstreichen, dass dieser Platz nicht nur für alle Kinder, sondern auch für *sie* eine Einladung zum (kollektiven) Fußballspielen darstellt.

Rund um das Amphitheater sind überwiegend Elemente angeordnet, die zur Bewegung einladen: Am Kletterbaum, am Klettergerüst, an der Schaukel, auf dem Römerturm, an der Treppe zum Baum, auf dem Trampolin, im Garten, in der Hexenhütte und an der selbst gebauten Hütte können eine ganze Reihe unterschiedlicher Bewegungen erprobt werden wie Hangeln, Balancieren, Klettern, Schaukeln, Hinaus- und Hinuntersteigen oder Springen. Der Reichtum der Möglichkeiten wird auch deutlich an der Bandbreite von Körperstellungen, in denen die Figuren gezeichnet sind: Eine scheint am Römerturm zu klettern, während eine andere jubelnd oben steht; eine scheint auf einer Schaukel zu schaukeln, während eine andere am Klettergerüst hangelt oder balanciert. Auffällig ist zudem, dass die Figuren Geräten und Gebäuden gegenüberstehen, die sehr viel größer sind als sie selbst; die jubelnden Gesten der Figuren auf Römerturm, Podest mit Treppe und Trampolin können daher auch als Freude oder Stolz gelesen werden, eine echte Herausforderung gemeistert zu haben.

Im positiven Horizont von Anja steht, eine große Auswahl an Bewegungsaktivitäten zu haben, die es ermöglichen, den Körper in verschiedenen Bewegungsarten und Positionen allein oder im Verhältnis zu anderen Kindern und im Verhältnis zu einer Vielfalt unterschiedlicher Naturelemente und Bauwerke wahrzunehmen und echte Herausforderungen zu bewältigen. Die potenzielle Vielschichtigkeit der Körperwahrnehmungen und Perspektiven spiegelt sich ebenfalls in der Mehrperspektivität des Bildes, die aber nicht stört. Im Gegenteil: Es entsteht ein einladendes, vielfältiges, buntes und rundes Abbild des Außengeländes der Naturschule.

Empirisches Beispiel II: Schaukel-Springen
Ganztag E, Teilnehmende Beobachtung

In diesem Beispiel zeigen zwei Kinder spektakuläre Sprünge von einer Schaukel. Die Hortgruppe ist gemeinsam auf dem Weg in den Wald. Unterwegs befindet sich ein Spielplatz auf einer Wiese. Hier führen zwei Kinder Sprünge von einer Schaukel vor und lassen sich dabei vom Forscher filmen. Direkt unter den Schaukeln und am Ende der Rutsche sind braune, matschige Stellen zu sehen, da es kurz vorher geregnet hat. Vor den Schaukeln befindet sich eine größere freie Fläche, die durch das wachsende Gras und Moos weich erscheint. Die beiden Jungen tragen kälte- und nässeabweisende, vom Matsch bereits etwas verschmutzte Kleidung: Matschhosen, dicke Jacken, Handschuhe und Mützen. Gemeinsam genießen sie die ungeteilte Aufmerksamkeit der Kamera bzw. des Forschers.

Max sitzt auf der linken Schaukel und holt Schwung, erst langsam und dann immer schneller. Währenddessen schaukelt Tristan, der auf der rechten Schaukel sitzt, bereits ausgiebig. Er hält sich mit beiden Händen an den Metallketten fest und streckt seine Beine nach vorn. Als er hinten am höchsten Punkt angekommen ist, legt er sich mit seinem ganzen Gewicht in die Schaukel und holt damit noch mehr Schwung. Beim nächsten Schwung streckt er seine Beine nach unten und nicht nach vorne und hält damit seine Geschwindigkeit. Er lässt dann seine rechte Hand los und dreht im Sitzen die rechte Hüfte nach vorn. Als er den vordersten Punkt mit der Schaukel erreicht, rutscht er mit der vorgeschobenen Hüfte zuerst nach vorn von der Schaukel runter. Als er dann ungefähr einen Meter durch die Luft fliegt, ruft er freudig »Geronimo::« und lacht. Er landet auf beiden Beinen, fällt nach vorn auf seine Knie und rollt sich seitlich ab. Während er sich wieder aufrichtet, bleibt er kurz sitzen und schaut grinsend in die Kamera. Dann steht er auf und läuft zurück zur noch wackelnden Schaukel.

Derweil holt Max etwas engagierter als Tristan Schwung. Max fragt den Forscher auffordernd: »Kannst du ein Foto machen, wenn ich springe?« Dieser antwortet: »Das ist ein Video.« Max schaukelt immer höher, indem er immer am höchsten Punkt der Schaukel sein Gewicht in die Schaukel legt. Die letzten beiden Schwünge kommentiert er mit »So, (.) so, u::nd,«. Er lässt los und als er bereits in der Luft ist, sagt er mit lauter, freudiger Stimme: »ab geht=s«. Der Sprung enthält eine 180-Grad-Drehung, sodass Max auf den

Füßen, aber mit dem Rücken zur Kamera landet, dann nach hinten fällt und sich mit seinen Händen abfängt. Danach dreht er sich zur Kamera, sagt mit einem leichten Grinsen: »woah, ich hab mir von hint- ( ). au.« und richtet sich dann wieder auf. Währenddessen geht Tristan zur Schaukel zurück und versucht einmal vergeblich, mit seinem Po draufzuspringen. Nachdem es beim zweiten Versuch geklappt hat, beginnt er wieder, Schwung zu holen, und fokussiert dabei die Kamera.

Im wechselseitigen Schwungholen und Abspringen von der Schaukel ist ein indirekter Wettstreit zwischen den beiden Jungen zu erkennen. Dabei geht es um die Schwunghöhe und Sprungweite und darüber hinaus um die Aufmerksamkeit der Kamera bzw. des Forschers. Beide orientieren sich am Zuschauer und schauen immer wieder in die Kamera. Auch wenn sich die beiden Jungen gegenseitig keine Aufmerksamkeit schenken, bemühen sie sich, das Interesse des zuschauenden Forschers zu sichern, indem sie weiter und risikoreicher zu springen versuchen als der andere. Die beiden demonstrieren ihre Fähigkeiten und ihren Mut und bewegen sich dabei kontinuierlich an der Grenze zwischen Sicherheit (Tempo verlangsamen) und der Gefahr, sich wehzutun.

Max, der vom Forscher bei einem besonderen Sprung fotografiert werden möchte, tut sich beim Aufkommen weh, präsentiert sich aber seinem »Publikum« dann als hart im Nehmen. Der Reiz dieser Bewegungsaktivität liegt darin, möglichst geschickte und spektakuläre Sprünge vorzuführen und sich dabei an der Grenze zwischen »gerade noch sicher« und »gefährlich« zu bewegen. Sich auch einmal wehzutun, erscheint dabei wie eine Auszeichnung für den bewiesenen Mut. Der Bezug auf den Krieger Geronimo markiert zudem die Identifikation mit einer mutigen und kampferprobten Heldenfigur.

Während in Anjas Zeichnung vom Außenbereich die Vielfalt der Bewegungsmöglichkeiten sowie der dafür zur Verfügung stehende Platz, den die Kinder nutzen können, ohne sich in die Quere zu kommen, im positiven Horizont stehen, dokumentiert sich im »Schaukel-Springen« eine agonale Orientierung: Riskante, wagemutige Bewegungsaktivitäten bieten den Kindern die Möglichkeit, ihren Mut zu beweisen und sich mit anderen Kindern zu messen.

Empirisches Beispiel III: Kettcar
Ganztag C, Gartenführung

Auch im folgenden Beispiel geht es um spektakuläre Kunststücke, die die Kinder gern vorführen. Als zwei Kinder das Außengelände ihres Ganztags zeigen, kommen sie von selbst auf ein Kettcar zu sprechen, das zwei Mädchen zudem als einen ihrer Lieblingsorte fotografiert haben.

Abbildungen 51 und 52: Kettcar

Marian: mit diesem Doppelkettcar da hinten,
Y: ja?
Marian: fahren wir hier lang,
Y: ja?
Marian: dann fahren wir um ne scharfe Kurve, (.) da geht es ( ) hoch, dann fahren wir da so im Kreis; (2) ich kann des, Nino kann des auch.
Fite: also ich find auch schön, dass
Marian: ᴸ ich kann=s auch mal zeigen;
Y: ja; mach mal;
Fite: ich find=s schön, dass man hier Fahrzeuge hat;
Y: ja? das is wichtig, Fahrzeuge?
Marian: ja ohne Kettcars, (.) is doof.
Fite: eigentlich möchte ( ) dass in jeder Kita; in jedem Hort irgendwie ein Kettcar hat.
Y: okay; ja.
Fite: dann kann man sich wirklich bewegen, ohne rumzurennen, und auch wirklich Spaß da dran haben.
Y: mhm? Ja.
Fite: äh und, wo man auch irgendwie was hat, was man (.) machen muss, und was auch ein bisschen schwer is.
Y: okay? dass es ein bisschen schwer is,
Fite: die Pedalen treten, is irgendwann schwer.

Im Anschluss daran zeigen sie, wie sie auf zwei Rädern fahren können: Sie nehmen Fahrt auf, schlagen das Lenkrad ein, sodass das Kettcar eine scharfe Kurve nimmt und sich zur Seite neigt. Die Kunst besteht dann darin, auf nur zwei Rädern weiterzufahren, was sie durch das umgekippte Kettcar symbolisieren.

Auch in diesem Beispiel wird der Reiz des Risikos und des Vorführens von spektakulären Kunststücken deutlich, wenn die Kinder stolz berichten, dass sie »um ne scharfe

Kurve« bzw. »so im Kreis fahren« und es auch direkt zeigen wollen. Das Gefährt zu beschleunigen und bei hoher Geschwindigkeit (noch oder auch nicht mehr) kontrollieren zu können, scheint sehr attraktiv zu sein. Dass eine Bewegungsaktivität dabei auch anstrengend und mit dem Risiko des Scheiterns verbunden sein sollte, zugleich aber bewältigbar und ausreichend kontrollierbar sein muss, dokumentiert sich in der Aussage von Fite, dass es auch »ein bisschen schwer« sein soll.

Zuvor reflektiert er über die Bedeutung des In-Bewegung-Seins für Kinder: Seiner Meinung nach sollte ein Kettcar in jeder Kita und jedem Hort zur Standardausstattung gehören. Es ermöglicht den Kindern, so seine Perspektive, schnell unterwegs zu sein, ohne zu rennen. Im positiven Gegenhorizont zum Stillsitzen und Ruhigsein steht also die raumgreifende Bewegung. Das »Rumrennen« erlebt dagegen eine Abwertung: Während das Fahren eines Fahrzeugs eine ernsthafte und anstrengende Tätigkeit ist, erscheint das (ziellose) Rumrennen hier eher als kindlicher Aktionismus, über den Fite schon hinausgewachsen ist.

Empirisches Beispiel IV: Zombie-Ball
Ganztag B, Malinterview

Dass auch geregelte Spiele unter der Anleitung von Erwachsenen für Kinder reizvoll sein können, zeigt ein weiterer Ausschnitt aus einem Malinterview.

Y:	ah okay (.) und kannst du beschreiben, was euch dann am meisten Freude bereitet beim Sport? Dir und Lucille?
Tamara:	also ich glaub mir und Lucille macht Hochsprung sehr Spaß aber ich weiß es nicht ganz genau bei Lucille und ich glaub uns beiden macht auch noch Zombie-Spielen Spaß.

Tamara konkretisiert ihre sportlichen Vorlieben in der Sporthalle. Neben der Leichtathletikdisziplin Hochsprung nennt Tamara auch Zombie-Spielen. Daran verdeutlicht sich ein breites Interesse an verschiedenen Bewegungsformen, das ein homologes Muster zum ersten Beispiel darstellt. Hochsprung ist eine Einzelsportart, in der es darum geht, möglichst hoch zu springen und sich mit anderen Sportler:innen zu messen. Der Name Zombie-Spielen hingegen lässt auf eine weniger leistungsorientierte Bewegungsform schließen.

Y:	Zombie-Spielen? kannst du das noch mal erklären?
Tamara:	also ähm, also Zombie-Ball heißt das
Y:	ach Zombie-Ball
Tamara:	das ist ähm (.) wenn (.) ganz viele sind da halt und dann wird ein Ball reingeworfen, dann muss jemand zu dem Ball gehen und darf drei Schritte gehen, mehr aber nicht und darf dann jemanden abball- ballern wenn äh derjenige gefangen hat, dann ist der raus der geworfen hat und

> wenn ähm er (.) aber getroffen wurde, dann ist der raus der getroffen wurde und (.) wenn er nicht getroffen wird, dann ist halt gar nichts aber wenn er rausgeworfen wurde, dann muss er warten bis der der ihn abgeworfen hat, bis der dann raus ist, dann kann er wieder rein.

»Zombie-Ball« wird von Tamara als Spiel mit klaren Regeln beschrieben (dürfen und müssen). Aber diese Regeln ermöglichen den Kindern, Dinge zu tun, die außerhalb des spielerischen Rahmens verboten wären (»jemanden abball- ballern«). Zudem wird das Spiel als Gemeinschaftserlebnis beschrieben, an dem viele Kinder teilnehmen. Auch hier werden die Fähigkeiten der Kinder auf die Probe gestellt, zum Beispiel, wenn sie einen Ball fangen oder ihm schnell ausweichen können. Es geht hier aber nicht um die Ermittlung von Gewinner:innen und Verlierer:innen, sondern um die offensichtlich reizvolle Dynamik, die sich daraus ergibt, dass man aus dem Spiel »raus«geworfen wird, aber auch wieder hineinkommen kann, wenn der:die Abwerfer:in selbst getroffen wurde.

Weitere Beispiele aus den Fotos der Kinder und der Forscher:innen

Nachfolgend finden sich noch weitere Eindrücke der Orte, die von Kindern als Lieblingsorte gezeigt wurden, die mit Bewegungsaktivitäten und motorischen Fertigkeiten in Verbindung gebracht werden können und wiederum eine große Vielfalt repräsentieren.

Abbildungen 53–62: Verschiedene Bewegungsaktivitäten

4. Qualitätsbereich: Die Erweiterung des Bildungsraums Ganztag in die Natur und die Außenwelt

Der Ganztag ist ein außerunterrichtliches Setting, das mit seinen Angeboten über das hinausgehen kann, was in einem lehrplanorientierten und stark einzelfachzentrierten Unterricht möglich ist: Der Bildungsraum Ganztag kann in den Natur- und den Sozialraum hinein geöffnet und ausgedehnt werden. Das Draußen-Sein erweitert die Bildungsgelegenheiten der Kinder, indem sich ihnen hier eine große Offenheit und Vielfalt an Erfahrungs-, Handlungs- und Gestaltungsmöglichkeiten eröffnet.

Kinder wünschen sich, über die Grenzen des Ganztags hinausgehen zu können: Sie wollen zum einen die Außenwelt kennenlernen und den Sozialraum mitgestalten; die Natur bietet ihnen zum anderen einen alternativen Raum für die Gestaltung von Peer-Beziehungen, eine große Vielfalt an Spiel- und Arbeitsmöglichkeiten sowie Potenziale für qualitativ andere Bewegungs- und Selbstwirksamkeitserfahrungen, als in einem Gebäude möglich sind.

Im negativen Gegenhorizont der Kinder steht es, wenn der Ganztag wie eine nach außen abgeschlossene Insel gestaltet ist, die in ihrer Perspektive nichts bzw. nicht genug mit dem »richtigen« Leben zu tun hat und ihnen keine Freiräume für selbstverantwortliches Handeln zugesteht.

4.1 Naturerfahrungen machen

Kinder nutzen – wenn möglich – die große Vielfalt an Bewegungs-, Explorations- und Spielgelegenheiten, die sich ihnen in der Natur eröffnen, sehr intensiv. Sie suchen und schätzen starke, alle Sinne ansprechende Eindrücke und Erfahrungen sowie die Vielfalt der nicht normierten Materialität in natürlichen Umgebungen. Dabei stehen der direkte Kontakt zu Pflanzen und Tieren sowie Erfahrungen mit den Elementen und Wetterphänomenen im positiven Horizont der Kinder. Das Draußen-Sein stellt in ihrer Perspektive ein wichtiges Pendant zum Drinnen-Sein dar, zu einer kontrollierten, bewegungsarmen Unterrichtskultur sowie zu normierten Lern- und Spielmaterialien.

Empirisches Beispiel I: Wald
Ganztag A, Fotospaziergang

Abbildung 63: Lieblingsort Max (1)

Y:	[...] und was ist gut an dem Wald?
Max:	hm, dass man so halb in die Natur leben kann
Y:	aha und kannst du beschreiben, was ihr da manchmal spielt?
Max:	öh (.) verstecken?
Y:	hm (.) okay. und was ist daran so besonders an dem Ort im Vergleich zu den anderen Orten hier auf dem Gelände?
Max:	dass da:: mehrere Kinder spielen also da gehen viele Kinder, weil da ganz hinten, diesen Ort habe ich noch vergessen zu fotografieren, ähm da war ähm, das ist sogar ähm ich nenn das immer ähm Tierort, weil da ist sogar so ähm so hmmm so Blumen, da sind so Blumen und da ham wir so ein:: Nest für die Tiere gebaut, also für die Insekten (.) dann komm die da immer mehr und mehr, dann gehn die da und ja, dann schlafen die halt da. Und einmal gab=s hier sogar ein Fuchs, also dahinten.
Y:	wow und wer hat den gesehen? habt ihr den auch gesehen?
Max:	ja.
Melek:	└ ein paar Kinder in einer Pause
Max:	ja das warn die 2a (.) nein 3a, 3a
Y:	okay und der war auch da so in dem Gebüsch?
Max:	ja. also nich in diesem aber von dem dahinten

Melek:	und in der zweiten Pause durften wir dann nicht mehr raus
Y:	a- an dem Tag, an dem der Fuchs da war?
Max:	ja, das fand ich voll blöd
Y:	warum, also warum,
Max:	└ weil das war dahinten, dann könnten die doch eine Seite absperren und dann können wir auf dem Schulhof spielen (.) und, und am Rest ist die ähm (.) also weggerannt (.) richtig hui:::
Melek:	ja die hatten sie im Arm, wollten die den Leuten da geben, die angekommen sind, um den Fuchs wieder zu holen
Y:	was hatten die? den Fuchs hatten die im Arm?
Melek:	ja und dann ist der so unten, nach unten gesprungen und im Garten gegangen
Max:	ja und das war auch verletzt
Y:	└ aber wer hatte den im Arm? Kinder?
Max:	na Frau Kircher
Y:	ach=so die Lehrerin
Max:	ja also Frau Kircher, Frau Kircher hat sich darum gekümmert und dann hatten die gefürchtet, dass sie in ähm und die war da so beim Schulgarten, also das habe ich auch fotografiert also beim, neben dem roten Haus.

Wenn Max das Leben »halb in der Natur« positiv hervorhebt, kommt seine Wertschätzung gegenüber einem natürlichen, ungezähmten und wilden Ort inmitten der Zivilisation zum Ausdruck. Max imaginiert gewissermaßen einen Naturraum in die Schule und den Ganztag hinein, in dem die Kinder auf sich gestellt sind und ihr Groß- und Unabhängigsein unter Beweis stellen können. Dass dies im Rahmen und Schutzraum der Erwachsenen bzw. der Schule verortet ist, in der das andere »halbe« Leben stattfindet, ist Max bewusst.

Auf Nachfrage schildert er den Ort als eigene kleine, facettenreiche Welt, die von verschiedenen Pflanzen und Tieren bevölkert ist und in der es sich gut verstecken lässt. Sie bietet offenbar Raum für elementare Erfahrungen: So lässt die Beschreibung des »Tierortes«, an dem die Kinder ein Nest für Insekten gebaut haben, darauf schließen, dass sie sich mit den Phänomenen und Gesetzen der Natur beschäftigen und sich um die Insekten kümmern. Sie übernehmen also den Tieren gegenüber eine fürsorgliche Rolle, wie es sonst Erwachsene für Kinder tun.

Den Höhepunkt der Sequenz bildet die Episode, in der die Kinder vom Fuchs erzählen. Sie erinnern sich offenbar gut an dieses besondere Ereignis. In der Anziehung, die von dem Fuchs ausgeht, dokumentiert sich, dass die Kinder ihn zum einen als Lebewesen interessant finden und sie eine Begegnung mit ihm reizt. Zum anderen zeigt sich, dass hier eine Welt von außerhalb des Ganztags eindringt und sich verschiedene Sphären überlagern, die sonst nicht miteinander verbunden sind. Damit ist auch die Faszination der Kinder in Bezug auf das »Fremde« verbunden, das reizvoll ist, aber auch eine potenzielle Gefahr bedeutet und daher die Präsenz von schutzspendenden Erwachsenen erforderlich macht.

In der Sequenz dokumentiert sich, dass ein Ineinandergreifen von institutionellem Raum und Naturraum als ungewöhnlich erlebt wird und eine besondere Spannung erzeugt. Da es keinen alltäglichen, habituellen Umgang damit gibt, wie zum Beispiel mit einem Fuchs auf dem Schulgelände umzugehen ist, fühlen die Kinder sich mitverantwortlich für das Finden einer Lösung. Sie genießen Ereignisse, die vom üblichen schulischen Alltag abweichen (siehe auch Dimension 4.2 »Ausflüge machen und die Außenwelt erfahren«).

Abbildungen 64–66: Lieblingsorte Max (Wald)

Abbildungen 67–69: Lieblingsorte Max (Blumen)

In den weiteren Fotos, die Max von seinen Lieblingsorten gemacht hat, wird deutlich, dass er ein großes Interesse an der Natur hat, an Bäumen und Blumen. In den sechs Fotos dokumentiert sich, wie sehr ihn die von Büschen, Blumen, Ranken, Blättern, Zweigen, Ästen und Stämmen bewachsenen und geprägten Orte faszinieren. Zu den zwei Motiven des Waldes und der Blumen macht er dabei jeweils sowohl Aufnahmen in der Totalen als auch Nahaufnahmen, bei denen er bestimmte Details in den Fokus rückt. So stellt er beispielsweise auf einem Foto (Abbildung 67) eine Vielfalt von in vielen Farben leuchtenden Blumen dar, bevor er auf zwei weiteren (Abbildungen 68 und 69) jeweils zwei andere einzelne Blumen in den Mittelpunkt rückt und damit ihre Einzigartigkeit unterstreicht.

Eine Nahaufnahme (Abbildung 66) zeigt dann wiederum homolog zum zuvor ausführlich interpretierten Bild (Abbildung 63) einen Ausschnitt der Natur in Verbindung mit einem Zaun viel detailreicher. Interessant ist dabei die Verwobenheit der ungeordnet wachsenden Blätter und Ranken des Efeus mit den regelmäßigen Metallstreben des Zauns. Der Kontrast der wilden und ungebändigten, sich ihren Weg selbst suchenden und lebendigen Natur mit dem begrenzenden, vom Menschen gemachten Zaun, der abschirmt, aber auch schützt, wird hier zum wiederholten Male deutlich.

Interessant ist auch, dass er vier Fotos von scheinbar »ungezähmter« Natur an der Außengrenze des Schulgeländes gemacht hat (Abbildungen 63–66) sowie drei

Fotos von Blumen, die eher zur domestizierten und kultivierten Natur gezählt werden können, welche die Kinder mitgestalten und pflegen können (Abbildungen 67–69).

Fortsetzung empirisches Beispiel I: Wald
Ganztag A, Fotospaziergang

Die folgende Sequenz entstammt ebenfalls einem Fotogespräch mit zwei Mädchen – Romy und Mina – aus derselben Einrichtung.

Y:	ja, was ist das?
Romy:	der W- Wald
Mina:	der Wald
Y:	das ist der Wald.
Romy:	ja sie ist gern im Wald muss ich gestehen
Mina:	hm hm (bejahend)
Y:	die Mina ist gern im Wald?
Mina:	hm hm (bejahend)
Romy:	ja
Mina:	da
Y:	okay und was kann man da Besonderes machen?
Mina:	da kann man so ähm zum Beispiel so tun als ob man auf einer Waldsuche ist oder auf einem
Romy:	und da kann man gut Verstecken spielen und Fangen
Mina:	und das Gute daran
Romy:	das ist ein kleiner Hindernisparcours
Mina:	und das Gute daran i=ist, was die Bäume auch ähm
Romy:	Sauerstoff liefern auch
Mina:	ähm ja und und ähm (.) die ähm das man atmen kann
Romy:	At- ja Sauerstoff ist das was man atmen kann, weil wenn es kein einzigen Baum auf der Welt gäbe, dann würde die Luft immer so dreckig bleiben, dann könnten eh kein Mensch mehr atmen außer mit einer Atemmas- Atmenmaschine
Mina:	hm hm (bejahend)
Y:	und deswegen mögt ihr auch die Bäume im Wald?
Mina:	hm hm (bejahend)
Y:	und was ist eine Waldsuche?
Romy:	Bäume riechen verfü::hrerisch
Mina:	eine Waldsuche ist zum Bei-, eine Waldsuche ist zum Beispiel so öhm dann sucht man so öhm, ähm Pflanzen, die so schön sind oder so.

Abbildung 70: Lieblingsort Mina (Wald)

So wie Max haben auch Romy und Mina den Wald als ihren Lieblingsort fotografiert. Auch sie geben diesem Ort einen Namen und nehmen ihn damit als Ort der Kindergemeinschaft in Besitz (siehe auch Dimension 2.3 »Sich einen Ort aneignen und Fantasiespiele spielen«). Auf dem Foto von Mina ist im Unterschied zu Max' Foto ausschließlich Geäst und grünes Blätterwerk zu sehen – es werden keine Anzeichen eines menschlichen Eingriffs oder einer Begrenzung des Geländes in das Fotomotiv aufgenommen. Die Äste und der Baum sind aus kurzer Entfernung fotografiert und wirken wild und struppig, ohne eine ordnende Bändigung durch Menschen.

Die Mädchen berichten in einem schnellen Erzählfluss, ergänzen und unterbrechen sich gegenseitig, wodurch sie freudig erregt und ungeduldig wirken. Schon zu Beginn wird deutlich, dass sie sich gut kennen und gemeinsame Erfahrungen teilen. Romy zeigt sich zum einen stolz darauf, über ihre Freundin Bescheid zu wissen und auch der Forscherin darüber berichten zu können. Zum anderen deutet sie mit der Formulierung, dass sie »gestehen muss«, dass Mina gern im Wald ist, auf etwas Geheimes, Heimliches, Geheimnisvolles hin, das die beiden verbindet. In der sich anschließenden Schilderung der »Waldsuche« werden verschiedene Homologien zu Max' Ausführungen deutlich: So betonen sowohl Mina als auch Max, dass der Ort zwar Wald genannt wird, ihnen aber natürlich bewusst ist, dass sie sich weiterhin auf dem Gelände der Schule und des Ganztags befinden. Romy und auch Max inszenieren den Ort zudem als einen frequentierten und beliebten Spielort für gemeinschaftliche Aktivitäten und Spiele wie Fangen oder Verstecken.

Parallel zu Max' Beschreibung dieses von Tieren belebten Naturortes beschreiben beide Mädchen außerdem, wie wichtig die Pflanzen sind, da sie die Menschen mit »Sauerstoff« versorgen, sodass man »atmen kann«. Mit diesem Bezug auf die Fotosynthese und die lebenswichtige Bedeutung des Waldes für den Menschen nehmen sie eine reflexive bzw. naturwissenschaftliche Perspektive ein.

Im negativen Gegenhorizont steht ein dystopisches Zukunftsszenario, in dem die Luft »immer dreckig« bleibt und die Menschen nur noch mit »Atemmaschinen« leben können, da der Sauerstoff knapp wird. Ähnlich wie im ersten Beispiel in der Dimension 3.3 »Handlungspraktischen Tätigkeiten lang anhaltend nachgehen und sich in Situationen mit Ernstcharakter bewähren«, in dem ein Mädchen in der Hortzeitung über Greta Thunberg und den Klimawandel schreibt, wird deutlich, dass die Kinder sich Sorgen um die Zukunft machen und wie sehr sie existenzielle, ökologische Fragen beschäftigen.

Im weiteren Verlauf verbinden die beiden Mädchen den Wald mit sinnlich-ästhetischen Erfahrungen – sie wechseln also von der reflexiven Ebene wieder auf die der konkreten, sinnlichen Erfahrung. Wenn die verführerischen Bäume und die »schönen« Pflanzen beschrieben werden, steht das Erfahren und Sein im Hier und Jetzt im Vordergrund. In dem Begriff des Verführerischen dokumentiert sich wiederum der Reiz, der von dem Geheimen, Geheimnisvollen und Intimen des Waldes ausgeht.

Empirisches Beispiel II: Matschloch
Ganztag E, Videobasierte Beobachtung

Im Unterschied zu den beschränkten Naturflächen auf dem Gelände von Ganztagseinrichtungen verbringen die Kinder eines Waldhortes den Großteil des Nachmittags im Wald. Wie im ersten Beispiel der Dimension 1.4 deutlich wird, entscheiden die Kinder jeden Tag aufs Neue, an welchen Ort im Wald sie gehen wollen. An den Forschungstagen wurde jeweils das Matschloch gewählt, das im Zentrum der folgenden Beobachtungssequenzen steht.

Sequenz 1: Am Matschloch ankommen

Abbildung 71: Matschloch

Nachdem die Kinder am Matschloch angekommen sind, beklettern sie zunächst die verschiedenen Äste und Stämme, die über dem mit schlammigem Wasser gefüllten Erdloch liegen. Nach einer Weile verteilen sie sich in kleineren Grüppchen im Gelände rund um das Matschloch herum (in einem Radius von rund 100 Metern, eine Gruppe – mit Erlaubnis der Fachkräfte – sogar etwa 500 Meter entfernt).

Der Ort im Wald ist davon geprägt, dass er den Kindern viel Freiraum für die Selbstorganisation ihrer Aufteilung in Spielgruppen gewährt. So können sich die Kinder flexibel einteilen, wer wo mit wem spielt. Indem sie das Matschloch als Basis und Ausgangspunkt für den nachmittäglichen Aufenthalt im Wald selbst bestimmen und sich dann entscheiden können, ob sie im Matsch selbst oder an einem der unzähligen Orte in der Nähe spielen, wird ihnen eine sowohl selbstbestimmte als auch flexible, an ihre unterschiedlichen Bedürfnisse angepasste Gestaltung der Waldzeit ermöglicht (siehe auch Dimension 1.4 »An der Gestaltung eines »schönen« Ganztags beteiligt sein, mitreden und mitbestimmen«).

Der Wald zeichnet sich vor allem dadurch aus, dass hier viel Platz zur Verfügung steht: Niemand kommt sich bei den verschiedenen Aktivitäten in die Quere, keine:r macht den Kindern Vorschriften, was sie tun oder spielen sollen. Zudem ist der Wald nicht von den Erwachsenen »ordentlich« gemacht, vorstrukturiert oder pädagogisiert:

Die Kinder können frei über die Vielfalt an Naturmaterialien verfügen, sich verschiedene Orte aneignen und dort prinzipiell das tun, was ihnen gefällt.

Sequenz 2: Im Wald wohnen

Abbildungen 72 und 73: Eigene Begrenzungen

Eine Gruppe von vier Mädchen findet sich auf einer Fläche zusammen, die von vier Bäumen und von durch Äste und Zweige angedeuteten Mauern oder Zäunen dazwischen begrenzt ist; sie überlegen, was sie spielen wollen.

Celia schlägt vor, dass sie spielen, im Wald zu wohnen. Dann überlegen sie, was sie sein wollen: Wer ist ein Mensch, wer Hund oder Katze? Nachdem Bea gesagt hat, dass sie ein Hund sei, antwortet Anna: »Okay, wenn du ein Hund bist, dann kriegst du ein Körbchen. Das mache ich dir hier hin« und zeichnet mit dem Stock einen Kreis auf den Waldboden, in den Bea dann hineinkrabbelt. Anna: »Hier darfst du rein und ich mach zu und wenn du nicht brav bist, dann gibt es nichts zu essen.« Bea gibt Hundelaute von sich, Anna malt noch einen kleineren Kreis neben das Körbchen und sagt: »Wir brauchen noch Futter für dich.«

Etwas später krabbelt Bea aus dem Körbchen heraus und lässt sich von Anna nicht zurückschicken. Anna gibt ihr dann Kommandos: »Sitz.« »Platz.« »Mach Männchen.« »Dreh dich.« »Heb die Pfote.« Bea führt alle von ihr erwarteten Aktionen aus und bekommt dafür »Leckerlis«.

Indem die Kinder sich hier ein eigenes Zuhause konstruieren bzw. imaginieren, rahmen sie sich als »groß« und unabhängig: Sie können sich selbst eine Behausung, einen »zivilisierten« und durch Grenzen markierten Ort inmitten des »wilden« Waldes schaffen.

Das Spiel selbst handelt von existenziellen Themen wie Erziehung, Stark- und Schwachsein und Macht, die anhand von Rollenspielen mit Tieren durchgespielt werden. Die Kontingenz des Spiels ermöglicht den Kindern, sich in verschiedenen Rollen auszuprobieren und zu erleben (siehe auch Dimension 2.3 »Sich einen Ort aneignen und Fantasiespiele spielen«). Dabei wird deutlich, dass sie kein Spielzeug brauchen: Der Wald bietet eine Fülle von Zeug zum Spielen, das mit vielfältigen Bedeutungen versehen und für verschiedenste Zwecke genutzt werden kann und sich daher für Fantasiespiele sehr gut eignet.

Sequenz 3: Pferde im Matsch

Abbildung 74: Matschloch

Kurz vor dem Rückweg in den Hort sammeln sich die Kinder noch mal am Matschloch. Bea und Luise spielen Pferd. Bea: »Wir sind wohl Pferde und mögen es, immer in den Matsch zu springen.« Luise: »Nachher ziehen wir unsere Matschhosen aus und spielen weiter Pferde, ja?«

Auch in dieser Situation genießen es die Kinder, sich in ein Fantasiespiel zu vertiefen und dieses mit dem sinnlich-praktischen In-den-Matsch-Springen zu verbinden. So tauchen sie buchstäblich in den Matsch ein, erfahren ihn ganzkörperlich und arbeiten der Norm der Sauberkeit und des Sauberhaltens von Kleidung entgegen. Offenbar müssen sie hier keine »gezähmten« (Schul-)Kinder sein, sondern schlüpfen für eine Weile ganz selbstverständlich in die Rolle von ungezähmten Pferden, die den Matsch lieben.

Interview am Matschloch

Abbildung 75: Nachmittagsvesper und Spielen am Matschloch

Abbildungen 76a–c: Am Matschloch trampeln und spritzen

B: also:: (.) dieser Ort ist schmutzig, er heißt Matschloch, (.) weil hier ist immer Matsch, und; (.) Löcher drinnen, und; (.) da kommen auch manchmal Wildschweine, und dann
C: baden die da drin.
B: ja:: baden sie, und, (.) machen kackakacke.
C: weißt du wer diese kleinen Wildschweine sind? (5) (   )
B: (   ) doch erzähl,
C: die sind wir alle;
D: wir tanzen hier nämlich in diesem (.) @bescheurtem (   )@
B: └ hey, hier zurück, hier zurück, zurück, zurück,
D: hier is Schleim drin;
Y: und was ist zum Beispiel eure Lieblingsbeschäftigung, wenn ihr hier seid?
C: ähm:: (.) im Matsch (   ).
B: └ hier trampeln; (.) und spritzen.

Y: ja? (.) was gefällt euch da dran?
C: äh weil es mir Spaß macht.
B: wollen wir spritzen?
C: nein.
[...]
E: stell dir mal vor das wär alles Schokolade;
C: @(.)@
E: Schokoladensoße und so.
D: oh::; lecker.
B: (3) spielen wir so dass äh ich und Max, als wären wir (Troll)monster, die hier wohnen, (.)
C: ja toll,
D: und die Helen, muss hier den ganzen Labyrinth machen.

Auch in dieser Sequenz dokumentiert sich die besondere Qualität, die das Matschloch aus Sicht der Kinder hat. Sie weisen in der initialen Proposition als Erstes darauf hin, dass der Ort »schmutzig« sei, was offenbar im positiven Horizont steht. Sich dreckig zu machen und den Matsch sinnlich erfahren zu können, wird – wie zuvor auch von Bea und Luise – als lustvolle Erfahrung gerahmt und inszeniert. Wenn sie dies dann in der Folge elaborieren, dokumentiert sich in der Identifikation mit den Wildschweinen zum einen erneut die Orientierung daran, sich wie ein Wildtier hemmungslos im Matsch suhlen zu können. Zum anderen zeigt sich in der Schilderung der badenden Wildschweine das Interesse der Kinder an Phänomenen und Zusammenhängen in der Natur. Das Matschloch mit Wildschweinen zu teilen, macht es besonders interessant – es ist nicht einfach ein Spielort für Kinder, sondern ein Ort, den sie mitnutzen können, der aber auch noch anderen Wesen gehört.

Darüber hinaus erklären die Kinder verschiedene Bewegungsarten wie »tanzen«, »trampeln« und »spritzen«, die unterstreichen, dass die besondere Materialität von Matsch bzw. Schlamm zu unterschiedlichen Bewegungsaktivitäten einlädt und die Kinder zum Erforschen animiert.

Im Anschluss vergleichen die Kinder den Matsch mit »Schleim« oder »Schokoladensoße«, was deutlich macht, dass sie sich auch kognitiv mit dessen Materialität beschäftigen, ihr vorhandenes Wissen heranziehen und Verknüpfungen herstellen zu schon gemachten Erfahrungen. Zugleich zeigt sich die Ambivalenz der Erfahrung zwischen »eklig« und »genussvoll«, die sie reizvoll macht.

Schließlich wird auch hier deutlich, dass die unbestimmten Orte in der Natur / im Wald die Kinder dazu auffordern, selbst Bestimmungen bzw. Sinnzuschreibungen vorzunehmen: So entstehen Fantasieorte und -spiele (»Trollmonster«, »Labyrinth«).

4.2 Ausflüge machen und die Außenwelt erfahren

Die Kinder wünschen sich Erfahrungen außerhalb pädagogischer Einrichtungen im wahren Leben, an echten Lebensorten, in denen sie auch mit neuen Herausforderungen und Risiken konfrontiert sind. Sie freuen sich über Ausflüge und Reisen, die als bereichernde Erfahrungen und Ausnahmen vom (schulischen und familiären) Alltag wahrgenommen werden. Das Erkunden und Mitgestalten des Sozialraums und die damit verbundenen Öffnungen stellen in der Perspektive der Kinder ein wichtiges Pendant zum geschlossenen System[14] Schule dar.

Empirisches Beispiel I: Hortfahrt
Ganztag C, Gruppendiskussion

Abbildung 77: Porträt Hortfahrt

Tamara: und und als die ne richtig coole Hortfahrt gemacht ham, das war megacool.
Markus: hä da war ich gar nich mit dabei
Adrian: └ ich war dabei
Tamara: └ ich und meine Freundin Amelie hatten=n richtig doofen Sonnenbrand.
Karina: ( ) auch einmal unsere Sonnencreme alle. und wir ham die Sonnenbrillen vergessen.
Y: oh. na das ist blöd. aber und was war die tolle Hortfahrt, wo ging die hin?
Tamara: äh

14 Luhmann beschreibt geschlossene Systeme als solche, die versuchen, möglichst wenige Beziehungen zu ihrer Umwelt zu haben, und die Kommunikation vorwiegend intern durchführen.

Karina: Sylt
Tamara: Sylt
[...]
Y: und wie lange wart ihr da?
Adrian: ähm ne ganze Woche von Montag bis Freitag und dann sind wir wieder zurückgefahren, sind Freitagnachmittag in (Großstadt) wieder angekommen.
Tamara: und das eine Mal bin ich mitten in der Nacht aufgewacht und hatte Heimweh. und dann ist Adrian aufgewacht und musste aufs Klo @(.)@
Adrian: @(.)@
Tamara: dann musste ich warten bis du fertig warst und dann sind wir wieder ins Bett @gegang@.
Adrian: und Clemens hat dir Heimwehtropfen gebracht
Tamara: ja aber da war Clemens nicht da.
Karina: └ ja da ja da hat irgendjemand Heimweh gehabt und dann hat dann war alle Erzieher draußen und ham irgendwas wahrscheinlich gemacht und wir ham uns nicht @rausgetraut@. weil=s so dunkel war und da hatten wir schon=n bisschen Schiss.
Adrian: und als Clemens auch uns vorgelesen hat und wir sind alle eingeschlafen und Moritz war noch wach.
Tamara: @(.)@ ja
Adrian: und wir ham immer @ein Kapitel verpasst und dann (.) musste uns Clemens nächstes Mal noch mal das Kapitel vorlesen@
Tamara: @(.) ja@

In Tamaras Proposition wird die Hortfahrt insgesamt im positiven Horizont eingeführt, indem sie als eine Erfahrung markiert wird, die den Kindern Spaß gemacht bzw. ihre Interessen getroffen hat und die sie als besonders erlebt haben (»richtig coole«, »megacool«). Tamara und Karina differenzieren allerdings anhand des Themas des Sonnenschutzes, dass die Kinder auch gefordert waren, selbstständig und organisiert zu sein, und dabei die Erfahrung machten, dass dies nicht so ohne Weiteres gelingt.

In Adrians Beschreibung, die Fahrt habe »eine ganze Woche von Montag bis Freitag« gedauert, zeigt sich einerseits der Stolz der Kinder darauf, mehrere Tage von zu Hause weg gewesen zu sein. Andererseits berichtet Tamara auch von Heimweh – sie sehnte sich nach ihrer Familie und ihrem vertrauten Zuhause. So ist die Hortfahrt eine ganzheitliche Erfahrung, in der man sich nicht nur einige Stunden wie in der Schule oder im Ganztag sonst sieht, sondern Tag und Nacht für eine gesamte Woche zusammen verbringt und sich damit auch in privaten und intimen Momenten erlebt.

Wenn Adrian dann erzählt, dass der Erzieher Clemens die »Heimwehtropfen« brachte, macht er deutlich, dass die Kinder dies als Zeichen von Verständnis und Zuwendung wahrgenommen haben. Mit den Heimwehtropfen wird signalisiert, dass Trennungsschmerz ernst genommen und mit der Herstellung von Nähe beantwortet wird. Heimweh zu haben, wird symbolisch mit einer Krankheit verglichen, die einen befällt und geheilt werden kann und weder eine Charakterschwäche darstellt noch ein Zeichen dafür ist, dass man noch zu »klein« für eine solche Reise ist. Mit der Rahmung der Tropfen als Heilmittel wird zudem verdeutlicht, dass es Gegenmittel gegen Heimweh gibt. Damit wird den Kindern ein Weg aufgezeigt, selbst etwas gegen das Heimweh zu tun, indem sie die Tropfen nehmen. Die Fachkräfte ermutigen also die Kinder, die Situation selbst zu bewältigen, und signalisieren zugleich, dass sie für sie da sind und sich um sie kümmern.

Homolog wird diese Orientierung bei Karina deutlich, wenn sie von Heimweh, von den für einen Moment nicht verfügbaren Fachkräften, der Dunkelheit und der Angst der Kinder berichtet. Wieder ist es Adrian, der nüchtern an den Pädagogen erinnert, der mit dem Vorlesen offenbar eine familiär vertraute Situation geschaffen hat, in der sich die Kinder so wohl fühlen, dass sie wieder einschlafen können. Hier wird also auch die Bedeutung einer intensiven, vertrauten und emotionalen Beziehung zu den Fachkräften deutlich.

Wenn die Kinder sich schließlich über Moritz amüsieren, der weiterhin wach blieb, was den Pädagogen dazu brachte, manches Kapitel doppelt vorzulesen, wird zum einen die Spannung gelöst und das Heimweh damit als bewältigt markiert und zum anderen der Pädagoge für seine ausdauernde Zuwendung gelobt. Insgesamt lässt sich hier eine Querverbindung herstellen zur Qualitätsdimension 1.2 »In Alltagssituationen mit Pädagog:innen in Beziehungen interagieren, die von Emotionalität, Vertrauen und Ebenbürtigkeit gekennzeichnet sind«. Die von den Kindern gesuchte und erwünschte Öffnung in den Sozialraum ist mit Herausforderungen und Potenzialen verbunden. Pädagog:innen, die Kindern so viel Selbstständigkeit wie möglich und so viel Unterstützung wie nötig zukommen lassen, um die Herausforderungen des Neuen zu bewältigen, stellen wichtige positive Bezugspersonen dar.

Tamara: @(.)@ ja. und ich konnte dann gar nicht einschlafen. bei Elsa und Karina. und dann hat Elsa Heimweh und hat geweint und dann konnt ich einfach nicht einschlafen und dann bin ich einfach mal mit Anna zu den Jungs gezogen. die hat vorgeschlagen (.) weißt du was, die Jungs sind ruhiger, ich glaub, wir ziehn zu denen. und dann sind wir zu denen gezogen und dann war (.) und dann ham wir vorgeschlagen, ob wir ne Süßigkeitenparty machen wollen und dann ham die Jungs gesagt, ja ich glaub das ham wir auch geplant.

Adrian: ja, wir hatten=s wirklich vor, wir wollten ne kleine Party machen wir zwei, weil wir hatten ja richtig viele Süßigkeiten auch vom Supermarkt gekauft.

Tamara: ja, wir durften nicht zum Supermarkt, aber dann ham wir uns ne Cola gekauft. oder ne Fanta.

In dieser Sequenz präsentiert Tamara sich (und Anna) als selbstsicher und abenteuerlustig und grenzt sich damit implizit von den anderen Mädchen ab, die weinen. Ihnen erscheint es offensichtlich attraktiver, im Zimmer der Jungen zu schlafen, weil diese ruhiger und souveräner mit der Situation umgehen, weit weg von zu Hause zu sein, als die anderen Mädchen. Die zu bewältigende Ambivalenz der Hortfahrt wird am Beispiel von Tamara sehr deutlich: Sie muss ihr eigenes Heimweh bewältigen und genießt zugleich das herausfordernde Abenteuer und die Herstellung von Nähe zu den Jungen.

In der »Süßigkeitenparty«, auf die sich Jungen und Mädchen schnell einigen können, dokumentiert sich, dass die Kinder es genießen, die leckeren, zuckerhaltigen und gesellschaftlich als ungesund markierten Süßigkeiten ausnahmsweise im Überfluss zu genießen. Auf der Hortfahrt ergeben sich für sie also Möglichkeiten, sich der permanenten unmittelbaren Kontrolle der Erwachsenen zu entziehen und sich im Gebrauch von (»verbotenen«) Genussmitteln zu erproben. Gerade weil es Verbote gibt, etwa das, den Supermarkt zu besuchen, erscheint der ungestörte Genuss von Cola und Fanta – als Inbegriff von ungesunden, teuren Limonaden – attraktiv. Dass die »Süßigkeitenparty« von Adrian als geplant dargestellt wird, unterstreicht zudem, dass die Kinder schon wissen, dass sich solche Freiräume bzw. Ausnahmen von der Regel auf der Hortfahrt ergeben können.

Die Kinder reizt also hier die Freiheit, selbst zu bestimmen, mit wem sie ein Zimmer teilen wollen, zu essen, was ihnen schmeckt, auch wenn es ungesund ist, und auszuprobieren, wie es ist, mit Kindern des anderen Geschlechts im Zimmer zu übernachten. Hier lässt sich auch eine Querverbindung zur Dimension 3.1 »(Noch) Verbotenes tun und Grenzen austesten« erkennen.

Insgesamt scheint die Hortfahrt den Kindern in positiver Erinnerung geblieben zu sein, weil sie sie aus ihrem gewohnten, vertrauten Umfeld des Ganztags sowie der Familien in die Fremde und in Abenteuer geführt und damit auf eine Probe gestellt hat, welche sie bestanden haben. Außerhalb des Ganztags entstehen sowohl neue Konstellationen innerhalb der Peers als auch Freiräume für das Ausprobieren und Erproben von Praktiken, die noch nicht selbstverständlich zum Alltag der Kinder gehören. Der Rückhalt der Pädagog:innen, die sie in schwierigen Situationen begleiten und für sie sorgen, sie aber nicht übermäßig kontrollieren und einschränken, führt zu einer Erfahrung von Sicherheit im Unvertrauten.

Empirisches Beispiel II: Wasserpark, Kino und Bienen
Ganztag F, Gruppendiskussion

In den folgenden Sequenzen erinnern sich drei Mädchen im Anschluss an die Frage nach besonders schönen Erlebnissen an verschiedene eintägige Ausflüge:

Y: könnt ihr euch denn mal an ganz besonders schöne Erlebnisse erinnern hier
Eylül: ja
Sina: └ ja.
Y: erzählt mal.
Ajda: also wir sind immer schöne Ausflüge gegangen. vor zwei Jahre oder ein

Jahr sind wir mal mit unsre Klasse, also danach sind wir zu Tremmlingen oder ich weiß nicht mehr
Eylül: Oberrieslingen
Ajda: ja Oberrieslingen oder so hingegangen,
Eylül: das war in der zweiten Klasse
Ajda: ja, die wir sind auch, vielleicht gehen wir auch dies Jahr. und da gab so so ein Wasserpark? da gab=s so Dinosaurier,
[...]
Ajda: die bewegen sich auch so, eine Rutsche gibt=s da. danach war da so eine Frau Diettrich, die war nämlich auch so unsere Unterrichtslehrerin, jetzt is=sie in eine andre Schule
Eylül: sie hat gesagt, dass sie kommt, aber sie kommt nicht ((traurig))
Y: okay, mhm,
Ajda: und danach halt da gab=s so eine Maschine, da tut man zwanzig Cent oder zehn Cent reinmachen, da komm da solche Murmeln, so Holz und danach ist da so ein irgendwas mit Park, da tut man das so rein
Sina: das war so cool
Ajda: und wer=s fangt, tut=s wieder machen. und danach gab=s so Wasserpark; wir durften da schwimmen; dann so eins.
Eylül: das war so eklig.
Sina: aber da war=n so Ka- Quaulklappen oder wie das auch immer heißt drinnen
Eylül: da warn so Tüten da warn so Brote
Sina: Bienen und
Eylül: da warn so Biene und so weiter aber da war so ein Boot, man muss da hin da drauf gehen und wir °brauchen ganz viel°
Ajda: danach da war=s richtig heiß
Sina: da war auch noch=n Babybecken, da bin ich die ganze Zeit reingegang
Eylül: ich auch. weil das war, aber jemand hatte da einmal @Pipi gemacht@
Sina: └ das größere war halt immer zu (eklig)
Y: @okayk@
Ajda: und danach ham wir uns umgezogen, danach durften wir essen, und danach da gab=s da so ein Spielplatz mit Wasser, da gab=s so ein Spielplatz mit Metall oder so da kommt so Wasser raus und danach gab=s so=ne Rutsche, die war so richtig heiß.

Homolog zur Sequenz »Hortfahrt« werden hier zunächst Ausflüge per se als positiver Horizont der Kinder deutlich: Wenn sie kollektiv auch noch nach langer Zeit von dem Besuch des Wasserparks schwärmen, dokumentiert sich darin, dass sich das Erlebnis offenbar als positive Erfahrung tief in ihr Gedächtnis eingeprägt hat.

Ähnlich wie die Kinder, die über die Hortfahrt erzählen, schildern sie dabei sowohl Reize als auch Zumutungen: Sie beschreiben einerseits begeistert die Dinosaurier, eine Rutsche, ein Spiel mit Murmeln an einer Maschine, den Wasserpark zum

Schwimmen, Boote, ein Babybecken und einen Spielplatz mit Wasser, andererseits aber auch »ekliges« Wasser mit Kaulquappen und Urin sowie eine von der Sonne offenbar stark erhitzte Rutsche auf einem Spielplatz. So wird der Ausflugsort als interessant und reizvoll, aber zugleich auch als potenzielle Gefahr bzw. Zumutung wahrgenommen. Damit gewinnt die Begleitung von Erwachsenen, die die Kinder mögen (und vermissen, wenn sie nicht mehr da sind), an Relevanz.

Y: noch mehr Erlebnisse, ein ganz besonders schöner Tag?
[...]
Ajda: und wir waren, da war ich noch in der andren Klasse, da s- bin ich so da sind wir so ähm mit Bienen oder so was so hingegangen? da ham=sie so Honig gemacht, da durften wir den Honig probieren? also ganz verschiedene Honige. und danach, eine Biene ist dann ausgebrochen und dann hat ich so Angst, dass die mich stechen will, sie ist dann mir entgegengeflogen und wollte wieder zu ihrem Nest gehen, ich dachte, die will mich stechen.
Y: @(.)@ aber hat=se nich oder?
Ajda: nee, zum Glück.
Y: na Gott sei Dank.

Auch in dieser Sequenz, in der auf die Frage nach einem »ganz besonders schönen Tag« ein Ausflug zu einer Imkerei geschildert wird, dokumentiert sich die Orientierung am »gesicherten« Risiko: So erscheint zum einen der Prozess der Honigherstellung bis zur Verkostung des Honigs interessant, der den Kindern einen praktischen Einblick in traditionelle Produktionsweisen bietet; zum anderen gehört aber auch die Angst vor der stechenden Biene dazu. Insgesamt stellen Ausflüge für die Kinder besondere Erlebnisse dar, weil sie ihnen außerhalb der Institution Ganztag/Schule reizvolle, praktische Erfahrungen ermöglichen, die im alltäglichen (Unterrichts-)Setting nicht möglich sind. Zugleich müssen sie sich jedoch auch Ängsten und Zumutungen stellen und diese – wenn nötig – mit der fürsorglichen Begleitung von Erwachsenen bewältigen. Das Erleben von Selbstwirksamkeit in einem noch geschützten Rahmen ist aus der Perspektive der Kinder von großem (Erinnerungs-)Wert.

Zusammenfassung und Diskussion

Zusammenfassend zeigt diese Studie zu den Kinderperspektiven auf Ganztag (*Kinderperspektivenstudie Ganztag*), dass Kinder im Grundschulalter anspruchsvolle und differenzierte Sichtweisen auf einen guten Ganztag haben und zum Ausdruck bringen.

Die grundlegenden Erfahrungs- und Relevanzbereiche, auf die die Mädchen und Jungen in unserer Studie immer wieder zurückkamen, wenn es um ihre »Erlebniszentren«, um für sie existenzielle Erfahrungen und Erlebnisse ging – die wir auch *Qualitätsbereiche* genannt haben –, waren die sozialen Beziehungen innerhalb der Peer-Kultur, die Interaktionen und Beziehungen mit den Fachkräften, die Beschäftigung mit Themen und Aufgaben der mittleren bzw. späten Kindheit sowie das aktive Ausgestalten von Bezügen zwischen Schule und Ganztag auf der einen sowie dem umgebenden Sozial- und Naturraum auf der anderen Seite.

Die Gleichaltrigen stellen für Kinder im Ganztag den primordialen konjunktiven Erfahrungsraum dar: Hier agieren sie in symmetrischen Beziehungskonstellationen, in denen Rollen nicht zugeschrieben werden (wie die des Schülers oder der Schülerin), sondern ausgehandelt und ausgestaltet werden müssen. Anders als in den Interaktionen mit den Erwachsenen entwickeln Peers in Prozessen der Ko-Konstruktion gemeinsam Perspektiven und vor allem im Modus des Spielens erarbeiten sie sich konjunktives Erfahrungswissen. Die Studie zeigt, wie wichtig es für die Kinder ist, Frei- und Rückzugsräume zu haben, in denen sie ungestört ihre sozialen Beziehungen und vor allem ihre Freundschaften pflegen können. Die Palette der Themen und Herausforderungen in sozialen Beziehungen ist breit: Kräfte messen und sich raufen, gemeinsame Orte zum Spielen, Verstecken, Sich-Unterhalten und Beobachten schaffen, sich streiten und wieder vertragen, sich in unterschiedlichen Rollen und sozialen Konstellationen erproben und vieles mehr.

Gemeinsam mit ihren Peers bearbeiten Kinder *ihre* Themen und selbst gestellte Aufgaben und Herausforderungen. Sie wollen sich in riskanten, herausfordernden Bewegungsaktivitäten und lang anhaltenden, handlungspraktischen Tätigkeiten mit Ernstcharakter bewähren. Sie erproben gemeinsam nonkonformes und nicht regelgerechtes Verhalten und testen sowohl die eigenen Grenzen als auch die der anderen aus. Dabei sind immer wieder auch Erholungsphasen notwendig, in denen sie entspannen und Späße machen und sich spielerischen, nicht ziel- oder leistungsorientierten Themen und Tätigkeiten widmen können.

Sehr deutlich zeigt die *Kinderperspektivenstudie Ganztag*, dass die Kinder an positiven pädagogischen Beziehungen zu den Fachkräften orientiert sind: Erwachsene, die die Kinder unterstützen und respektieren, die sich für sie interessieren und sie als gleichwürdig anerkennen, werden von ihnen geschätzt. Kinder wollen mit Fachkräften, die sie mögen, auch emotional verbunden sein und ihnen vertrauen. Zuweilen suchen sie nach einer sichernden Begleitung durch Erwachsene, etwa im Umgang mit Themen und Entwicklungsaufgaben des Jugendalters, mit denen sie konfrontiert werden. Insbesondere bei belastenden Konstellationen und Konflikten in Peer-Beziehungen wollen sie sich auf Pädagog:innen verlassen können, die sie schützen und ihnen helfen, Strategien für ein friedliches und kooperatives Miteinander zu entwickeln.

Zudem thematisierten die Kinder in unserer Studie immer wieder Situationen und Erfahrungen, in denen es um hierarchisch strukturierte Beziehungen und ihren Umgang mit Rollenzuschreibungen und -erwartungen geht. Sie bringen dabei sehr deutlich ihr Potenzial zum Ausdruck, sich in dialogischen Prozessen bei der Aushandlung von Regeln und der Gestaltung der generationalen Ordnung beteiligen, mitreden, mitgestalten und mitbestimmen zu können, wenn ihnen Möglichkeiten dafür eröffnet werden.

Wesentliche, in der Literatur beschriebene Kategorien eines guten Ganztags aus Kinderperspektive konnten damit in der *Kinderperspektivenstudie Ganztag* weitestgehend bestätigt und weiter ausdifferenziert werden.

So zeigt sich im Qualitätsbereich 1 »Die Gestaltung positiver pädagogischer Beziehungen« die Bedeutung der Erwachsenen für ein positives soziales Klima (Beher et al. 2007: 250; Deinet et al. 2018: 26), in dem Kinder vor sie überfordernden Konflikten geschützt werden und sich in vertrauensvolle, respektvolle Beziehungen zu den Fachkräften eingebunden fühlen. Eng damit verknüpft ist auch das Thema Partizipation, das beispielsweise in den Arbeiten von Sturzenhecker (2018) hervorgehoben wurde. Gehör finden, mitwirken und mitentscheiden zu können, Verantwortung für sich und andere sowie für die Gemeinschaft zu übernehmen, sind zentrale Themen der Sechs- bis Zehn-/Zwölfjährigen, die – so zeigt auch die vorliegende Studie – zunehmend autonom und selbstwirksam agieren wollen.

Die zentrale Bedeutung von Peers und insbesondere Freund:innen spiegelt sich im Qualitätsbereich 2 »Die Gestaltung einer positiven Peer-Kultur« wider und unterstreicht damit die Erkenntnisse beispielsweise der Arbeitsgruppe um Deinet (2018: 28) oder von Pálsdóttir (2019: 106 f.). Dass Kinder es genießen, unter Gleichaltrigen vor allem im Modus des Bewegens und des Spielens zu operieren, wie es etwa Derecik (2018) oder Staudner (2018: 215) herausgearbeitet haben, zeigt sich in verschiedenen Qualitätsdimensionen des zweiten und dritten Qualitätsbereiches der *Kinderperspektivenstudie Ganztag*, in denen das »wilde« Spielen, herausfordernde Bewegungsaktivitäten und das gemeinsame Imaginieren von Spielwelten thematisiert werden.

In Bezug auf die Kategorie »Hausaufgaben« schließen die Ergebnisse dieser Studie an Deinet et al. (2018: 50) und Gspurning et al. (2010: 179, 183) an, die aus den Aussagen der Kinder schlussfolgern, dass diese weniger bzw. keine Hausaufgaben sehr schätzen würden. Unterliegen die Kinder im Ganztag der Hausaufgabenpflicht, zeigen sie sich daran orientiert, diese flexibel, im Austausch mit Freund:innen und unter möglichst zielführender Unterstützung der Fachkräfte absolvieren zu können – was den Erkenntnissen beispielsweise der StEG-Q-Studie (StEG-Konsortium 2016) und der Arbeitsgruppe um Beher et al. (2007) entspricht. Insgesamt erscheinen Hausaufgaben jedoch in der Perspektive der Kinder eher als lästige Verlängerung des Unterrichts. So zeigte zum Beispiel kein einziges Kind dem Forschungsteam begeistert den Hausaufgabenraum oder erzählte über die Erledigung von Hausaufgaben in einem positiven Horizont, sondern im Gegenteil: Die Kinder äußerten hierzu eine Vielzahl an Belastungen und Beschwerden.

Die Ergebnisse der hier vorgelegten *Kinderperspektivenstudie Ganztag* beleuchten zudem einige bisher in der Forschung noch nicht thematisierte Aspekte.

Während viele der Anforderungen, die die Kinder an die verantwortlichen Erwachsenen im Ganztag stellen und die im sind Qualitätsbereich 1 zusammengeführt wurden, schon in anderen Studien benannt werden, beleuchtet die *Kinderperspektivenstudie Ganztag* in besonderer Weise das Spannungsfeld, das sich daraus ergibt, dass Kinder die Fachkräfte einerseits mit der Erwartung konfrontieren, klare Regeln zu formulieren und für deren Einhaltung zu sorgen, sie zu schützen und in ernsten Konfliktsituationen zu intervenieren; andererseits sind die Kinder stark an Autonomie und Begegnungen mit den Erwachsenen auf Augenhöhe orientiert: Sie wollen sich zurückziehen können und emotionale, vertrauensvolle Beziehungen mit den Fachkräften ausgestalten, in denen sie Momente der Ebenbürtigkeit erleben.

Das altersheterogene Setting des Ganztags, in dem die Kinder sowohl mit jüngeren als auch mit älteren Kindern in Kontakt kommen können, scheint prädestiniert für eine Auseinandersetzung mit Identitätsfragen und Entwicklungsthemen am Übergang von der Kindheit ins Jugendalter. In der *Kinderperspektivenstudie Ganztag* zeigen gerade die älteren Kinder dafür ein ausgeprägtes Interesse bzw. eine Faszination, sind aber noch daran orientiert, die Themen in einem Rahmen zu bearbeiten, der von Erwachsenen, denen sie vertrauen, gesichert wird.

Zudem wird in der vorliegenden Studie deutlich, dass die Kinder Angebote und Möglichkeiten schätzen, sich lang anhaltend, nicht nur theoretisch, sondern vor allem handlungspraktisch mit Projekten, Themen und Arbeiten zu beschäftigen. Interessieren und begeistern sich die Kinder für eine Aufgabe – das reicht, wie die Empirie gezeigt hat, von der Hortzeitung bis zur Gartenpflege –, entsteht eine »Resonanzachse« zwischen den Kindern und einem Thema bzw. einem »Weltausschnitt« (Rosa 2016). Die ausdauernde Beschäftigung mit solchen Aufgaben und deren Bewältigung ist von den Kindern immer wieder als fokussierte, bedeutsame und emotional bewegende Erfahrung erzählt und/oder gezeigt worden. Aus der Erwachsenenperspektive handelt es sich dabei um bedeutungsvolle (Selbst-)Bildungsmomente.

Schließlich kann das Potenzial des Ganztags – sich nach außen zu öffnen und den Erfahrungshorizont bzw. die Erfahrungsräume der Kinder über die Themen des Lehrplans und des Unterrichts hinaus zu erweitern – nicht deutlich genug unterstrichen werden. In der *Kinderperspektivenstudie Ganztag* brachten die einbezogenen Kinder zum Ausdruck, dass sie den Naturraum und die Außenwelt, die sie beispielsweise auf Ausflügen und Reisen erleben, als besonders reizvoll und anregend erfahren. Dort können Abenteuer erlebt, Herausforderungen bewältigt und Bildungserfahrungen gemacht werden. Während die Sozialraumorientierung in den Diskussionen um die Qualitätsentwicklung des Ganztags bereits eingefordert wird (Deinet et al. 2018), scheint es aus der Perspektive der Kinder in der hier vorliegenden Studie besonders wichtig, die Möglichkeiten des Draußen-Seins und der naturnahen Erfahrungen deutlich zu erweitern.

Ganztag als Ort mehrdimensionaler konjunktiver Erfahrungsräume

Das Peer-Milieu der Kinder trifft im organisationalen Milieu des Ganztags auf ein – multiprofessionell konturiertes – Teammilieu und in einer geteilten Wechselwirkungsbeziehung bringen Kinder und Fachkräfte zudem eine pädagogische Sphäre hervor. Die Orientierungen und Relevanzen der Kinder weisen aber über diese interaktionalen Milieus hinaus (Nentwig-Gesemann 2018).

Unser rekonstruktiver Blick auf das Binnenleben im Ganztag, auf die Interaktionen von Fachkräften und Kindern sowie pädagogische Praxisvollzüge, vor allem aber auf die kinderkulturellen Praktiken und kindspezifischen Orientierungen, wurde von den Kindern selbst nach »außen« gelenkt. Ihre intensive Beschäftigung mit organisationalen Strukturen (z.B. Räumen, Materialien, Zeitstrukturen, Hierarchien), Regeln und Handlungsskripten, Rollenerwartungen und Identitätsnormen machte sichtbar, dass der Ganztag ein organisationaler Erfahrungsraum ist, der zudem in gesellschaftliche Common-Sense-Theorien und -Erwartungen einer guten Schul- und Sozialpädagogik im Ganztag eingebunden ist (vgl. zur Mehrdimensionalität von Erfahrungsräumen in pädagogischen Organisationen: Nentwig-Gesemann und Gerstenberg 2018).

Kindsein erfordert im institutionalisierten und pädagogisierten Feld des Ganztags, dass sich die Kinder nicht nur zu anderen Menschen, sondern immer auch (reflexiv oder praktisch) zu Strukturen und ihren Materialisierungen ins Verhältnis setzen müssen. Dies führt zwangsläufig zu Spannungen: Dort, wo beispielsweise Bildungsprozesse durch eine regulierte und regulierende Hausaufgabenzeit prozessiert werden sollen, wollen Kinder nach der Unterrichtszeit lieber spielen und sich entspannenden und erholenden Aktivitäten zuwenden. Zudem zeigt die Orientierung der Kinder, sich mit Themen und Aufgaben der mittleren bzw. späten Kindheit zu beschäftigen, dass im Ganztag alters- bzw. entwicklungsbezogene Milieus aufeinandertreffen und es um die *Suche* nach habituellen Zugehörigkeiten geht. Schließlich verweist auch das ausgeprägte Interesse der Kinder, sich Lebenswelten außerhalb der Schule und des Ganztags zuzuwenden und sich Weltausschnitte autonom zu erschließen (wenn auch noch unter dem Schutzschild einer pädagogischen Kontrolle, wie dies etwa für Ausflüge und Klassen- oder Hortfahrten der Fall ist), dass der Ganztag in der Perspektive der Kinder selbst ein komplexes und in sich mehrere Dimensionen vereinendes Milieu ist, an dessen Grenzen und Verbindungen mit anderen Milieus die Kinder arbeiten.

Was Michael-Sebastian Honig für die Kita schreibt, gilt auch für den Ganztag: »Tageseinrichtungen für Kinder sind denn auch in sozialstruktureller Hinsicht nicht lediglich als soziale Infrastruktur für Familien, sondern als eine Form des Aufwachsens anzusprechen, die nicht lediglich auf die Anthropologie des Kindes reagiert, sondern Aufgaben stellt und Gelegenheitsstrukturen für ihre Bewältigung schafft. Im Hinblick auf das soziale Handeln stehen interpersonelle und organisationelle Charakteristika (früh-)pädagogischer Felder in einer Spannung zueinander, die im Verhältnis von professioneller Intentionalität und Bildungsprozessen der Kinderkultur ihren pädagogisch relevanten Ausdruck findet« (Honig 2002: 29).

Reckahner Reflexionen und Kinderrechte

Die Ergebnisse der *Kinderperspektivenstudie Ganztag* können in zwei ethisch-normativen Bezugsrahmen verortet und mit ihnen begründet werden: den Reckahner Reflexionen zur Ethik pädagogischer Beziehungen (Prengel 2019) und der UN-Kinderrechtskonvention.

So adressieren die Reckahner Reflexionen pädagogische Beziehungen und stützen damit den ersten Qualitätsbereich der vorliegenden Studie zu Beziehungen zwischen Kindern und Pädagog:innen: Wenn in den Reckahner Reflexionen ethisch begründet wird, dass Kinder und Jugendliche »wertschätzend angesprochen und behandelt« werden sollen (Grundsatz 1) und dass ihnen zugehört werden soll (Grundsatz 2), wird damit die Qualitätsdimension 1.1 unterstrichen: »In Lern- und Arbeitssettings von Pädagog:innen unterstützt werden, die aufmerksam und respektvoll an die Interessen und Bedarfe von Kindern anknüpfen«.

Kinder wollen sich in Konfliktsituationen auf den Schutz und die Unterstützung von Fachkräften verlassen (Qualitätsdimension 1.3) und an der Gestaltung des Ganztags partizipieren (Qualitätsdimension 1.4). Dass sie das können, wird ihnen sogar in beiden Bezugsrahmen zugesichert. So überschneidet sich der Schutz vor Gewaltanwendung in der UN-Kinderrechtskonvention (Artikel 19) mit dem 10. Grundsatz der Reckahner Reflexionen, in dem als unzulässig erachtet wird, »dass Lehrpersonen und pädagogische Fachkräfte verbale, tätliche oder mediale Verletzungen zwischen Kindern und Jugendlichen ignorieren«, und das Recht auf die Berücksichtigung des Kinderwillens in der UN-Kinderrechtskonvention (Artikel 12) mit dem 5. Grundsatz der Reckahner Reflexionen, der fordert, die Belange von Kindern und Jugendlichen zu vorrangig berücksichtigen.

Zudem konnte in der *Kinderperspektivenstudie Ganztag* die Bedeutung des Spielens, von Fantasie- und Rollenspielen, von riskanten oder wilden Spielen und auch von Spielen, in denen es um die Suche nach einer Geschlechts(rollen)identität geht, herausgearbeitet werden. Im Grunde spiegelt sich darin die Bedeutung des Rechtes auf Spiel, Freizeit und Erholung aus der UN-Kinderrechtskonvention wider (Artikel 31), das dort denselben Stellenwert einnimmt wie das Recht auf Bildung (Artikel 28).

Qualität und Qualitätsentwicklung

Indem in der *Kinderperspektivenstudie Ganztag* die Orientierungen der Kinder in eine kategoriale Form gegossen wurden, könnte der Eindruck entstehen, dass diese Qualitätsbereiche und -dimensionen nun feststehen und nacheinander abgearbeitet werden können. Doch blickt man genau hin, wird schnell deutlich, dass sich die Dimensionen einer solchen Umsetzungs- und Überprüfbarkeitslogik entziehen.

So sind die Qualitätsdimensionen immer auch von Kontingenzen und Spannungen geprägt: Wie das Beispiel der Hortfahrt zeigt, ist das Erkunden und Erleben der Außenwelt von der Ambivalenz geprägt, dass die Kinder einerseits die Freiheit schätzen, Grenzen auszutesten und sich in einer neuen Umgebung anders verhalten, beweisen und ausprobieren zu können, sich andererseits aber auch überfordert fühlen können und nach Sicherheit bzw. Sicherung durch die Fachkräfte suchen.

Die Qualitätsdimensionen fordern dazu heraus, dass sie im jeweiligen Ganztag immer wieder neu diskutiert und mit Leben gefüllt werden. Die Verantwortung, welcher Bereich, welche Dimension, welche Frage gerade relevant ist, kann nur im jeweiligen pädagogischen Feld verortet werden. Die Akteur:innen bzw. Akteursgruppen im Ganztag sollten gemeinsam Themen und Zielstellungen für die (interperspektivische) Qualitätsentwicklung des Ganztags erarbeiten – unter besonderer Berücksichtigung der Erfahrungen, Perspektiven und Relevanzen der Kinder. Dafür müssen Erwachsene ihnen mit einer offenen, interessierten Haltung begegnen, ihnen Fragen stellen und wirklich neugierig auf ihre Antworten sein, sich in Gespräche und Diskussionen mit ihnen verwickeln lassen und ihre Ideen, Vorschläge und Beschwerden ernsthaft in die Qualitätsentwicklung einbeziehen und sie daran mitwirken lassen.

Eine Inspiration für solche Qualitätsentwicklungsprozesse stellt das QuinTaS-Projekt aus Zürich dar, in dem ein dialogisches Entwicklungsverfahren für Tagesschulen konzipiert wurde (Brückel et al. 2017). In diesem Ansatz werden den Ganztagsschulen Materialien zur Verfügung gestellt, die dazu anregen sollen, mit allen relevanten Akteur:innen vor Ort die Qualität der Einrichtung über die Orientierungsqualität weiterzuentwickeln. Das bedeutet, dass die Schulen in erster Linie ein schulspezifisches Profil definieren sollen, wobei allerdings das Wohlbefinden und die Bedürfnisse von Kindern prioritär gesetzt werden. Eine weitere Inspirationsquelle ist das Projekt »Kinder als Akteure in Qualitätsentwicklung und Forschung« (vgl. dazu die Publikation von Nentwig-Gesemann et al. 2021), das zeigt – hier bezogen auf das Feld der Kindertageseinrichtungen –, wie Kinderperspektiven ganz praktisch in die Qualitätseinschätzung und -entwicklung einbezogen werden können.

Wenn Kinder sieben oder mehr Stunden täglich im Ganztag verbringen, handelt es sich um einen ihrer ganz zentralen Lebens- und Bildungsorte, dessen Angelegenheiten sie in hohem Maße betreffen. Sie haben also das Recht, bezüglich der Qualität des Ganztags gehört und beteiligt zu werden und sich an Aushandlungen über Qualitätskriterien und -ziele der Ganztagsentwicklung zu beteiligen.

Entwicklungsaufgaben des Ganztags vor dem Hintergrund einer zunehmend institutionalisierten Kindheit

In Bezug auf die zunehmende Institutionalisierung von Kindheit, die auch der Ganztag mit sich bringt, lassen sich zwei zentrale Erkenntnisse aus der *Kinderperspektivenstudie Ganztag* extrahieren. Wie im empirischen Teil in den Zusammenfassungen der einzelnen Qualitätsbereiche und -dimensionen deutlich wird, sind Kinder daran orientiert, im Ganztag Erfahrungen zu machen, die ein »Kontrastprogramm zum Unterricht« (StEG-Konsortium 2016: 31) darstellen und damit die Bandbreite ihrer Erfahrungsmöglichkeiten erweitern. Sie nehmen daher die Angebote von (sozial-)pädagogisch ausgerichteten Fachkräften – die in anderen Rollen agieren als Lehrkräfte im klassischen Fachunterricht und Räume für handlungspraktische, lebensweltnahe Bildungserfahrungen vorbereiten und öffnen – sehr interessiert wahr und gern an. Kinder wollen in einem ganztägigen Betreuungssetting zudem nicht nur Schul- bzw. Unterrichtskind sein, sondern auch ein Kind, das spielt, ungezähmt und wild ist, sich ausruht, etwas genießt und keinen Leistungsanforderungen genügen muss.

Hier deuten sich auch Professionalisierungsnotwendigkeiten an. Zum einen scheint eine Mindestzahl an professionellen Fachkräften im Ganztag notwendig, die konstant präsent sind und eine persönliche Beziehung zu Kindern aufbauen können. Zum anderen sind alle Fachkräfte gefordert, nicht nur freundlich mit den Kindern umzugehen und deren Rechte zu respektieren, sondern sie in den verschiedenen Facetten ihres Wissens, ihrer Orientierungen, Interessen und Wünsche wahrzunehmen und dies im Rahmen der (schul- und sozial-)pädagogischen Arbeit im Ganztag zu berücksichtigen.

Da bei keinem Kind in der vorliegenden Studie die begleitete Erledigung von Hausaufgaben im positiven Horizont stand, stellt sich auch die Frage, ob traditionelle Formen der Hausaufgaben und deren Betreuung tatsächlich geeignet sind, die Kinder in ihren Lern- und Bildungsprozessen angemessen zu unterstützen. Die Herausforderung scheint darin zu bestehen, mit Lehrkräften, Leitungskräften und Eltern abgestimmte Lösungen zu finden, die auf das Abarbeiten von Arbeitsblättern oder Schulbuchseiten verzichten und stattdessen den Fokus auf längerfristige, projektorientierte Arbeiten und AGs sowie informelle Bildungsgelegenheiten (im Sozial- und Naturraum) legen, die bei den Kindern Interesse und intrinsische Lernmotivation wecken.

Schließlich wird in der Diskussion über die Qualität des Ganztags die Bedeutung von Pausen für Kinder zwar unter dem Schlagwort »Rhythmisierung« aufgegriffen, doch allein unter dem Aspekt der Effektivierung von Lernprozessen und der Leistungssteigerung verhandelt. Die Ergebnisse der *Kinderperspektivenstudie Ganztag* zeigen, dass zerstreuende, unterhaltsame und entspannende Aktivitäten im Hier und Jetzt für die Kinder einen Wert an sich haben und nicht nur unter dem Aspekt einer Steigerung ihrer Lernfähigkeit betrachtet werden sollten.

Zudem geht es darum, den Kindern in zunehmend institutionalisierten Lebensräumen möglichst viele Frei- und Aktionsräume zu eröffnen. So stellt sich beispielsweise die Frage, wie »nicht-verpädagogisierte« (Staudner 2018: 216) Freiräume und Zeiten für Kinder sichergestellt werden können. Die Bedeutung von »Aktionsräumen« (siehe Kapitel 2.2) haben die Kinder uns mehrfach vor Augen geführt: Viel Bewegungsfreiheit zu haben – und sich damit in variablen sozialen Konstellationen zusammenfinden zu können –, etwas wagen bzw. riskieren zu können, sich in fantasievolle Rollenspiele zu vertiefen und dabei unbestimmte Räume zu bedeutungsvollen Räumen auszugestalten, bildet in vielfacher Weise einen positiven und entlastenden Horizont zur Rolle des »schon großen«, pflichtbewusst agierenden und normgerechten Schulkindes.

Auch die Öffnung der Institution Ganztag in die Außenwelt, den Sozialraum, durch Ausflüge, die den Kindern ermöglichen, Erfahrungen im »echten Leben« zu machen, scheinen aus der Perspektive der Kinder erstrebenswert. Hier sind ebenfalls die Fachkräfte gefordert: Sie müssen in der Lage sein, einerseits Freiräume, Rückzugsräume und die Auseinandersetzung der Kinder unter sich zuzulassen, andererseits aber auch als Beziehungspartner:innen zur Verfügung stehen und bei Übergriffen oder Mobbing konsequent eingreifen.

Und schließlich ist eine zentrale Aufgabe der »Schule der Zukunft«, dass Fachkräfte im Ganztag in multi- bzw. interprofessionellen Teams kooperieren und gemeinsam an der Kontur eines professionalisierten pädagogischen Arbeitsfeldes arbeiten. Ziel muss es sein, gemeinsam einen Lebensort zu schaffen, an dem die Bildungsprozesse der Kinder, ihr Wohlbefinden und Glück im Zentrum stehen.

Literatur

Autorengruppe Bildungsberichterstattung (2020). *Bildung in Deutschland 2020: Ein indikatorengestützter Bericht mit einer Analyse zu Bildung in einer digitalisierten Welt*. Bielefeld.

Autorenkollektiv (1987). *Zur Gestaltung des Lebens der Kinder im Schulhort*. Berlin.

Baader, Meike Sophia (2014). »Die reflexive Kindheit«. *Kindheiten in der Moderne. Eine Geschichte der Sorge*. Hrsg. Meike Sophia Baader, Florian Eßer und Wolfgang Schröer. Frankfurt, New York. 414–455.

Bakels, Elena und Iris Nentwig-Gesemann (2019). *Dokumentarische Interpretation von Kinderzeichnungen: Kinder malen ihre KiTa*. Hildesheim.

Beher, Karin, Hans Haenisch, Claudia Hermens, Gabriele Nordt, Gerald Prein und Uwe Schulz (2007). *Die offene Ganztagsschule in der Entwicklung: Empirische Befunde zum Primarbereich in Nordrhein-Westfalen*. Weinheim.

Beher, Karin, Hans Haenisch, Claudia Hermens, Gabriele Nordt, Gerald Prein und Uwe Schulz (2008). »Die offene Ganztagsschule in Nordrhein-Westfalen im Spiegel der wissenschaftlichen Begleitforschung«. *Leitthema Lernkultur*. Hrsg. Stefan Appel, Harald Ludwig, Ulrich Rother und Georg Rutz. Schwalbach/Taunus. 66–75.

Betz, Tanja, Sabine Bollig, Magdalena Joos und Sascha Neumann (Hrsg.) (2018). *Institutionalisierungen von Kindheit*. Weinheim und Basel.

Blinkert, Baldo (1993). *Aktionsräume von Kindern in der Stadt – Eine Untersuchung im Auftrag der Stadt Freiburg (Freiburger Kinderstudie)*. Pfaffenweiler.

Blinkert, Baldo, Peter Höfflin, Alexandra Schmider und Jürgen Spiegel (2015). *Raum für Kinderspiel: Eine Studie im Auftrag des Deutschen Kinderhilfswerkes über Aktionsräume von Kindern in Ludwigsburg, Offenburg, Pforzheim, Schwäbisch Hall und Sindelfingen*. Berlin.

Bohnsack, Ralf (2011). *Qualitative Bild- und Videointerpretation*. Stuttgart.

Bohnsack, Ralf (2014). *Rekonstruktive Sozialforschung: Einführung in qualitative Methoden*. Opladen, Toronto.

Bohnsack, Ralf (2017). *Praxeologische Wissenssoziologie*. Opladen, Toronto.

Bohnsack, Ralf (2020). *Professionalisierung in praxeologischer Perspektive*. Opladen, Toronto.

Bohnsack, Ralf, Iris Nentwig-Gesemann und Arnd-Michael Nohl (2013). *Die dokumentarische Methode und ihre Forschungspraxis: Grundlagen qualitativer Sozialforschung*. Wiesbaden.

Brückel, Frank, Reto Kuster, Luzia Annen und Susanna Larcher (Hrsg.) (2017). *Qualität in Tagesschulen/Tagesstrukturen (QuinTaS)*. Bern.

Clark, Alison (2017). *Listening to Young Children: A Guide to Understanding and Using the Mosaic Approach*. London, Philadelphia.

Deinet, Ulrich (2009). »Analyse- und Beteiligungsmethoden«. *Methodenbuch Sozialraum*. Hrsg. Ulrich Deinet. Wiesbaden. 65–86.

Deinet, Ulrich, Heike Gumz, Christina Muscutt und Sophie Thomas (Hrsg.) (2018). *Offene Ganztagsschule – Schule als Lebensort aus Sicht der Kinder: Studie, Bausteine, Methodenkoffer*. Opladen, Berlin.

Derecik, Ahmet (2018). »Bedarfe und Möglichkeiten bei der Gestaltung von Bewegungs-, Spiel- und Ruheräumen in Ganztagsgrundschulen – Folgerungen aus der Studie ›Offene Ganztagsschule aus Sicht der Kinder‹«. *Offene Ganztagsschule – Schule als Lebensort aus Sicht der Kinder: Studie, Bausteine, Methodenkoffer*. Hrsg. Ulrich Deinet, Heike Gumz, Christina Muscutt und Sophie Thomas. Opladen, Berlin. 113–136.

DIPF, DJI, IFS und Justus-Liebig-Universität (2019). *Ganztagsschule 2017/2018. Deskriptive Befunde einer bundesweiten Befragung: Studie zur Entwicklung von Ganztagsschulen, StEG*. Frankfurt am Main, Dortmund, Gießen und München. www.pedocs.de/volltexte/2019/17105/pdf/Ganztagsschule_2017_2018_StEG.pdf (Download 10.12.2020).

DJI – Deutsches Jugendinstitut (2019). »Kosten für zusätzliche Ganztagsangebote von Grundschulkindern steigen«. Pressemitteilung 11.10.2019. www.dji.de/veroeffentlichungen/pressemitteilungen/detailansicht/article/704-kosten-fuer-zusaetzliche-ganztagsangebote-von-grundschulkindern-steigen.html (Download 25.11.2020).

Dockett, Sue, Johanna Einarsdottir, Bob Perry (2019). *Listening to Children's Advice about Starting School and School Age Care*. Abingdon, Oxon, New York.

Fischer, Natalie, Falk Radisch, Désirée Theis und Ivo Züchner (2012). *Qualität von Ganztagsschulen – Bedingungen, Wirkungen und Empfehlungen. Expertise für die SPD Bundestagsfraktion*. Frankfurt am Main.

Fölling-Albers, Maria (2000). »Entscholarisierung von Schule und Scholarisierung von Freizeit? Überlegungen zu Formen der Entgrenzung von Schule und Kindheit«. *Zeitschrift für Soziologie der Erziehung und Sozialisation* (20) 2. 118–131.

Glaser, Barney G. und Anselm L. Strauss (1967). *The discovery of grounded theory. Strategies for qualitative research*. New York.

Goffman, Erving (2003). *Wir alle spielen Theater: Die Selbstdarstellung im Alltag*. München.

Gspurning, Waltraud, Arno Heimgartner, Sylvia Leitner und Stephan Sting (2010). *Soziale Qualität von Nachmittagsbetreuungen und Horten*. Berlin.

Heinzel, Friederike, Werner Thole, Peter Cloos und Stefan Köngeter (Hrsg.) (2010). *Auf unsicherem Terrain: Ethnographische Forschung im Kontext des Bildungs- und Sozialwesens*. Wiesbaden.

Hengst, Heinz (2009). »Generationale Ordnungen sind nicht alles. Über kollektive Identität und Erfahrungskonstitution heute«. *Ordnungen der Kindheit: Problemstellungen und Perspektiven der Kindheitsforschung*. Hrsg. Michael-Sebastian Honig. Weinheim, München. 53–78.

Hitzler, Rudolf (1995). »Wo spielen Kinder? Eine empirische Studie zu Aufenthalts- und Spielräumen von Grundschulkindern in einer Kleinstadt«. *Kindheit und Schule: Kinderleben im Blick von Grundschulpädagogik und Kindheitsforschung*. Hrsg. Imbke Behnken und Olga Jaumann. Weinheim, München. 131–143.

Honig, Michael-Sebastian (2002). »Pädagogik der frühen Kindheit: Institutionen und Institutionalisierung«. Arbeitspapier des Zentrums für sozialpädagogische Forschung der Universität Trier II – 9. Trier.

Jürgens, Eiko (2018). »Ganztagsschule als Lern- und Lebensraum für ganzheitliche Bildung«. *Lehren & Lernen* (44) 2. 4–9.

Kelle, Helga und Beatrice Hungerland (2014). »Kinder als Akteure – Agency und Kindheit«. *ZSE Zeitschrift für Soziologie der Erziehung und Sozialisation* 3: 227–232.

Klaas, Marcel, Alexandra Flügel, Rebecca Hoffmann und Bernadette Bernasconi (2011). *Kinderkultur(en)*. Wiesbaden.

Krüger, Heinz-Hermann (2006). »Forschungsmethoden in der Kindheitsforschung«. *Diskurs Kindheits- und Jugendforschung* (1) 1. 93–115.

Muchow, Martha und Hans Heinrich Muchow (2012/1935). »Der Lebensraum des Großstadtkindes (1935)«. *Der Lebensraum des Großstadtkindes*. Hrsg. Imbke Behnken und Michael-Sebastian Honig. Weinheim, Basel. 75–160.

Müthing, Kathrin, Judith Razakowski und Maren Gottschling (2018). »LBS-Kinderbarometer Deutschland 2018. Stimmungen, Trends und Meinungen von Kindern aus Deutschland«. www.lbs.de/media/unternehmen/west_6/kibaro/LBS-Kinderbarometer_Deutschland_2018.pdf (Download 16.11.2020).

Nentwig-Gesemann, Iris (2010). »Regelgeleitete, habituelle und aktionistische Spielpraxis: Die Analyse von Kinderspielkultur mit Hilfe videogestützter Gruppendiskussionen.« *Das Gruppendiskussionsverfahren in der Forschungspraxis*. Hrsg. Ralf Bohnsack, Aglaja Przyborski und Burkhard Schäffer. Opladen, Farmington Hills. 267–284.

Nentwig-Gesemann, Iris (2013). »Qualitative Methoden der Kindheitsforschung«. *Handbuch frühkindliche Bildungsforschung*. Hrsg. Margrit Stamm und Doris Edelmann. Wiesbaden. 759–770.

Nentwig-Gesemann, Iris (2018). »Konjunktiver Erfahrungsraum«. *Hauptbegriffe Qualitativer Sozialforschung*. Hrsg. Ralf Bohnsack, Alexander Geimer und Michael Meuser. 4. Auflage. Opladen, Toronto. 131–133.

Nentwig-Gesemann, Iris und Frauke Gerstenberg (2014). »Gruppeninterviews«. *Handbuch Kinder und Medien*. Hrsg. Angela Tillmann, Sandra Fleischer und Kai-Uwe Hugger. Wiesbaden. 273–285.

Nentwig-Gesemann, Iris und Ruth Großmaß (2017). »Kinder als Forschungssubjekte – von den rechtlichen und forschungsethischen Grundlagen zur forschungspraktischen Realisierung«. *Forschung in der Frühpädagogik X*. Hrsg. Iris Nentwig-Gesemann und Klaus Fröhlich-Gildhoff. Freiburg. 209–227.

Nentwig-Gesemann, Iris und Frauke Gerstenberg (2018). »Typen der Interaktionsorganisation in (früh-)pädagogischen Settings«. *Typenbildung und dokumentarische Methode: Forschungspraxis und methodologische Grundlagen*. Hrsg. Ralf Bohnsack, Nora Friederike Hoffmann und Iris Nentwig-Gesemann. Opladen, Berlin, Toronto. 131–150.

Nentwig-Gesemann, Iris, Bastian Walther, Elena Bakels und Lisa-Marie Munk (2020a). *Achtung Kinderperspektiven! Mit Kindern KiTa-Qualität entwickeln: Methodenschatz I: Qualitätsdimensionen*. Gütersloh.

Nentwig-Gesemann, Iris, Bastian Walther, Elena Bakels und Lisa-Marie Munk (2020b). *Achtung Kinderperspektiven! Mit Kindern KiTa-Qualität entwickeln: Methodenschatz II: Erhebung, Auswertung und Dokumentation*. Gütersloh.

Nentwig-Gesemann, Iris, Bastian Walther, Elena Bakels und Lisa-Marie Munk (2021). *Kinder als Akteure in Forschung und Qualitätsentwicklung: Eine rekonstruktive Studie zu KiTa-Qualität aus der Perspektive von Kindern*. Gütersloh (Im Erscheinen).

Neuss, Norbert (2017). *Hort und Ganztagsschule: Grundlagen für den pädagogischen Alltag und die Ausbildung*. Berlin.

Nordt, Gabriele und Rainer Strätz (2017). »Professionalität und Qualität in der außerunterrichtlichen Betreuung, Erziehung und Bildung«. *Hort und Ganztagsschule*. Hrsg. Norbert Neuß. Berlin. 85–96.

Pálsdóttir, Kolbrún Þorbjörg (2019). »Connecting children and leisure-time centre«. *Listening to Children's Advice about Starting School and School Age Care*. Hrsg. Sue Dockett, Johánna Einarsdottir und Bob Perry. London. 99–115.

Pellegrini, Anthony D. (1987). »Rough-and-tumble play: Developmental and educational significance«. *Educational Psychologist* (22) 1. 23–43.

Pellegrini, Anthony D. (1995). »A longitudinal study of boys' rough-and-tumble play and dominance during early adolescence«. *Journal of Applied Developmental Psychology* (16) 1. 77–93.

Plehn, Manja (Hrsg.) (2019). *Qualität in Hort, Schulkindbetreuung und Ganztagsschule*. Freiburg im Breisgau.

Prengel, Annedore (2019). »Die Reckahner Reflexionen zur Ethik pädagogischer Beziehungen: Ein Beitrag zu einem stufenübergreifenden Berufsethos«. *Beziehungen in pädagogischen Arbeitsfeldern und ihren Transitionen über die Lebensalter*. Hrsg. Helga Fasching. Bad Heilbrunn. 28–42.

ProKids (2018). »LBS-Kinderbarometer«. www.lbs.de/unternehmen/u/kinderbarometer/index.jsp (Download 16.11.2020).

Przyborski, Aglaja, und Monika Wohlrab-Sahr (2014). *Qualitative Sozialforschung: Ein Arbeitsbuch.* Lehr- und Handbücher der Soziologie. München.

Pupeter, Monika und Klaus Hurrelmann (2013). »Die Schule als Erfahrungsraum immer wichtiger«. *Kinder in Deutschland 2013.* Hrsg. World Vision Deutschland e.V. Weinheim, Basel. 111–134.

Rosa, Hartmut (2016). *Resonanz – Eine Soziologie der Weltbeziehung.* Berlin

Staudner, Stephanie (2018). *Bildungsprozesse im Ganztag: Wahrnehmung und Wertung erweiterter Bildungsgelegenheiten durch Kinder.* Wiesbaden.

StEG-Konsortium (2016). *Bildungsqualität und Wirkungen außerunterrichtlicher Angebote: Ergebnisse der Studie zur Entwicklung von Ganztagsschulen 2012–2015.* DIPF. Frankfurt am Main. www.pedocs.de/volltexte/2020/19106/pdf/SteG_2016_Ganztagsschule_Bildungsqualitaet_und_Wirkungen.pdf (Download 10.12.2020).

Sturzenhecker, Benedikt (2018). »Demokratische Partizipation im Ganztag – Folgerungen aus der Studie ›Offene Ganztagsschule aus Sicht der Kinder‹ für Bedarfe, Inhalte und Ansätze demokratischer Mitbestimmung«. *Offene Ganztagsschule – Schule als Lebensort aus Sicht der Kinder: Studie, Bausteine, Methodenkoffer.* Hrsg. Ulrich Deinet, Heike Gumz, Christina Muscutt und Sophie Thomas. Opladen, Berlin. 71–96.

UN-Kinderrechtskonvention – Übereinkommen über die Rechte des Kindes (1989). www.kinderrechtskonvention.info/uebereinkommen-ueber-die-rechte-des-kindes-370 (Download 29.1.2020).

Wagner-Willi, Monika, Stefanie Bischoff-Pabst und Iris Nentwig-Gesemann (2019). »Editorial: Die Dokumentarische Methode in der kindheitspädagogischen Forschung«. *Fallarchiv Kindheitspädagogische Forschung: Online-Zeitschrift zu Qualitativen Methoden in Forschung und Lehre* 2. Hildesheim.

Wapler, Friederike (2020). *Chancen guten Ganztags für Kinder im Grundschulalter: menschenrechtliche Perspektiven.* Gütersloh.

Weidel, Christina (2015). »Straße, Spiel- und Bolzplatz: Fortbestehende Sozialisationsinstanzen oder überholte Auslaufmodelle? Eine qualitative Studie zur kindlichen Sozialraumorientierung und zur kindspezifischen Umweltaneignung am Beispiel der Stadt Bendorf«. www.widerstreit-sachunterricht.de/ebenel/foren/abschluss/weidel.pdf (Download 16.11.2020).

Weltzien, Dörte (2012). »Gedanken im Dialog entwickeln und erklären: Die Methode dialoggestützter Interviews mit Kindern«. *Frühe Bildung* (3) 1. 143–149.

Wildgruber, Andreas (2017). »Evaluation des offenen Ganztagsangebots als Kombi-Modell von Jugendhilfe und Schule (OGTS-Kombi): Ergebnisse der Kinderbefragung«. Staatsinstitut für Frühpädagogik. München. www.ifp.bayern.de/imperia/md/content/stmas/ifp/projektbericht_31_-_kinderbefragung_ogts-kombi.pdf (Download 16.11.2020).

Youniss, James (1994). *Soziale Konstruktion und psychische Entwicklung: Beiträge zur Soziogenese der Handlungsfähigkeit.* Frankfurt.

Zeiher, Helga (2009). »Ambivalenzen und Widersprüche der Institutionalisierung von Kindheit«. *Ordnungen der Kindheit: Problemstellungen und Perspektiven der Kindheitsforschung*. Hrsg. Michael-Sebastian Honig. Weinheim, München. 103–126.

Zinnecker, Jürgen (1990). »Vom Straßenkind zum verhäuslichten Kind«. *Stadtgesellschaft und Kindheit im Prozeß der Zivilisation*. Hrsg. Imbke Behnken. Wiesbaden. 142–162.

Zinnecker, Jürgen (2001). *Stadtkids: Kinderleben zwischen Straße und Schule: Kindheiten*. Weinheim, München.

Anhang

Richtlinien der Transkription (nach Bohnsack 2014: 253 f.)
TiQ (Talk in **Q**ualitative Social Research)

Zeichen	Bedeutung
└	Beginn einer Überlappung bzw. direkter Anschluss, beim Sprecher:innenwechsel Ende einer Überlappung
(.)	Pause bis zu einer Sekunde
(2)	Anzahl der Sekunden, die eine Pause dauert
nein	betont
nein	laut (in Relation zur üblichen Lautstärke des/der Sprecher:in)
°nee°	sehr leise (in Relation zur üblichen Lautstärke des/der Sprecher:in)
.	stark sinkende Intonation
;	schwach sinkende Intonation
?	stark steigende Intonation
,	schwach steigende Intonation
viellei-	Abbruch eines Wortes
oh=nee	Wortverschleifung
nei::n	Dehnung, die Häufigkeit vom : entspricht der Länge der Dehnung
(doch)	Unsicherheit bei der Transkription, schwer verständliche Äußerungen
( )	unverständliche Äußerungen, die Länge der Klammer entspricht etwa der Dauer der unverständlichen Äußerung
((stöhnt))	Kommentare bzw. Anmerkungen zu parasprachlichen, nicht verbalen oder gesprächsexternen Ereignissen; die Länge der Klammer entspricht im Fall der Kommentierung parasprachlicher Äußerungen (z.B. Stöhnen) etwa der Dauer der Äußerung. In vereinfachten Versionen des Transkriptionssystems kann auch Lachen auf diese Weise symbolisiert werden. In komplexeren Versionen wird Lachen wie folgt symbolisiert:
@nein@	lachend gesprochen
@(.)@	kurzes Auflachen
@(3)@	3 Sek. Lachen

Dank

Die vorliegende Studie »Kinderperspektiven auf Ganztag im Grundschulalter« ist das Ergebnis eines einjährigen Forschungsprojektes, das von der Bertelsmann Stiftung, der Robert Bosch Stiftung, der Stiftung Mercator sowie der Arbeiterwohlfahrt in Auftrag gegeben wurde. Wir danken den Auftraggeber:innen, insbesondere den Projektverantwortlichen Dirk Zorn, Carolin Genkinger, Petra Strähle/Viktoria Latz und Dieter Eckert, für die großzügige Förderung und das in uns gesetzte Vertrauen. Sie haben uns im gesamten Projektverlauf mit großer Geduld und wichtigen Hinweisen begleitet und unterstützt. Zudem haben sie die Workshopreihe »Rechtsanspruch auf Ganztag« organisiert, die wir als einen sehr anregenden Resonanzraum empfunden haben.

Besonders danken wir Lisa Munk und Nele Rordorf, die uns bei ausgewählten Erhebungen begleitet und bei den entsprechenden Auswertungen tatkräftig unterstützt haben. Auch Andreas Wildgruber sind wir zu Dank verpflichtet, der uns in der Erhebungsphase mit wertvollen Hinweisen zum Feld und zahlreichen Kontakten weitergeholfen hat.

Ohne die Ganztagsschulen und Horte, die ihre Türen für uns und unsere Forschung geöffnet haben, wäre es nicht möglich gewesen, einen so großen Schatz an empirischen Erkenntnissen zusammenzutragen. So bedanken wir uns herzlich bei den Trägern, Schul- und Ganztagsleitungen sowie den Fachkräften, die uns Vertrauen geschenkt und mit uns zusammen an dem Ziel gearbeitet haben, Kinder als Akteure im Ganztag anzuerkennen, mitwirken und mitbestimmen zu lassen. Darüber hinaus möchten wir auch den Eltern unserer 165 teilnehmenden Kinder für ihr Vertrauen danken, ohne deren Einverständnis die Studie nicht zu realisieren gewesen wäre.

Unser größter und herzlichster Dank gilt den Kindern, die unser Projekt mit ihrer Begeisterung und Aufgeschlossenheit erst ermöglicht haben. Sie haben uns nicht nur ihre Einrichtungen nähergebracht, sondern uns auch mitgenommen auf ihren sehr vielfältigen und unterschiedlichen Wegen, Erfahrungen zu verarbeiten, sich die Welt zu erschließen und an ihrer Gestaltung mitzuwirken. Die Begegnungen mit den Kindern und die Ernsthaftigkeit, mit der sie uns ihre Perspektiven haben verständlicher machen wollen, haben uns immer wieder ermutigt und die Verantwortung vor Augen geführt, die damit verbunden ist, unsere Forschungsergebnisse in den pädagogischen Diskurs einzuspeisen. Der Forschungsbericht ist den Kindern gewidmet.

Bastian Walther, Iris Nentwig-Gesemann und Florian Fried
Brixen und Berlin, März 2021

Die Autor:innen

Bastian Walther, Kindheitspädagoge (B.A.) und Bildungswissenschaftler (M.A.), ist wissenschaftlicher Mitarbeiter am DESI-Institut und arbeitet als Lehrbeauftragter an der Alice Salomon Hochschule in Berlin. Seine Interessengebiete sind die Dokumentarische Methode, Forschen mit Kindern, Qualitätsentwicklung sowie Freundschaft von Kindern. Kontakt: b.walther@desi-sozialforschung-berlin.de

Prof. Dr. Iris Nentwig-Gesemann, Professorin für Allgemeine Pädagogik und Sozialpädagogik/Frühpädagogik an der Freien Universität Bozen, Fakultät für Bildungswissenschaften. Ihre Arbeits- und Forschungsschwerpunkte: Frühpädagogik und Kindheitsforschung; Qualitative Forschungsmethoden, insbes. Dokumentarische Methode; Professionalisierung und Qualitätsentwicklung; Sprachbildung und Gesprächsführung mit Kindern; Natur als Bildungsraum. Kontakt: iris.nentwiggesemann@unibz.it

Florian Fried, Studium der Soziologie und Politikwissenschaften (B.A.), ist studentischer Mitarbeiter am DESI-Institut und verfasst momentan seine Masterarbeit im Fach Soziologie an der Universität Potsdam. Seine Interessengebiete sind Qualitative Sozialforschung und Digitalisierung. Kontakt: ffried@posteo.de

Abstract

Children in Germany of primary-school age are spending more and more time in educational institutions. This phenomenon will become more pronounced once the country's law granting children the right to all-day care takes effect in 2025. The question has thus become pressing of what children feel the key components are of a "good" all-day experience – i.e. what they need if they are to feel at ease in an all-day setting providing education and care, and well supported in their developmental, learning and educational processes. In terms of its methods and methodology, this explorative study is situated specifically within sociologically based, praxeologically oriented childhood research that makes use first and foremost of the Documentary Method (Bohnsack 2014, 2017; Bohnsack, Nentwig-Gesemann & Nohl 2013; Nentwig-Gesemann, Walther, Bakels & Munk 2021). Inspired by the "Mosaic Approach" (Clark, 2017), data were collected in eight very different all-day settings located throughout Germany, using a range of methods (group discussions, photo walks, children painting their all-day care, letter boxes and participant observations). This allowed 165 children of primary-school age to express what they consider a "good all-day experience" to be.

In keeping with the principle of comparative analysis, findings were generated using the Documentary Method's interpretive criteria and then consolidated into 14 quality dimensions representing "good" quality in all-day settings. These dimensions were in turn abstracted into the following four quality areas: shaping positive pedagogical relationships; shaping a positive peer culture; productive engagement with the topics and tasks of middle and late childhood; expansion of school and all-day care as an educational space into nature and the outside world.

On the level of the quality dimensions, it was possible to confirm, differentiate and expand from the children's perspective key aspects described in the literature (e.g. Deinet et al. 2018; Beher et al. 2007, SteG-Konsortium 2016) that pertain to the quality of pedagogical activities in all-day settings. The findings highlight, for example, the importance of a positive social atmosphere, one that allows children to participate while also feeling they are part of trusting, respectful relationships with educators. From the children's viewpoint, homework is unnecessary – but if it must be assigned, then they want to do it quietly, in exchange with other children, assisted by patient and friendly professionals, so they can complete it if at all possible. In terms of relationships with peers, friendships are the most relevant factor, as is the opportunity to play together and move about freely. For this to be the case, children must be able to withdraw and converse, immerse themselves in imaginary games, make various spaces and locations their own and even, on occasion, be rambunctious.

The study also made it possible to reconstruct several aspects that have not yet been addressed in the research on all-day institutions. One example is the tension that arises relating to educators: On the one hand, children expect them to set and enforce clear rules, while providing protection and intervening when serious conflicts arise; on the other, children want teachers to trust them, allow them to be autonomous and engage with them "as equals." One unique aspect of the all-day experience is the opportunity to interact with children of various ages, something that invites reflection on questions of identity and development during the transition to adolescence. Finally, the study was able to identify additional potentials that children feel all-day institutions offer and that have received scant attention to date: the chance to get involved in longer-term, practical projects and topics, and the opportunity to expand the all-day experience into nature and the social environment.

A key task for developing "the all-day experience of the future" is also discussed: On the one hand, educators must cooperate in multi- or inter-professional teams to further professionalize and shape this pedagogical field so that it focuses on children's educational processes and their well-being and happiness. On the other, at a time when childhood is becoming increasingly institutionalized and pedagogicalized, all-day institutions must do more to protect and expand the freedom children have to move about and play as they please (Blinkert, 1993).

Zusammenfassung

Kinder im Grundschulalter verbringen zunehmend Zeit in pädagogischen Institutionen. Mit der Einführung des Rechtsanspruchs auf Ganztagsbetreuung im Jahr 2025 wird sich dieses Phänomen noch verstärken. Es stellt sich daher dringend die Frage, was aus den Perspektiven von Kindern die zentralen Komponenten für einen »guten« Ganztag sind, was sie brauchen, um sich in einem ganztägigen Erziehungs-, Bildungs- und Betreuungssetting wohl und in ihren Entwicklungs-, Lern- und Bildungsprozessen gut begleitet zu fühlen. Die vorliegende, explorative Studie verortet sich methodologisch-methodisch in einer spezifisch wissenssoziologisch fundierten, praxeologisch ausgerichteten Kindheitsforschung, in deren Zentrum die Dokumentarische Methode (Bohnsack 2014, 2017; Bohnsack, Nentwig-Gesemann & Nohl 2013; Nentwig-Gesemann, Walther, Bakels & Munk 2021) steht. In acht sehr unterschiedlichen Ganztagen aus ganz Deutschland wurden – angelehnt an den »Mosaic Approach« (Clark, 2017) – Erhebungen mit verschiedenen Methoden (Gruppendiskussion, Fotospaziergang, Kinder malen ihren Ganztag, Briefbox und Teilnehmende

Beobachtung) durchgeführt. Auf diese Weise konnten 165 Kinder im Grundschulalter ihre Sichtweisen auf einen »guten Ganztag« zum Ausdruck bringen.

Dem Prinzip der komparativen Analyse folgend, wurden die mit den Interpretationsprinzipien der Dokumentarischen Methode herausgearbeiteten Erkenntnisse zu vierzehn Qualitätsdimensionen von »guter« Qualität im Ganztag verdichtet, die noch einmal zu folgenden vier Qualitätsbereichen abstrahiert wurden: »Die Gestaltung positiver pädagogischer Beziehung«, »die Gestaltung einer positiven Peer-Kultur«, »die produktive Bearbeitung von Themen und Aufgaben der mittleren und späten Kindheit« sowie »die Erweiterung des Bildungsraums Ganztag in die Natur und die Außenwelt«.

Auf der Ebene der Qualitätsdimensionen konnten wesentliche, in der Literatur (bspw. Deinet et al. 2018; Beher et al. 2007, SteG-Konsortium 2016) beschriebene Qualitätsaspekte der pädagogischen Arbeit im Ganztag aus der Kinderperspektive bestätigt, ausdifferenziert und erweitert werden: So wird u.a. die Bedeutung eines positiven sozialen Klimas deutlich, in dem die Kinder sich in vertrauensvolle, respektvolle Beziehungen zu den Fachkräften eingebunden fühlen und partizipieren können. Hausaufgaben könnten aus Sicht der Kinder abgeschafft werden – wenn sie aber gemacht werden müssen, wollen sie sie in Ruhe, im Austausch mit den anderen Kindern, unterstützt durch geduldige und freundliche Pädagog:innen und möglichst zu Ende erledigen können. In Bezug auf die Beziehungen zu den Peers sind vor allem Freundschaften relevant sowie die Möglichkeit, gemeinsam spielen und sich dabei ausgiebig bewegen zu können. Dazu müssen Kinder sich in Ruhe zurückziehen und unterhalten, in Fantasiespiele eintauchen, sich Räume und Orte aneignen und manchmal auch »wild« spielen können.

Auch einige, bislang in der Forschung zum Ganztag noch nicht thematisierte Aspekte konnten durch die Studie rekonstruiert werden: So wird u.a. das Spannungsfeld in Bezug auf die Fachkräfte deutlich, von denen die Kinder sich einerseits klare Regeln und deren Einhaltung sowie Schutz und Intervention in ernsten Konfliktsituationen erwarten, sich andererseits aber auch Autonomie, Zutrauen und Begegnungen »auf Augenhöhe« wünschen. Eine besondere Qualität des Ganztags liegt auch in den Begegnungsmöglichkeiten mit Kindern unterschiedlichen Alters, die zur Auseinandersetzung mit Identitätsfragen und Entwicklungsthemen im Übergang zum Jugendalter einladen. Schließlich konnte die Studie weitere Potenziale des Ganztags aus Kindersicht aufdecken, die bislang noch wenig beleuchtet sind: zum einen die Möglichkeit, sich langanhaltend handlungspraktisch mit Projekten, Themen und Arbeiten beschäftigen zu können und zum anderen die Öffnung des Ganztags in den Natur- bzw. Sozialraum.

Als zentrale Entwicklungsaufgabe für den »Ganztag der Zukunft« wird diskutiert, dass hier zum einen Fachkräfte in multi- bzw. interprofessionellen Teams kooperieren und gemeinsam an der Kontur eines professionalisierten pädagogischen Arbeitsfeldes arbeiten müssen, in dem die Bildungsprozesse der Kinder, ihr Wohlbefinden und Glück im Zentrum stehen. Zum anderen steht der Ganztag in Zeiten einer zunehmend institutionalisierten und pädagogisierten Kindheit mehr denn je in der Verantwortung, die Frei-, Spiel- und Aktionsräume von Kindern (Blinkert, 1993) zu schützen und zu erweitern.

Weiterführende Literatur

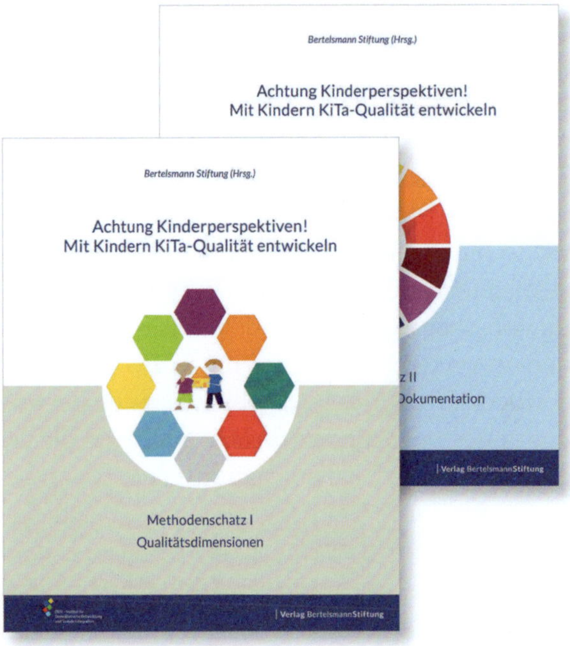

Bertelsmann Stiftung (Hrsg.)
Achtung Kinderperspektiven! Mit Kindern KiTa-Qualität entwickeln
Methodenschatz I – Qualitätsdimensionen
2020, 100 Seiten, Ordner
Mit Plakat, Handreichung und Bilderbuch
€ 25,– (D)
ISBN 978-3-86793-909-6

Ebenfalls erhältlich:
Bertelsmann Stiftung (Hrsg.)
Achtung Kinderperspektiven! Mit Kindern KiTa-Qualität entwickeln
Methodenschatz II – Erhebung, Auswertung und Dokumentation
2020, 202 Seiten, Ordner
€ 35,– (D)
ISBN 978-3-86793-910-2

Achtung Kinderperspektiven!
Mit Kindern KiTa-Qualität entwickeln

An der Entwicklung der Qualität in KiTas sind viele Akteur:innen beteiligt, doch die Meinungen und Ansichten von Kindern werden hierbei bisher kaum einbezogen. Kinder haben ein Recht darauf, dass ihre verschiedenen Ausdrucksformen aufmerksam wahrgenommen, ihre Perspektiven verstanden und sie systematisch bei der Entwicklung von Lebens- und KiTa-Qualität einbezogen werden. Um dies zu unterstützen, wurden im Projekt „Kinder als Akteur:innen der Qualitätsentwicklung in KiTas“ verschiedene Methoden entwickelt und erprobt, die Kindern vielfältige Möglichkeiten eröffnen, sich dazu zu äußern, was für sie eine ‚gute‘ KiTa ausmacht. Die Methoden finden sich in dem Methodenschatz „Achtung Kinderperspektiven! Mit Kindern KiTa-Qualität entwickeln“ wieder.

Im Methodenschatz I „Qualitätsdimensionen“ sind Praxismaterialien zur Reflexion und Diskussion von Qualitätsdimensionen aus Kindersicht enthalten. Um die Kinderperspektiven in der KiTa selbst zu erforschen, sind im Methodenschatz II „Erhebung, Auswertung und Dokumentation“ ganz konkrete Methoden detailliert beschrieben.

Weitere Materialien zum Projekt finden Sie unter:
http://www.achtung-kinderperspektiven.de